ゴーイング・ダーク
12の過激主義組織潜入ルポ

ユリア・エブナー

西川美樹 訳

木澤佐登志 解説

左右社

ゴーイング・ダーク

12の過激主義組織潜入ルポ

GOING DARK

The Secret Social Lives of Extremists

ゴーイング・ダーク

目次

〔凡例〕

・本文中の（　）は原文中の補足、［　］は原文中の著者による添え書き、〔　〕は訳者による補足、を示す。
・肩付きの（　）内数字は、巻末の原注番号を示す。
・＊は訳者による註とし、ページ端に示した。ただし、原註のうち「用語の説明」にあたるものは＊として記し、末尾に〔原註〕とした。
・本書にはさまざまな差別発言が取り上げられているが、過激主義組織の実態を伝えるものとしてママとした。

はじめに

7歳のとき、わたしがしてみたかったのは竜巻を研究することだった。「ストームチェイサー〔竜巻追跡者〕！」。大きくなったら何になりたいのかと、小学1年生にめんどくさい質問をしてくる大人たちには、いつだってそう答えた。『ツイスター』[*1]を観てからというもの、わたしは竜巻のスピード、その威力、そのまったく予測のつかないところにすっかり夢中になった。竜巻のことを何から何まで知りつくし、警報システムをつくるために、わたしの『ツイスター』のヒーローたちは、こう決断した。なんとかして竜巻の中心まで行かなくちゃならない、と。

竜巻を追いかける代わりに、結局、過激主義者を追いかけることがわたしの仕事になった。いろんな意味でこの仕事は、最初の夢とそれほどかけ離れたものではない。竜巻と同様、過激主義者の動きは敏速で、その破壊力は強大だし、いつなんどきその方向を変えるかわからない。わたしは昼間、ロンドンを拠点とする研究機関戦略対話研究所（インスティテュート・フォー・ストラテジック・ダイアローグ）

（ＩＳＤ）で働き、イギリスやヨーロッパ、さらにアメリカの過激主義者の動向を監視している。わたしのチームは最先端テクノロジー企業やＭＩＴなどの大学と連携し、過激主義のプロパガンダから多種多様な偽(にせ)情報まで、オンライン上の有害なコンテンツを追跡して分析する。この調査をもとに、政府や治安機関、テック企業や活動家に、過激主義者の活発な動きにどう対応すべきかアドバイスするのだ。これには決まったやり方はない。ときには過激主義者がコロコロ戦術を変えるのに合わせて、こちらも毎日のように戦略を見直す必要がある。しかも、ひとつの利害関係者(ステークホルダー)だけに専念すればよいわけではなく、問題はそれよりはるかに複雑だ。たとえばある日には、ネオナチの暗号取引についてある国の情報機関に説明し、そのすぐあとに、白人ナショナリストの投稿をもっと効果的に削除する方法をフェイスブックにアドバイスしたりする。また午前中は、オンライン空間の規制を今後どうすべきかを話し合うため欧州の政策立案者との会議に出て、夕方には、ドイツ東部ザクセンの高校で開かれる急進化予防のためのワークショップに顔を出すといった具合に。

　けれど、こんなふうにいくら幅広く活動していても、日々の仕事でわたしはあいかわらず、体制(ステータスクオ)を攻撃する人たちではなく、体制を維持する役目の人たちに囲まれた空間(バブル)に居心地よくおさまっている。そうして一日が終わる頃には、この過激主義者との闘いの場が、まるで

＊１　南部の竜巻多発地帯で危険な観測に挑む研究者夫妻を描いた１９９６年のアメリカ映画。

ネコとネズミの追いかけっこみたいに思えてくるのだ。現代の民主主義を攪乱し、ひっくり返そうともくろむ者たちと、それを守ろうとするわたしたちとの果てしない追いかけっこにすぎないと。目の前のこの騒乱を引き起こしているものは何なのか。わたしはふと気がついた。誰かがそのなかに入っていかなくちゃいけない。そこでなら、彼らを動かす原動力（エンジン）を観察して調べることができる。過激主義組織の末端は、どうやって支持者を集め、隙（すき）のある人間をそのネットワークに誘い込むのか？　彼らの夢想する未来とはどんなもので、それを手に入れるためにどんな計画を立てているのか？　メンバーを組織内にとどめておくには、どんな力学が働いていて、それはどんなふうに進化しているのか？

　その答えを探るために、わたしは2年のあいだ隠密に行動し、5人の違う人間になりすまし、さまざまなイデオロギーを掲げる、コンピュータに精通した1ダースの過激主義組織――イスラム聖戦主義者（ジハーディスト）やキリスト教原理主義者から、白人ナショナリストや陰謀論者、過激なミソジニストまで――に加わった。勤務時間内のわたしはネコだったが、空いた時間はネズミたちの仲間になった。

　この個人的な調査のために、わたしはオンラインでもオフラインでも、いくらか突飛で、ときには危険を伴う場所に身を置くことになった。過激主義組織がテロ攻撃の打ち合わせをし、偽情報の拡散を開始し、脅迫キャンペーンを計画する様子を観察した。入ったオンラインのコミュニティでは、死者の出たシャーロッツヴィルの集会をオルトライト（オルタナ右翼）が計画し、アメリカのインフラへのサイバー攻撃をＩＳＩＳ（「イラク・シリア・イスラム国」）が企て、ドイツの荒らし（トロール）が政治家たちを標的としたオンライン攻撃を一斉に仕掛けて２０１８年の総選挙で影響力を振るおうとイタリアのネオファシストが情報作戦を展開していた。またわたしはサウス・ロンドンのエアービーアンドビーで白人ナショナリストが主催する極秘戦略会議に加わり、ドイツとポーランドの国境付近で開かれた過激なネオナチのロックフェスティバルに潜入し、ＩＳＩＳのジハーディストたちにハッキングの仕方を教わった。こうして組織の内側で過ごしたあいだに、過激主義者の戦略や戦術を学んだだけでなく、彼らの人間としての顔も垣間見ることができ、さらには自分自身の心の隙にも否応なく気づかされた。

このプロジェクトの遂行中に目にしたコンテンツのあまりの忌まわしさに頬を叩かれる思いがしたし、そこにかかわる若い人の数の多さに悲しくなった。潜入した組織には、外から見ただけでは共通するものがほとんどない。ところがしだいにわかってきたのは、なかから見れば、どの組織も似たような仕組みで動いているということだ。組織のリーダーは、メンバーが外から守られ居心地よく交流できる空間（バブル）をつくり、外の広い世界で反社会的行動をとるよう焚きつける。そしてメンバーは、反グローバルなイデオロギーをグローバルに拡散し、反現代的なヴィジョンを実現するために現代的なテクノロジーを使っている。

　本書『ゴーイング・ダーク』は、過激主義組織の隠れた実態を掘り起こし明るみに出すものだ。それぞれのパートでは、急進化における異なる段階をとりあげる。パート１の「新人勧誘（リクルートメント）」では、アメリカのあるネオナチ団体、さらにヨーロッパの白人ナショナリスト組織ジェネレーション・アイデンティティの入会審査に潜り込んだ。パート２の「社会化（ソーシャリゼーション）」では、女性の反フェミニズム運動トラッドワイフや聖戦士（ジハディブライド）の花嫁たちのなかに入ってその洗脳環境を探ってみた。パート３の「コミュニケーション」では、ヘイト攻撃や荒らし（トロール）軍団といった極右のメディア戦略を内側から暴露する。パート４の「ネットワーキング」では、ソーシャルネットワーク、そしてデートアプリまで使って過激主義者が国際的な拠点（ハブ）を築く様子を明らかにする。こうした拠点を基盤にし、彼らはグローバルネットワークをますます広げているのだ。パート５の「動員（モービリゼーション）」でのわたしの旅は、シャーロッツヴィルの集会を仕掛けた者たちのチャットルームから始まって、オストリッツで開かれたヨーロッパ最大のネオナチによるロックフェスティバルで幕を閉じた。パート６の「攻撃（アタック）」では、ＩＳＩＳやネオナチの一流ハッカーたちからハッキングの指導を賜ったあと、２０１９年３月にニュージーランドで起きた銃乱射事件の犯人に過激思想を吹き込んだサブカルチャーに飛び込んだ。そして最後のパート７「未来は暗い（ダーク）か？」では、過激主義者がわたしたちに、どんな性質の挑戦をどれほどの規模で突きつけているかを考察し、この先数十年の進展を予測し、さらにはグローバルな変化の担い手となる新たな世代にインスピレーションを与えられるような10の勇猛果敢な戦略（イニシアティブ）を紹介する。

テクノロジーと社会の相互作用は、かねがね急進的な変化の鍵を握ってきた。1936年にドイツ系ユダヤ人の哲学者ヴァルター・ベンヤミンが、ファシズムの台頭に拍車をかけたのはスクリーン印刷と初期の写真複写技術などの発明であり、こうした発明がメディアや芸術、政治に対する世間の意識を変えたと主張した。かくして技術的には進歩しても社会的には後退した運動が生まれた結果、20世紀のヨーロッパの権力力学（パワーダイナミクス）が形作られたのだ。

そしていま再び、21世紀の政治の向かう先を決めかねない、ノスタルジックなイデオロギーと未来志向のテクノロジーの危険な結合を、わたしたちは目の当たりにしている。今日の過激主義者がこしらえつつある急進化のエンジンは、最先端の代物（しろもの）だ。人工知能を備え、感情を操作でき、強大な社会的力を発揮しうる。それはハイテクとハイパーソーシャルな要素を併せ持ち、コンピュータ通の怒れる若者たちを魅了するカウンターカルチャーを煽り立てる。このエンジンが効果的に作動すれば、変化を引き起こす危険な力になるおそれがある。それは過激主義やテロリズムの性質を根底から変えるだけでなく、現代の情報生態系（エコシステム）や民主主義のプロセスを書き換えて、市民権という人類最大の成果を帳消しにする脅威となりかねない。

わたしがこの本を書いた目的は、デジタルな過激主義運動の社会的な側面を可視化したいと思ったからだ。わたしたちの周囲では日々、過激主義者が新たなメンバーを訓練し、新たな標的を恐怖におののかせている。その結果は、ときに思いもよらぬかたちで、わたしたちの日常に衝撃を与える。２０１６年の３月、アメリカ各地の大学構内で、プリンターがネオナチのビラを勝手に印刷しはじめた。２０１８年７月にはハマスが、盗んだ若い女性のプロフィールにマルウェア（悪意あるソフトウェア）を仕込み、イスラエル国防軍の兵士数百人を狙った偽のデートアプリを作成した。２０１８年の一年を通して、陰謀論を唱えるＱアノンの国際的なネットワークが、強硬なブレグジット（ＥＵ離脱）キャンペーンを扇動し続けた。２０１９年の１月には極右のハッカーたちが、数百人にのぼるドイツの政治家の個人情報をリークした。さらに同年の３月には、ニュージーランドで最大の死者を出したテロ攻撃のライブ配信がネット上で拡散された。

過激主義に対する昨今の対策は、オンライン上で過激主義者が今日こしらえた緩いネットワークに働く集団力学を軽視しがちだ。もはや従来のかたちの組織ではないものの、その文化的・人類学的・心理学的な要素が、その魅力や影響力をいまだ左右することに変わりはない。新たに突きつけられた社会技術的（ソーシャルテクノロジー）な挑戦をこうしてあらわにしたことで、政策立案者が目下採用している技術重視、法律重視の対策を見直してくれるよう願っている。だからといって問題の解決を、政治家や治安機関、民間部門に頼ってばかりはいられない。過激主義運動を現にこれほど成功させた集団力学は、銃にも検閲にも怯(ひる)むことはなさそうだ。新たな法律や規則ができ、問題のほんの一片が解決したところで、それは一時的なものにすぎないし、ひょっとしたらあとから裏目に出ないともかぎらない。

　もっと人間中心のアプローチをとれば、読者の皆さん一人ひとりが、人間不信の反民主主義的イデオロギーの広がりを抑制する力になれるだろう。過激主義組織が独自の戦略(プレイブック)を実行し完了してゆくのをこの数年見てきた結果、わたしはこう確信している。何よりも効果が期待できるのは、オンライン上でもオフラインの生活でも、わたしたちの弱みに過激主義者がどうやってつけ込もうとするのか、その知識を誰もが得ておくことだ。過激主義組織の手の内を知ることで、彼らのエンジンに引きずり込まれずにわたしは調査を終えることができた。過激主義者による急進化や操作や脅迫から、皆さんの誰もが自分自身を守れるよう、この本が役に立つことを願っている。

part

I

Recruitment

新人勧誘

第1章

白人以外お断り――ネオナチに採用される

「僕、どこに来ちゃったのかな?」とブライアンが尋ねる。

「ここは急新右翼のディスカッション・グループ。話すテーマはおもに人種、伝統主義、スピリチュアル、哲学、美学、文学ってとこかな」と管理人が答える。彼の名はオルドリッチ。正確には「オルドリッチϟ」だ。

「会員専用サイトにアクセスするには、ユーザー名と日時、あとMAtRと書いた紙をきみの手か手首に添えて撮影して送ってくれ」。新しく来た者全員に彼がそう告げる。

「それからこの質問に答えてほしい」

質問1　あなたの家系について、わかるかぎりすべて答えること。

質問2　あなたの年齢は?

質問3　あなたの政治的な考えとは？
質問4　あなたの宗教やスピリチュアルについての考えとは？
質問5　あなたは同性愛者（ホモセクシュアル）か、もしくはそのほかの性的異常者か？

まもなくブライアンの手の写真がチャットルームにあらわれた。ラップトップの淡いブルーの光が手に反射してしまったことのお詫びも添えてある。

「だいじょうぶさ」とオルドリッチが書き込む。ブライアンの手は充分に白いから、グループに参加できる。自分はフィンランド人の血に、ヨーロッパとアメリカ・インディアンが少しだけ混じっている、とブライアンが説明する。

ブライアンは17歳。自分は民族アナキストで、フィンランドの異教徒（ペイガン）、通称「スオメヌスコ」だという。「けど僕はホモセクシュアルだったんだ。性的倒錯ってやつさ。悲しいけど」とブライアンが書き込む。「ときどき考えちゃうんだ。いまちょうど頭からそんな考えを追い出そうとしてるとこさ」

数日後、ブライアンは姿を消した。代わりにジェイソンが、白人ナショナリストのチャンネルの募集ページにあらわれる。

「俺はクソたくさんの監視（ウォッチ）対象リストに載ってる」と書いてきた。「まだ14歳だけど」

「でも白人だよね（>_ー）」とオルドリッチが尋ねる。オルドリッチ自身はアングロ系ブルガリア人で、母方にはドイツ人、スコットランド人、クロアチア人の血がいくらか入っている。このグループの誰ひとり、ジェイソンが未成年であることを気にしてはいないようだ。

「2％ニガーっていう23アンドミーのテストは即ゴミ箱に捨てた」とジェイソンがすかさず答える。少年は遺伝子検査結果のプリントをグループに投稿し、自分の「白さ」を証明した。

「さっきのは冗談。僕は4分の3ドイツ人、4分の1エストニア人だよ」

ジェイソンが笑顔の絵文字をもらうと、次に別の管理人、デウス・ウルトがチャットルームに入ってきた。「ヒトラーの収監中にNSDAP（国民社会主義ドイツ労働者党）の指揮をとったアルフレート・ローゼンベルクも、4分の1エストニア人だったって知ってる？」

わたしはワインをごくりと喉に流し込む。この会話で背筋に走った悪寒を鎮めるために。

「ハロー、キミ、女の子（ガール）？」ふいにデウス・ウルトがダイレクトメッセージでコンタクトしてきた。わたしの険しい顔がスクリーン越しに見えていたみたいに。

一瞬、躊躇う（ためらう）。この数日間、なるべく目立たないようにネオナチのチャットグループの入り口をこっそり覗いていたのだ。

わたしのユーザー名はジェン・マロ。とくになんてことのない名前が、かえって怪しく思われるだろうか。ざっと見回しても、国民社会主義（ナチズム）やオルトライトのシンボルのどっちにも関係のない名前を見つけるほうが難しい。「デウス・ウルト」は、十字軍の戦いにおける鬨（とき）の声で、「神がそれを望みたもう」という意味だが、これなどまだ温厚なほうだ。多くの名前にWP（ホワイトパワー）とかW・O・T・A・N（アーリア民族の意志（ウィル・オブ・ジ・アーリアン・ネイション））といった文字が入っている。ほかに数字を含むものもあって、4／20はヒトラーの誕生日、14はフォーティーンワーズ（われわれは自らの種族の存続と白人子孫の未来を守らねばならない）[*1]、そして88はHH（ハイル・ヒトラー）の略語[*2]を意味している。「オルドリッチϟ」は明らかに異端なほうで、ナチ親衛隊（SS）が用いたルーン文字の紋章「ϟ」と、冷戦時代の二重スパイ、オルドリッチ・エイムズへの称賛といった、あまり脈略のない組み合わせだ。

「そう、女子（ガール）」とようやく応える。ぐずぐずしすぎちゃったかな。

「心配ないよ、女の子も入れるから」とデウス・ウルトが書き込む。

「ちょっとだけ音声チャットする時間ある？」

遅かれ早かれこのときが来るのはわかっていたし、先延ばしにしたってしかたない。

「じゃあ、いい？」

わたしは声の後ろの顔を想像してみる。若いのかな、それともけっこう歳上？　なんとも

＊1　「We must secure the existence of our people and a future for white children」は、ネオナチ系団体の指導者デヴィッド・レーンが1980年代につくった14単語からなるスローガン。

＊2　Hはアルファベットで8番目の文字であることから。

言えない。最近のネオナチには定番のプロフィールなどないからだ。「ええ、もちろん」。ナチとのチャットの前に、わたしは精いっぱい心の準備をする。

キーボードにのせた両手が震えている。なるべく落ち着いた声を出さなくては。わたしの手首にはMAtRの文字。この略語は、イタリアの哲学者ユリウス・エヴォラの書いたすこぶる影響力のある書籍『廃墟のなかの男たち（*Men Among the Ruins*）』のことを指している。伝統主義とスピリチュアル人種主義（レイシズム）の初期のイデオローグだったエヴォラは、ベニート・ムッソリーニのファシスト政権に影響を与え、ナチ親衛隊に協力し、親衛隊隊長のハインリヒ・ヒムラーを褒めそやした。自らはファシストであることを否定し、代わりに「スーパーファシスト」の肩書きを好んで用いた。[1] 第二次世界大戦が終わっても、ヒエラルキーやカースト、人種、神話、宗教、儀式にもとづく社会的政治的秩序といったエヴォラの理想像は、あいかわらずイタリアの極右テロリスト[2]やネオファシスト[3]にとってインスピレーションの源泉になっていた。現在も、エヴォラの本はオルトライトのあいだでよく売れている。ドナルド・トランプ大統領の元政治顧問スティーヴン・バノンまでもが、エヴォラの本を引き合いに出していた。[4] エヴォラの伝記作家で、ローマを拠点とするエヴォラ財団の会長ジャンフランコ・デ・トゥリスによれば、「アメリカ大統領の顧問がエヴォラを知っているなど、しかも伝統主義（トラディショナリズム）を思想の土台にしている可能性があるなど、まったく初めてのことだ[5]」

「いま、きみのこと審査してるよ」とデウス・ウルトが書いてくる。彼の聞きたがっていたことを、事前に短いチャットで伝えておいたのだ。「わたしは白人で、国籍はオーストリア、血統はヨーロッパ。わたしたちの遺伝的、文化的遺産が外からの侵略者に脅かされているのはたしかだし、多文化のヨーロッパで大人になるしかない、わたしの子どもたちの将来が心配なの」。なぜこのグループに入りたいのか？「正直言って自分が何を期待してるかはわからない。けど同じような考えを持つ人とつながって、アメリカやヨーロッパで愛国的革命を起こすための活動について知りたいと思ってる」

「ＭＡｔＲにようこそ」

メインのチャットルームに入ってみると、ジェイソンがいるのが見えた。名前がジェイソン将軍に変わっている。この肩書きはなるほどぴったりだ。このチャンネルは、軍隊の階級をとりいれた厳格なヒエラルキーのもとに組織されているからだ。サーバーには世界各地から数十人のメンバーが参加している。わたしが見かけた人たちは、アメリカ人にカナダ人、南アフリカ人、ヨーロッパ人、オーストラリア人を名乗っている。20代前半のカナダ人はキリスト教徒として育ったが、いまは「秘教的（エソテリック）ヒトラー主義」に関心があると語り、16歳の自称「リトアニアの国民社会主義者」は、ロムヴァ[*3]の伝統を守っている。現在アメリカで暮らしているニュージーランド出身の少女は17歳で、自分は「完璧に無宗教で不可知論者」だと説明する。話をしている当人たちと同様に、その会話の内容も「イエスはユダヤ人か否か？」とか「トランプと金はうまくやれるのか？」といったものまでさまざまだ。なかでも彼らのお気に入りの話題は、遺伝学と生物学。

「なら遺伝子検査についてきみはどんなことを知ってるんだい？」ミスター・ホワイトと称する人物がジェイソンに質問する。

ミスター・ホワイトは32歳。彼が「ムーヴメント」と呼ぶものに夢中になったのは、15歳のときからだ。ネオナチが「ムーヴメント」について話すときは、たいてい国民社会主義者のネットワークのことを意味するのだが、今日では、特定の組織の正式なメンバーになることだけでなく、現実世界では一度も会ったことがなく、おそらく今後も会うことのない個々人からなるオンライン上の緩いネットワークに加わることを意味する場合もある。

「正直言ってよくは知らない。でも、もっと知りたいと思ってるのはほんとさ」

「よくわかるよ」とミスター・ホワイトが応じる。それから続けて「僕が興味を持ったわけは、仮に自分の血筋に何か問題があったら、人種についての信念を持ち続けるのがきわめて難しくなるからだ。遺伝学についてては、僕だってせいぜい上っ面しか理解してないよ」と正直に認める。

自分の家系を血の一滴まで知りたいと考える白人至上主義者は、ミスター・ホワイトだけではない。ここにきて右翼の過激主義者の多くが遺伝学に執着しはじめている。2017年から18年にかけてわたしが監視した数十の非公開のチャットグループでは、少なくともその半数が、遺伝的祖先の詳細を共有するようメンバーに求めていた。なかには入会審査のどこかで検査結果を見せるよう要求するグループまであった。

23アンドミー、アンセストリー、マイヘリテージなどのDNA検査企業では、2016年の夏以降、遺伝子系統検査の売り上げが未曾有の上昇を記録した。2017年にDNA解析をおこなった人の数は、それまでのすべての年を合わせたよりも多かった[6]。とはいえ白人至上主義者の祖先を調べる遺伝子検査の結果は、かならずしも当人たちの求める純血度に見合うとはかぎらないし、そのために彼らが深刻なアイデンティティ・クライシスに陥るケースもあるのだ。あなたが罪を着せる相手がユダヤ人やムスリムで、しかも黒人とアラブ人は生物学的に劣っていると考えるなら、じつは自分が4分の1ユダヤ人で8分の1モロッコ人だったと知るのは、いささか居心地の悪いものだろう。

新たなテクノロジーは急進化の力学を強化することも少なくないが、遺伝子検査はその逆の効果をもたらす場合もあることがわかっている。単一民族からなる理想の未来像が、多人種からなる過去という現実にぶつかることで生じる認知的不協和のせいで、態度や行動が根

＊3　リトアニアのキリスト教化以前の多神教およびその復興をめざす運動。

本的に変化することもある。

カリフォルニア大学ロサンゼルス校（UCLA）社会・遺伝学研究所のアーロン・パノフスキーとデータ・社会調査研究所のジョアン・ドノヴァンは、白人至上主義者の集うインターネット掲示板「ストームフロント」上の遺伝的祖先にまつわる書き込みを分析した。そして検査の結果が好ましくなかった多くの人間が、何かと理屈をこねて、自分の信じるイデオロギーと、自分がさまざまな人種の血をひくこととの折り合いをつけようとするのを発見した。(7)「みなさんはこのサイトのメンバーたちが彼らにこう言うと思うだろう。『出て行け！おまえたちになど用はない』と」。パノフスキーが続ける。「ところが、彼らは自分たちのコミュニティのメンバーをサポートし、グループの一員として引き止めておく道を見つけるのだ(8)」

とはいえ抑圧のメカニズムがかえって信念を強化する場合もあるし、もっと始末の悪いことに、自分の検査結果の信憑性を一切否定してしまえるような、輪をかけて荒唐無稽な陰謀論を持ち出す場合もある。(9)ミスター・ホワイトの話では、遺伝子検査は「シオニスト占領政府」、通称「ZOG」によって故意に歪められており、それは白人種を一掃する彼らの計画の一端なのだという。「実際、23アンドミーに関する最近の文献は、顧客について報告するさいにアシュケナージ*4やサハラ以南のアフリカ人だと示すよう操作されているから、何ひとつ信じられない」とミスター・ホワイトが書き込む。遺伝子検査データの提供者が、自分たちの出す検査結果に手を加えたという確かな証拠などどこにもない。それでも白人至上主義者は、自分たちの生活がユダヤ人や「グローバルエリート」や「文化的マルクス主義者」にことごとく支配されていると信じ込んでおり、したがって彼らの頭のなかでは不正に操作されていないものを見つけるほうが難しい。遺伝子検査サービス企業の23アンドミーやアンセストリーも、万物に及ぶ彼らの不信感からは逃れられないのだ。

極右チャンネルに個人を引き寄せる重要かつ不変な要素のひとつはこの不信感なわけだが、この場に彼らを引き止めておくのは、むしろ楽しみや友情、充実感といったものだ。「すごく面白いんだ」とミスター・ホワイトが書き込む。「頭の切れる人間がここにこんなにたくさんいるなんて、ほんとに驚きだよ。これまでベビーブーム世代たちと彼らの古き良き時代のことばかり話してたからね」。ほかのメンバーたちも同感だ。「(笑)(LOL)ああ、僕もこのチャンネルを楽しんでる」と誰かが書く。

「面白い」とか「楽しい」といった言葉が目立つチャットルームが、「ユダヤ人ども(カイクス)をガス殺しろ。さあ人種戦争の到来だ」などといった言葉で始まるのだ。とはいえ、楽しいことと邪悪なことが結びつくのは、非人道的行為と人道的行為が織り交じるのとまさに同じで、と

＊4　中欧および東欧を中心とした地を出自としたユダヤ人の系統。

くに目新しくもなければ驚くようなことでもない。ナチ政権下で親衛隊将校のカール＝フリードリヒ・ヘッカーが収集していた116枚の写真には、強制収容所の管理者たちがユダヤ人絶滅計画の真っ最中に楽しく愉快に過ごしているさまが写っている。1944年の夏に何十万人ものハンガリー系ユダヤ人が拷問され殺害されているあいだ、写真のなかの強制収容所の職員たちは、アウシュヴィッツの南わずか30キロの保養地ゾーラヒュッテで、酒を飲んで歌って楽しいときを過ごしていた。[10] ヘッカーのこのアルバムは痛ましい事実を教えてくれる。想像を絶する残虐行為を働いている者ですら、いろいろな面でやはり人間には変わりないということだ。家族と和やかに食卓を囲み、夜になれば友人と酒を酌み交わして羽目をはずし、ときには気に入った同僚といちゃついたりもする。アメリカの精神科医ロバート・リフトンは、このふたつの自己、すなわち通常の自己と邪悪な自己の発達を「二重化（ダブリング）」と呼んだ。この自己分裂のかたちは統合失調症や双極性障害などの精神疾患というよりも、強烈な第三期社会化段階の結果であって、それは家庭や教育環境における早期の社会化段階のあとに続くものだという。[11]

　この楽しみの要素は、極右のイデオロギーや陰謀論が主流化していくときにも役に立つ。内輪のジョークや不謹慎なユーモアや皮肉の助けを借りて、極右活動家はアメリカ大統領選を控えた時期に若者をますます惹きつけた。[12] ＭＡｔＲのチャンネルで数週間を過ごし、夜毎ディスカッションを観察し、音声チャットに耳をすますうちに、わたしにもだんだんとわかってきたのは、タブーを破る楽しさがどれほど退屈しのぎになるか、そして帰属意識がどれほど孤独を癒してくれるかということだ。メンバーたちは心の奥底にしまっていた経験や不安、世界観を共有し、皆で共通の言語やシンボル、内輪のジョークまでこしらえる。このプラットフォーム上の匿名の、顔のない見知らぬ者たちが、たがいの家族や友だちのバーチャルな代替物になっていく。

そう考えると、ＭＡｔＲのメンバーがこの小さなエコーチェンバー[*5]で週に何日も過ごすわけも、わからなくもない気がしてくる。だが、こうしたチャンネルはそもそもどんなふうに始まるのか。ある日、誰かがこう言うのだろうか？　「さあ、ゲーマーのためのネオナチのチャットをつくろうぜ」と。ロゴに鉤十字を使おうか、それともヴォルフスアンゲル（ナチに利用された、狼の罠のかたちの古代ルーン文字のシンボル）にしようか相談したり、新人を迎えるときにルーン文字を使うか、それとも謎めいた絵文字にするかを議論したりするのだろうか？

まあ、だいたいはそんなものらしい。２０１７年の夏、「同志（コムレイド）ローズ」というニックネー

＊５　ソーシャルメディアで自分と似た興味や関心、価値観を持つ人と交流することで、特定の思想が増強される現象。エコー効果をつくり出す反響室にたとえられる。

ムの男が、MAtRのサーバーを立ち上げた。友人たちがバーベキューを楽しみ、海やプールで泳いでいるとき、ローズはコンピュータの前にすわって、自分の信じる国民社会主義のイデオロギーを世の人間たちにこっそり広めるにはどうしたらいいか思案していた。「じゃあ最初の目標として、300人くらいにこれを届けてやろうぜ」とMAtRができた最初の日に、オルドリッチϟが宣言した。

「なら、どこでメンバーを募集する?」彼のネット友だちのコムレイドローズが尋ねる。

「僕がネットにつながってるときに、審査用のチャンネルと手順をセットアップしておくよ。それで今晩11時頃から招待状を送ることにしよう」

それから数週間、この創始者たちはのんびりしていられた。誰も彼らのことを見ていなかったからだ。治安当局もテック企業も、オンラインとオフラインの両方で彼らが始めた運動を気にも留めていなかった。MAtRは、暗号化されたゲーマー向けチャットアプリ「ディスコード」上に数十もある同種のチャットルームのひとつ、さらにインターネット上に数百もある同種のコミュニティのひとつにすぎなかった。ところが2017年8月12日の週末が、彼らを取り巻く環境をすっかり変えてしまうことになる。

シャーロッツヴィルで開かれた白人ナショナリストの集会が、市民権活動家のヘザー・ヘイヤーの死で幕を閉じると、公開・非公開を問わず、メッセージングプラットフォームは多数の極右チャンネルを閉鎖しはじめた。ＭＡｔＲの管理人たちはこの集会の計画に関与していなかったし、むしろその主催者のぞんざいなメディア戦略や、「右翼よ団結せよ（ユナイト・ザ・ライト）」という先走った取り組みを非難していた。彼らにすればシャーロッツヴィルは、メディアの注目を最大限に集めようとした素人くさい自意識過剰な試みにすぎず、イデオロギーや戦略上の周到な土台を欠いたものだった。シャーロッツヴィルを計画した組織とは距離を置いていたが、それでもＭＡｔＲの管理人たちは目をつけられるのをひどく恐れるようになった。そのため他のグループと同様、入り口の障壁と身許（みもと）チェックをより厳しくし、暗号をこしらえた。

　多くの白人ナショナリストのグループが、自分たちのチャットグループは言論の自由を保障する安全な空間だと訴え、あらゆる政治的傾向を持つメンバーを歓迎すると触れ込んでいた。ムスリムが密かにヨーロッパを乗っ取ろうとしているといった陰謀論が、事実にもとづく話として吹聴され、ホロコーストなど起きなかったという理屈を説くスレッドが、言論の自由の限界を試すべく喧伝された。そうは言っても、彼らの意見に賛成しないと、「われらが諸国を悩ます検閲問題の片棒を担いでいる」とみなされて、余計な口を出すなと言われ、嘲笑されて、面目をつぶされた。過激主義者のオンライングループでの意見や議論にわたしは異議を唱えようとしたし、ほかの誰かがそうするのも目にしたが、そのたびに、どこかから送り込まれた人間だと騒がれて、裏切り者のレッテルを貼られ、チャットルームから締め出された。

ほかにもユーモアや風刺のきいたイラストにものを言わせて、自分たちの過激な意見をカモフラージュしようとするグループもいる。世界金融危機の黒幕はユダヤ人だといったジョークは？　ただの風刺さ。同性愛者のカップルを蔑むようなイラストは？　美徳シグナリングする左派を「触発（トリガー）」するためにちょっとばかり一線を越えただけだ。それに彼らは言うだろう。「これでピンとこないなら、頭がトロいのか、それとも意識高すぎか、あるいはそのどっちもだ」

ＭＡｔＲのリーダーたちがめざすのは、白人種の国家、つまりアーリア人種の国を築くことだ。「とくに新しい発想ではないんだ」とミスター・ホワイトが断言する。「そのための計画はすでにあるし、90年代からもう始まっている」。そう言ってから、「人種国家憲法」のリンクを共有する。

第4条　北西アメリカ共和国（ノースウェスト・アメリカン・リパブリック）〔架空の国家〕における居住権ならびに市民権は、ヨーロッパ諸国の由緒ある家系の混じり気のないコーカサス人種の人間に、完全にいついかなるときも限定されなければならず、彼らは知られるかぎり非白人の祖先を持たず、またその遺伝子構造に非白人のいかなる要素も認められないことが必要である。

第5条　一般にユダヤ人として知られる人種は、文化においても歴史的伝統においてもアジア的な人びとであり、白人とみなしたり、法のもとで白人種の地位を与えられたりすべきではない。いかなる状況においても、いかなるユダヤ人も、北西アメリカ共和国に入ることも居住することも許されるべきではない。⒀

この憲法を起草した人物、ハロルド・コヴィントンに、多くの極右活動家が触発されてきた。彼が創立したノースウェストフロント（NWF）とは、「大西洋岸北西部（パシフィックノースウェスト）の独立した白人主権国家こそ、この大陸で白人種が生き残る唯一の道だと考えるアーリア人男女による政治的組織」だという。⒁コヴィントンはSF小説や、AK47をプリントしたTシャツを売って金を稼いだ。⒂だが自分のノースウェスト系の小説は「たんなるエンターテインメントのつもりで書いたわけではない」と読者に請け合った。「これらは自己実現的な予言になるべきものなのだ」

たしかにそれは自己実現的な予言になり、現実世界に影響を振るうことになった。たとえば、白人至上主義者のディラン・ルーフは、2015年6月にサウスカロライナ州チャールストンの教会で起こした銃乱射事件で9人のアフリカ系アメリカ人を殺害する前に、自らの犯行声明文（マニフェスト）でNWFについて触れていた。だがルーフは、大西洋岸北西部から非白人を全員追い出すだけでは充分でないと考えていた。そもそも自分が北西部に移るという考えが気にくわなかった。「なんだって僕が歴史ある美しい自分の州を捨てて北西部になど行かなくてはならないのか?」とルーフは書いていた。[16]

ミスター・ホワイトはルーフに共感すると自分でも認めている。「過去70年のあいだ、指導者と呼ばれる人間たちは、ただただ問題について話すだけで、いつまでたっても解決策は口にしなかった。この手のやり方がディラン・ルーフのような人間を生んだんだ。彼らが耳にするのは問題だけで、解決策はひとつもない。だから自分で始末をつけるのさ」。ルーフと同様、彼もNWFの発想は物足りないと考える。だが彼らの思想の不一致も、どちらかといえば表面的なものにすぎない。結局のところ、レイシズムが「愛国心のもっとも純粋なかたち」であることに彼ら全員が同意している。[17]「そのことにみんな気づくべきだ」と書き込むのは、自惚れ屋(プレトンシュー)と名乗るMAtRのメンバーだ。だが自分はルーフのように銃を使うつもりはないという。「ただこの情報を広める努力をするほうが、はるかに価値があると思う。つまり世間のみんなを『レッドピリング』するってこと。やることは山ほどあるし、やり方もいろいろある」

レッドピリングとは、2000年代にティーンエージャーだった誰もが知っているあのSF映画、ラナとリリー・ウォシャウスキーが監督して大ヒットした『マトリックス』から生まれた言葉だ。「青い薬（ブルーピル）を飲めば、話はここで終わる」とモーフィアスが主人公のネオに言う。「おまえはベッドで目覚め、あとは信じたいものを好きなように信じればいい。だが赤い薬（レッドピル）を飲めば、おまえはこの不思議の国にとどまるのだ。そのときは、私がこのウサギの穴がどれだけ深いか見せてやろう」。ネオは赤い薬を選び、それによって自分がいま生きているのは人工知能のロボットが人間を奴隷にし、その体内からエネルギーを採取することを目的としたコンピュータ・シミュレーションの世界だと知ることになる。このカルト的な場面は、世界中のオルトライトにとってインスピレーションと希望、そして自己犠牲の源泉になっている。この映画のメタファーを使って新人勧誘係は、グループに共鳴する者に、きみたちは「グローバル・エスタブリッシュメント」がつくった幻想の世界にとらわれているのだと説き聞かせる。なかには「真実を暴く」ことで頭がいっぱいになり、仕事が終わったあとも夜遅くまで「赤い薬（レッドピル）」をせっせと集める者もいて、彼らはそれを大規模なデータベースに保存している[18]。たとえば、あるレッドピルは移民による犯罪についての（偽の）情報かもしれないし、彼らの世界観に信憑性を与える、人口統計学的変化についての（歪曲された）結果かもしれない。レッドピリングが急進化を婉曲的にあらわすとするならば、インターネットはあらかたレッドピル工場と化している。ちなみに白人ナショナリストにとっての究極のレッドピルとは、ホロコーストなど起きなかったと断言することだ。『マトリックス』とは、オルトライトが自らの目的のために勝手に使って武器にする、インターネットに格納された文化的レファレンスの兵器庫――日本のアニメからポップスターのテイラー・スウィフトまで――のひとつにすぎない。

プレトンシューはミレニアル世代とも呼ばれる2000年代にティーンエージャーだった世代だ。現在、31歳。5年ほど前に姪が生まれるまでは、「レッドピリング」など気にもかけていなかった。「姉さんが刑務所に入っていたから、両親が姪っ子を育てるのを僕も手伝ってたんだ。そしたら、この子がおとなになるあいだに、どんなふうに扱われるのか、どんな目に遭うのかといったことが気になりだしてね」

「どんなことになるか想像もつかないな」とミスター・ホワイトが口をはさむ。「こんどこそ、じきに大変なことが起きそうだけど」。このグループの多くのメンバーと同様、彼もまた、近々人種戦争の火蓋が切られ、民主主義の崩壊がすぐそこまで来ているはずだと信じている。「……4年前から、僕は人種を意識する40歳未満の人間を見かけるようになった」。それは初めて彼がディスコードに入ったときのことだ。

「自分もそれが中毒になった」とプレトンシューも認める。「嘘を言わないまともな人間に会って情報交換するのに」いちばん手っ取り早い方法なのだと説明する。そして少し間を置いてから、こう打ち明ける。「まあ、僕がまともかどうかも怪しいけど、僕は嘘は言わないし……ていうか、思ったことははっきり言う」

「ちょっと覗いているうちにわかってくるんだ」とプレトンシューがミスター・ホワイトに語る。「同じような考えの人間が、ディスコードのサーバーにはたくさんいるって。それぞれみんな個性はあるけど」

これはインターネットの大衆化が始まった当時、サイバーセキュリティ・アナリストのケヴィン・トンプソンがまさに警告していたことだ。２００１年に白人至上主義者のプラットフォーム、ストームフロントの会話を調査したトンプソンは、こう結論した。コンピュータを介したコミュニケーションは、烙印を押されたり権利を奪われたりした人間が、隣人や身内など従来の共同体の代わりになる居場所をつくることを可能にする(19)。１９９０年代の後半、つまりインターネットの「石器時代」に早くもわかってきたのは、過激主義者が人びとを急進化させ、キャンペーンや暴力行為を計画するのにサイバー空間を活用できるということだ。１９９8年にフランスで開催されたサッカーのワールドカップ大会で、ドイツのネオナチとフーリガンが人種やイデオロギーに関する動機から暴行を働いたが、彼らは携帯電話を使って計画を立てていた。北フランスの都市ランスでドイツがユーゴスラヴィアと戦った試合では、96人が逮捕され、なかにはナチ式敬礼をした者までいた。彼らは警察官ひとりに重傷を負わせ、昏睡状態に陥らせた(20)。

インターネットと新たなテクノロジーをどう使うのが最善なのか、白人ナショナリストのあいだでも意見は分かれる。プレトンシューは若者の心を摑むために使うことに賛成だ。出版の民主化や(偽)情報の拡散は、そのために不可欠なものとみなされる。NWFは「オンデマンド出版」を、「芸術とエンターテインメントの分野で大物ユダヤ人の独占を弱体化させた」例としてあげている。[21] 一方、ライフオブワット(LifeOfWat)などのユーザーたちは、従来のメディアを出し抜くだけでは足りないと考える。「戦争こそが唯一の道だ。剣によって自由を勝ちとるのだ」

イデオロギーの違いを超えて極右の人間をまとめているのは、新たなテクノロジーが政治的影響力を拡散し、強化する鍵を握るという彼らの確信だ。「バーチャルな戦場が最初になくてはならない」とMAtRのあるメンバーは結論する。極右によるバーチャルな戦争の準備は、ディスコード上のMAtRのチャットルームのようなネットの隠れた路地裏でおこなわれ、ごく普通のネットユーザーの目にたいていは触れることもない。人種差別的なディスカッションに興じ、遺伝子検査結果を共有するこの世界に入るのは、わたしにはどこか現実離れした感があった。それでも2019年3月にニュージーランドで極右に触発されたテロ攻撃により50人が殺害されたことは、白人の人種国家を夢想するこうしたバーチャルなサブカルチャーが、いかに簡単に現実世界の暴力に転化されるかを教えている。

次章でわたしが加わるヨーロッパに広がる運動は、ＭＡｔＲのように暴力をあからさまに支持しているわけではない。アメリカの過激主義者と違って、メンバーたちは銃を手にすることすらもなさそうだ。それでも新たなコミュニケーションテクノロジーを利用する巧みな手口と、彼らの生み出す社会的な空間ゆえに、この組織は国の諜報機関にとって最優先のターゲットになっている。その新人勧誘係は大陸ヨーロッパとイギリス各地で、コンピュータ通の若者を中心とした幅広い視聴者（オーディエンス）の心を摑むことに成功している。彼らはより周到かつ革新的なかたちで組織のブランド化やアウトリーチの戦略を開拓しているのだ。

第2章 初心者のためのレッドピル

——ヒップな極右組織ジェネレーション・アイデンティティ

「ハロー、ジェニー！」スクエア型のメガネをかけ、短い髪をジェルでかためた背の高い男が、歴史あるウィーン中心街の老舗カフェ・プリュッケルでわたしを待っていた。白人ナショナリストにはとうていい見えない、ごく普通の青年だ。見えるところにタトゥーもなければ、オルトライトのトレードマークのファシスト（ファッシー）っぽい刈り上げもしていない。

「こんにちは（ハイ）！ あなたがエドヴィン？」かたちだけの質問だ。この「ジェネレーション・アイデンティティ」（GI）の地域リーダーの顔は、メディアによく出ているからわたしも知っている。彼はヨーロッパのアイデンティタリアンのあいだでも有名人だ。ここ数カ月かけて、わたしはGIのあちこちのオンラインネットワークでいかにも本物っぽいアカウントをつくり、オーストリアやイギリスの同団体のメンバーと数週間にわたってメッセージをやりとりし、今回初めて対面で打ち合わせする約束をしたのだ。

ぎこちなく握手を交わし、周囲のテーブルに遠慮がちに目を走らせてから、わたしはエドヴィン・ヒンチシュタイナーの隣にすわる。わたしのブロンドのウィッグは、ツイッターの分身(アバター)アカウントに載せたポニーテールのプロフィール画像とマッチしている。忘れてはいけない、とわたしは自分に言い聞かせる。あなたの名前はジェニファー・メイヤー。哲学を専攻していて、現在ロンドンに交換留学中のオーストリアの大学生。偽のアイデンティティを使うのは、小説の登場人物を創作するのと少し似ているかもしれない。その人物の過去、現在、そして未来がわかっていなければ、あなたの話に誰も納得してはくれないだろう。

その日はオーストリアの総選挙の当日で、周囲の客の大半がコーヒーを片手に隣人たちと選挙の予想結果について話している。わたしたちのことをじっと見つめる瞳の主(ぬし)は、上品な身なりの年配女性ひとりだけだ。中道左派系の新聞「デア・シュタンダルト」から彼女がちらりと目をあげる。わたしたちのどちらにもどうやら気づいてなさそうだ。

そのときは知るよしもなかったが、まもなくエドヴィンはオーストリアの年金受給者のあいだで悪名を轟かせることになる。それから数カ月経った2018年1月の国際ホロコースト記念日に、彼はツイートでメディアの大注目を浴び、オーストリアの高齢世代の度肝を抜いた。「あんたたちが役立たずになるまで長生きし、編み物のしかたも知らないのは、フェミニズムのことで頭がいっぱいだったからさ」(1)。彼のツイートが正面切って攻撃したのは、無党派運動「極右に反対するおばあちゃんたちの会（オーマス・ゲーゲン・レヒツ）」、そして彼女たちが右派系団体の舞踏会に抗議したことだ。この舞踏会はオーストリアの極右政党の自由党（FPÖ）が毎年主催するパーティで、ヨーロッパ各地の極右インフルエンサーに人気の会合になっている。彼のツイートが物議を醸したのは、不徳にもおばあちゃんたちの連合を攻撃したことだけが理由ではなかった。それが意図してか否かにかかわらず、「生きるに値しない命（レーベンスウンヴェルテス・レーベン）」とは、１９３９年10月にヒトラーが発布した法令で使われた表現で、その法令は、あまりにも虚弱であるか、障害があるか、あるいは劣等であることから生きる価値がないとみなされた人びとの計画的殺害を命じていた。ナチによって虐殺された６００万人のユダヤ人、20万人のロマ人、７万人の同性愛者のほかにも、30万人の障害者と高齢者がナチの安楽死計画によって殺害された。オーストリア退職者協会もこの非難の大合唱に加わり、ヒンチシュタイナーの「おぞましき言葉の選択」に非を鳴らした。

「まずは、きみのことを教えてくれないかな。なんでＧＩに興味を持ったの？　これまで何か政治的な活動をしたことある？」。なるほど、エドヴィンはあまり世間話をしないタイプなのか。

「たいしたことはしてないかな。フリーでちょっと活動したり、自由党のビラを配ったりとか」そう言って、わたしは携帯に手を伸ばす。何かメッセージが来ていないか確認するといったふうに。「でもマルティンには連絡をとってる。知ってると思うけど」。じつはGIがイギリスに支部をつくる計画があると知って、わたしはイギリスのチームに入れてほしいと申し出たのだ。すると、この組織のオーストリアのリーダー、マルティン・ゼルナーがすぐに接触してきて、ウィーンで会おうと言ってきた。

　ところがマルティンは、今日は忙しいという。フランクフルト・ブックフェアで、出版したばかりのアイデンティタリアンに関する自分の本を宣伝しているのだ。100カ国から来た7000もの出版社のなかでもメディアの注目をさらうのは、彼の本を出した小さな極右系出版社アンタイオスだ。というわけで、代わりにいまわたしはエドヴィンと会っている。あとから知ったのだが、わたしたちがコーヒーを飲んでいるあいだ、ブックフェアではアイデンティタリアンと彼らに抗議する人びととが喧嘩になり、数人が逮捕され、「勝利万歳（ジークハイル）」の叫び声も聞こえたという[2]。

　豆乳のカプチーノを注文したが、わたしは自分の選択を一瞬で後悔した。エドヴィンがちょっと驚いた顔でわたしを見たが、もっと驚いたのはウェーターのほうだった。「申し訳ありませんが、当店はウィーンの由緒あるカフェでして、豆乳は扱っておりません」

　エドヴィンが声を立てて笑う。「ロンドンにはどれくらいいるんだっけ?」。気まり悪そうに笑うわたしをよそに、エドヴィンが尋ねる。「何が面白いかって……」と言ってエドヴィンがスプーンをくるくる回す。「政治にあんまり興味のない人間が、ますます僕らのところに来てるってことさ」。得意げな表情がさっとよぎる。「僕たちは若者にとっていちばんの注目の的だ。何かを変えたいと思ったら連中はもう自由党には行かず、まっすぐ僕たちのところに来るんだ」。エドヴィンがGIに入ったのも、かつて自由党の青年団で活動していたからだ。「僕たちについて、きみに知っておいてほしいことがいくつかある。僕らはもうあの古いナチじゃない。僕らは民族多元主義者なんだ」

向かいのテーブルにすわっていたゲイのカップルの会話がぴたりと止まる。同性愛者を露骨に嫌悪する組織の幹部と一緒にいるのを見られたのが恥ずかしくて、わたしは声のトーンを下げた。「民族多元主義者……」とわたしが繰り返す。

「そのとおり」エドヴィンは声を小さくする気など微塵もなさそうだ。「僕らにすれば、アイデンティティとは文化と民族の両方にかかわるものだ。ヨーロッパ文明が――民族的にも文化的にも――乗っ取られるのを防ぐ唯一の方法は、移民を締め出すことさ」とエドヴィンが説明する。GIの目標とは、この組織の綱領によれば、同質の社会――異なる人種や文化が混じることのない社会――をつくること。そのための最初のステップは、国境をすべて閉鎖することになるだろう。とはいえ彼らは、すでにこの国に入っている移民も含めて、すべての移民を脅威とみなしているから、おそらく国境の閉鎖だけでは足りない。したがって次のステップは、具体的にはどんな措置が必要になるにせよ、第2および第3世代の移民を含めて、こうした移民を本国に送還することになるだろう。

GIは、2002年にニースで反シオニストと民族ボルシェヴィキ*1の支持者が設立した、フランスのナショナリスト団体ブロック・イドンティテールにその起源がある。その10年後、この団体の青年組織としてGIが結成され、オーストリア、ドイツ、イタリアをはじめヨーロッパ諸国に急速に拡大しはじめた。[3] 今日、GIはアメリカのオルトライトのヨーロッパ版になり、ヨーロッパとアメリカの極右の架け橋になっている。自身も元ネオナチであるマルティン・ゼルナーは、この組織の表看板としてヨーロッパとアメリカで精力的に活動している。自らのイメージ刷新（リブランディング）をはかるべく、かつてのメンターで、オーストリアの悪名高きホロコースト否定論者であるゴットフリート・キュッセルとは距離を置いている。[4] 代わりにここにきて、ヨーロッパの文化的・民族的アイデンティティを守りたいと語り、「人種分離」や「アパルトヘイト」の代わりに「民族多元主義者」といった用語を使い、長靴（ジャックブーツ）や鉤十字のタトゥーの代わりにTシャツ姿にレイバンのサングラスをかけている。

エドヴィンがわたしの目をまじまじと見る。同意のサインを探しているかのようだ。「つまり僕らはいまのところ『大いなる交代』*2に抵抗する数少ない組織のひとつなんだ」。彼の

*1 民族ボルシェヴィズムとはファシズムとボルシェヴィズムの思想的融合物。〔原註〕

射るような視線から逃れようと、わたしは下を向いた。それからまた顔をあげると、向かいのテーブルの男性ふたりが目を見合わせているのが見えた。GIの発想のほとんどがそうなのだが、彼らの「大いなる交代」という考えも、フランスの新右翼（ヌーヴェル・ドロワット）に触発されたものだ。彼らがもっとも称賛するイデオローグであり、かつ彼らのもっとも熱心な支持者のなかに、フランスの作家でジャーナリストのギヨム・ファユがいる[5]。ファユは2015年に白人至上主義のシンクタンク「国家政策研究所」でおこなったスピーチで、欧米諸国は「精神疾患」にかかっていると主張し、それを「民族的マゾヒズム」と呼んだ。彼の診断によれば、白人がその立場を徐々に交代させられること、いわゆる「白人のジェノサイド（集団虐殺）」には、その根っこに3つの現象があるという。移民、人工中絶、同性愛だ。彼らに言わせれば「白人のジェノサイド」とは、生粋のヨーロッパ人の出生率を下げている中絶賛成およびLGBT支持の法律と、少数民族が「戦略的大量繁殖」に励むことを許す移民歓迎政策が組み合わさった結果だという[6]。マルティン・ゼルナーが言うように「徐々に乗っ取られている」というわけだ。

　とはいえ人口統計的調査の結果は、彼らの主張を裏づけるものではない。オルトライトによく見られる誤った推論とは、仮にAがBの前に起きたら、Aが原因でBが起きたに違いないというものだ（すなわち「前後即因果の誤謬（ごびゅう）」と呼ばれるもの）。たしかに1950年代以降、北アメリカとヨーロッパでは出生率が急激に低下している。また、たしかに多くの欧米諸国が20世紀後半にソドミー法[*3]を廃止し、中絶禁止法を緩和した。だが過去50年で出生率が低下した理由はどこかほかにある。調査によれば、生活水準が上がったことにも原因があり、さらに女性への教育、避妊具と避妊薬の普及、子どもの健康と福利の向上もまた重要な要因だとわかっている[(7)]。

この「大いなる交代」という発想は、無数の新種の反左翼ないし反ユダヤ陰謀論に影響を与えており、こうした陰謀論は「フートン計画」のような古い概念を引っ張り出してくる。1943年にアメリカの教授アーネスト・アルバート・フートンが発表した小論は、ドイツ人を非ドイツ人と交配させることで「ドイツ人から好戦的な性質を取り除く」計画を提唱するものだった。最近になって、ドイツの多くの極右組織が、移民の脅威や政府による門戸開放政策こそ、このフートン計画がまさに実行中であることの証拠だと訴えている。

「先にGIに入ってる友だちはいる?」わたしが首を横に振る。「そいつはけっこう!」とエドヴィンが叫ぶ。個人的な知り合いに紹介されて入ったわけでない人間のほうが長くGIにとどまるのだと彼が説明する。「自分の考えで参加する人間が最近どんどん増えているん

＊2 「the Great Replacement」。この表現は、2011年にフランスの白人ナショナリスト作家ルノー・カミュが出版した同名書籍がきっかけで広く使用されるようになる。
＊3 ソドミーの語が指す行為(おもに男性同性間の性行為)を犯罪とし、禁止する法律。

だ。もっぱらソーシャルメディアのおかげだよ」

そのとき、エドヴィンの携帯が鳴った。彼はちょっとごめんと言うと、ベルギーの日刊紙「ル・ソワール」の記者からのメッセージに返信する。「最近、メディアのインタビューは精神的にちょっと疲れるんだ」とエドヴィンがこぼす。オーストリアが右傾化していることに世界が日増しに関心を寄せている。だがもう緊張したりはしない、とエドヴィンは言う。もう嫌というほどこなしているから。それに、どのみち大手メディアが流すのはフェイクニュースだし、「けど、僕らのことを無料（タダ）で宣伝してくれるから、僕らには連中が必要なんだ」

だが彼らにとって、それよりはるかに重要なのはソーシャルメディアだ。「だから僕らはペイトリオット・ピアを立ち上げてるのさ！」。この新たなアプリを使えば「サイレントマジョリティとつながり」、さらに「ゲームしながら抵抗の意を示す」ことができるとＧＩは約束する。そこでは何もかもがゲーミフィケーションされるのだ。ほかの愛国者（ペイトリオット）とつながればポイントが獲得できて、自分のランクも上がっていく。[8] 自分たちはカチコチのアカデミックな世界から抜け出したいのだとエドヴィンがわたしに語る。「僕らは大学で宣伝するだけじゃなく、学校や温泉施設、そのほか若者が出入りする公共の場で新人を募集するキャンペーンをやるつもりだ」

だからこそ、彼らのオフラインでの活動には、おしなべてオンラインの巧妙なマーケティング活動がついてくる。インパクトを最大化させ、若者に広まるようにするためだ。２０１７年の夏、彼らは全長40メートルの船、通称「Ｃスター」をチャーターしたが、その目的は、ＮＧＯ団体が地中海で溺れている難民を助けるのを妨害することだった。このミッションには#DefendEurope（ヨーロッパを守れ）というハッシュタグがつけられ、彼らがひんぱんに更新するソーシャルメディアのフィードのおかげで広く知られるようになった。連日、フェイスブックやツイッターで自分たちの活動をＣスターからライブ配信し、日焼けした体に最新流行の水着をまとった自分たちの写真をインスタグラムにアップした。

ソーシャルメディアで彼らが得ている支持はグローバルなもので、アメリカのオルトライトのブイロガー（動画ブロガー）やインフルエンサーも、このハッシュタグのトレンド入りに大きく貢献している。このことは彼らへの財政支援にも反映されている。「ペイトリオット・ピアのために世界中から寄付が集まっている」とエドヴィンが教えてくれる。「けど僕らが何より重視するのは、こうした支援のすべてがアメリカから来てるってことさ」。彼は知らないが、ここ数週間かけてわたしはＧＩの資金調達ネットワークを調べていた。戦略対話研究所でわたしたちは、#DefendEuropeキャンペーンへの寄付として彼らが受けとった20万ユーロの大半が、アメリカの出資者によるものであることを発見した――このキャンペーンはヨーロッパの国境だけが唯一の焦点だというのに。(9)

「ならどうして北米に手を広げないの？」と訊いてみる。

アメリカにはオルトライトがいるからだとエドヴィンが説明する。「だから、向こうでの戦略はかなり慎重に考えなくちゃいけない」。ＧＩは実際にカナダで支部を立ち上げようとしたが、あまりうまくいかなかった。「まあ失敗ってとこかな」とエドヴィンも認める。無理もないよ、とつい言いそうになる。文化の坩堝であることを誇りにする国民に、「同質の社会」という発想を売り込むのも、自分を移民だと認める人間がめったにいない国に、反移民政策を提唱するのも、少しばかり間抜けな話に聞こえる。「向こうで僕らはリブランディングする必要があるようだ」というのがエドヴィンの結論だ。ただし今週とかの話ではない。いまのところオーストリアが最優先だ。

「今晩何か予定ある？　ほかのアイデンティタリアンに会ってみたいなら、僕たち自由党の選挙キャンペーンのパーティに行くつもりだけど、一緒に来ない？」躊躇っていると、こう付け加える。「コカ・コーラとクラブマテも冷えてるよ」。飲んでいたコーヒーで思わずむせそうになった。クラブマテはベルリン版のナチュラル系エナジードリンクだが、わたしの頭のなかでは白人ナショナリストとちょっと結びつかないものだ。どうやらわたしが豆乳を注文したのも、ヒップスター過ぎなかったみたいだ――このニップスターたちにしてみれば（「ニップスター」すなわち「ナチのヒップスター」とは、自分たちをリブランディングし、流行に敏感な人（ヒップスター）のファッションや文化をとりいれた若いネオナチのこと）。

「残念だけど、夜は家の用事があるから」

エドヴィンがうなずく。「そいつはもったいない。きみは最高の夜と、ＧＩのメンバーたちに会うチャンスを逃しちゃうよ」。カフェ・プリュッケルを出る前に、わたしたちはまた連絡をとり合うこと、そしてイギリスにいるアイデンティタリアンの幹部にわたしから電話を入れることを約束した。

その晩、自由党はこの国の投票数の26%を獲得したが、[10] それはネオナチの社交クラブ（フラタニティ）とつながりのあるオーストリアの政党にしては衝撃的な快挙だった。

わたしはスカイプにログインする。トーマスがわたしとの音声通話を待っていた。彼はスコットランドからわたしとつながっている。このＧＩスコットランドの新リーダーはイギリスに住んで7年。ソフトウェアを売っているが、オーストリア訛りがまだ抜けていない。人懐っこそうに笑い、落ち着いた声をしている。

トーマスは半年前に家族に会いに戻ったとき、ウィーンのカフェで開かれるＧＩの定例会のひとつに行くことにした。どんなものなのかまったく予想していなかったという。「正直ほんとにびっくりしたよ」とトーマスが語る。「テーブルをひとつだけ予約してるのかと思ったら、店全体がアイデンティタリアンの活動家やこの運動に参加したい人間でいっぱいだったんだ」。ここ数週間かけて、彼はイギリスおよびアイルランド支部をつくるために活動し、正式な発足の準備をしている。

「え、そんな責任重大な仕事をすぐに任せてもらえたの？」思わずわたしが声をあげる。

「まあね、その前に僕はマルティン・ゼルナーの動画に字幕をつけて、イギリスの視聴者も観られるようにしといたから」

トーマスからわたしの哲学の研究について訊かれたので、ハイデガーとニーチェへの敬意を口にしたら、やけに嬉しそうだった。「マルティンにも話してごらんよ——どっちも彼のお気に入りだから」。マルティン・ゼルナーも哲学を学んでいた。このふたりの哲学者をとくに評価するのは極右の人間には珍しくないことだ。ロシアのネオファシストの哲学者アレクサンドル・ドゥーギンは、自著でハイデガーを引用していたし、オルトライトの大立者(おおだてもの)のリチャード・スペンサーは、自分は「ニーチェにレッドピルされた」と公言している。ハイデガーとニーチェのどちらも、今日認められるモラルの低下をモダニズムとリベラリズムのせいにする知的枠組みを提供する。この主張を用いてオルトライトは、フェミニズムや多文化主義、平等主義は、西側世界の「リベラルな腐敗」の産物だと非難するのだ。

政治学者のロナルド・ベイナーは、このふたりの哲学者による「ジェノサイドの扇動」が、現代の白人ナショナリストや彼らの「狂信的な反リベラル思想」をあいかわらず煽っているとまで述べている。(11) ハイデガーの思想的傾向についてはたしかに疑う余地はない。彼は国民社会主義ドイツ労働者党（NSDAP）のメンバーだったし、ヒトラーを支持したことへの後悔をついぞ口にしたことはなかった。彼の恋人だった、反ファシストのユダヤ人学生ハンナ・アーレントがドイツから亡命せざるをえなくなったあとでも、だ。それでもニーチェについてはさまざまな意見がある。ニーチェの伝記を書いたスー・プリドーはニーチェのことを、最初は妹に、その後はナチに、そしていまやオルトライトに根本的に間違って解釈され、悪用された人物として描いている。(12) おそらく答えはその中間くらいにあるのだろう。イギリスのコメディアン、リッキー・ジャーヴェイスは、ニーチェとヒトラーの想像上の会話でふたりの関係をうまいことあらわしている。あなたの本を大いに気に入っている、とヒトラーがニーチェに言う。「何もかも気に入りましたよ。人間と超人についても、万人が平等ではないからユダヤ人を全員殺せというのも……」。「そんなことわたしは書いてない」仰天したニーチェがあわてて答える。すると「まあ、わたしは行間を読みますからね(13)」

トーマスが具体的な話に移る。「さてきみはこの組織に入ってどんな仕事ができそう？」

この質問は予想していなかった。

「まだわからないけど――イベントを仕切ったり、翻訳を手伝ったり、ネットワークをつくったりとか？」

「そいつは助かる」とトーマス。「どのみち、ここイギリスでは何もかも始まったばかりなんだ。これまで何をやったか訊かれても、まだ具体的なことは何も答えられないよ。でも仕事は山ほどあるんだ。オーストリアやドイツ、フランスのメンバーにずいぶん手伝ってもらってる。マルティン・ゼルナーの本を手引きにしてね——友だちが英語の翻訳を手伝ってくれてるんだ。きみはもう読んだ？」

「対決よりも転覆を」というのが、『アイデンティタリアン 覚醒の物語』を読んで頭に残った言葉のひとつだ。[14] この本によれば、既存の権力構造に逆らったりせずに、むしろ支配的イデオロギーに内在する矛盾を利用して自分たちの考えや発想をリフレーミングするほうが、運動はより効果を発揮しやすいという。「民族多元主義者」や「本国送還」「保守革命」といった言葉は、社会的に受容されるであろうレトリックの境界を踏みこえないよう慎重に練られた用語で、だからこそ申し分なく「主流になりうる」のだ。おそらくマルティンは正しいと認めざるをえない。真正面から対決するより、密かに転覆させるほうがたしかにうまくいく。

わたしの返事を待たずにトーマスが続ける。「つまり、何をどうつくっていくのか、その指針を与えるのが目的だ。英語圏全体の人間がそれにアクセスできるようにしたい」

「ならイギリス支部をつくるのは、アメリカとの橋渡しが目的？」

「そのとおり」。トーマスが言うに、自分たちには「世界中の人間からかなりの関心」が集まっている。アメリカやオーストラリア、それにアジアからも、アイデンティタリアンの支部をつくりたいと始終問い合わせが来ているらしい。「けどこれまでと同様、慎重に選ぶ必要がある。新しく入ったメンバーはいつも全員面接するんだ」。そして新メンバー、できればバイリンガルのメンバーが必要なのだという。

「あら、これって面接だったの？」

「ノーノー。きみは違うよ。だってもうマルティン・ゼルナーと知り合いなんだから。今週末にマルティンがロンドンに来て一緒に戦略を練ることになってるけど、きみも来ない？」。それから数時間後にトーマスがアドレスを送ってよこし、こう言い添えた。「きみのためにマルティンに時間をとってもらうよう手配しておくよ！☺」

こんなふうに、新右翼（ニューライト）の極秘戦略会議に招待されるというわけだ。

土曜の夜、メイフェア地区のシェパードマーケットにある老舗パブ、イー・グレイプスに入っていく。

「やあ、きみは――？」20代前半の背の高い金髪の青年がわたしの肩をポンと叩く。

「ジェ……ニファー」どもりがちにわたしが答える。「ジェニーって呼んでくれてもいいけど」

「よかった、きみのこと探してたんだ！　僕はジョーダン。ブロンドの女の子が来ないかよく見ててって言われててね」

ジョーダンの案内で店の奥に入っていくと、40個の瞳がいっせいにわたしを見つめた。助かった、アン・マリー・ウォーターズのは見当たらない。彼女は、２０１７年のイギリス独立党（ＵＫＩＰ）の党首選で僅差で負けたあと、ナショナリストで反ムスリムの政党「フォー・ブリテン」を立ち上げた自称活動家だ。彼女がいたなら、ツイッターで何度も対決しているわたしのことを瞬時に見抜いたに違いない。たとえ即席のウィッグにメガネの顔でも。

「こんばんは（ハイ）、皆さん」気詰まりな沈黙に思いきって声をかける。

「ほら、すわって」威勢のいい短髪の青年が、にこにこしながらこちらに歩み寄ってきた。北欧系の訛りに野太い声。「よろしく、ジェニファー。きみが仲間に入るのは聞いてるよ。なんのかって？　ＧＩのイギリス支部が今週末にスタートするからさ！」。青年の名はトーレ・ラスムッセンだとまもなくわかった。ノルウェーの起業家でＧＩの主力メンバー。現在はロンドンでイギリス支部の立ち上げを手伝っている。そのだいぶあとに「オブザーバー」が彼の捜査資料を公表して初めて、わたしは彼がノルウェーのネオナチ組織ヴィグリドの元メンバーだったと知ることになるのだが[15]。メイフェアでのその晩、彼の関心は自分の過去ではなく未来だけに向いていた。

「ちょうど次のホリデーのこと話してたんだ」ラガーの1パイントグラスを両手で挟み、トーレが言う。「僕が最近休暇で行く唯一の場所はハンガリーさ。僕が金を出すのは自由な国家だけだ」

夢見心地のとろんとした目で彼がビールをすするあいだ、わたしはひきつづき部屋に目を走らせる。ここにはイギリスのGIメンバーが20人ほどいて、そのうちの多くがアイルランドから来ている。トーマスもいて、大陸から来た年長のGIメンバーたちとすわっている。なかにはフランス、ドイツ、オーストリア、ノルウェー、デンマークから、イギリス極右団体トラディショナルブリテングループの会議に参加し、さらにGIのイギリス支部を立ち上げるために飛んできた者もいる。ほかには、イギリス独立党青年団のメンバーから、マーク・コレットのような歯に衣着せぬネオナチの顔まで見える。

「なら今度はオーストリアも選択肢に入ってくるかも」トーレがふいに口を開き、わたしのほうに向き直る。「このあいだの選挙のことどう思った?」

「そうね、ええと……正直言って自由党はもっととれると思ったな」わたしのオーストリア訛りはいつもよりきつく、声もちょっと高めだ。「オンラインで見ていたときは、もっとずっと支持されてるように見えたんだけど」。トーレがそうだねとばかりにうなずいて、にっこり笑う。「自由党について話すとき、きみはじつに嬉しそうだね。目がきらきらしてるよ」。一瞬吹き出しそうになるのをこらえて腹が苦しくなる。ビールをひと口飲んでからトーレがわたしをまじまじと見る。「イギリスでジェネレーション・アイデンティティの顔になる人間が必要なんだ」とトーレが言う。「まあノルウェー支部のリーダーは僕だけど、顔になるには少しばかり歳をとりすぎててね」。わたしはちょっと驚いた顔をしてみせる。トーレはまだ30代半ばだ。彼が続ける。「けどリーダーには給料が払われるから、仕事の心配はいらないよ」

なんて答えたらいいか思案しているうちに、テーブルの向こう側にいるスーツ姿の細身の男性が話に入ってきた。「ジェン、きみは最高の会議を見逃しちゃったな。マルティン・ゼルナーのGIのプレゼンは素晴らしかったよ。こっちではこの運動のことが世間に知られてないんだ」

「いまのところはね」トーレが口を挟み、にやりと笑う。「1週間のうちにみんな知ることになるよ」

「どういうこと?」

「明日のワークショップに出ればわかるよ。きみも来るならね。ホープ・ノット・ヘイトだって僕らのすることを止められないさ」

「まったくこっちが連中を嫌悪(ヘイト)するぜ」隣にいた中年男性がいきなり声をあげる。「俺の人生を台無しにしようとしやがって」上等のスーツにカフスボタン、それにどこか計算高そうな表情から、男は銀行員とかシティで働く人間とかに見える。「連中は俺の個人情報をさらそうとしたんだ。名前やどこで働いているかまで。あやうく仕事も何もかもを失うところだった。そういうものさ。ここではナチとわかったらクビになる」

「ホープ・ノット・ヘイトって何？」といかにも間抜けなふうにわたしが聞き返す。

ホープ・ノット・ヘイトとは、レイシズムと闘うイギリスでもっとも有名な団体で、２０１７年の夏、ＧＩチームが「ヨーロッパを守れ（ディフェンド・ヨーロッパ）」のミッションを実行するのを阻止していた。この団体の研究員らがＣスターの所有者の犯罪歴を明るみに出し、クラウドソーシング・プラットフォームのペイトリオンを説得して白人ナショナリストの活動家への支払いサービスを停止させたのだ。[16]

「オーライ、何だか知りたい？　なら連中のオフィスに行こうぜ」とトーマスが言う。「ここから歩いてほんの10分だ」

「だめ！」思わずわたしが声をあげた。うっかり舌を嚙んでしまい、血の味がしてくる。「あの、それってあんまりいい考えじゃないと思う。週末だし、時間の無駄になるんじゃないかな」それから慌てて言い添えた。

「あっ、ダサいこと言っちゃったかな。それもけっこう面白いかも」

自分の携帯をちらりと見る。まずい、どうしよう……ホープ・ノット・ヘイトの友人に、メールで知らせたほうがいいのかな？

ところがありがたいことに、お腹がすいた者がちらほらいた。わたしも空腹で死にそうと言って、ホープ・ノット・ヘイトのオフィスより隣のパブに行くことを提案してみた。幸いにも胃袋を満たすという発想が、トラブルを起こす案に競り勝った。

次のパブで、トーレからイギリスの未来のリーダーという人物に紹介された。「リアム、こっちはジェニファー——オーストリア人だけどイギリス支部を手伝ってくれるそうだ」。リアムはボクサーだとあとから知った。黒髪のハンサムな20代の青年。緑色の瞳にノース・フェイスのジャケットがよく似合う。

「なんでGIに入ることにしたの？」と訊いてみる。

「何年か前にマルコス・ヴィリンガーの本を読んで思ったんだ。こいつはなかなかクールだぞって」。オーストリアのアイデンティタリアンのマルコス・ヴィリンガーは、5年間、ニューライトで活動し、『ジェネレーション・アイデンティティ　68年世代への宣戦布告』と題した本を20歳のときに出版した。(17) 「それからフランスで初めてサマーキャンプに参加したんだ」とリアムが言う。リアムによれば、目下彼らはGIイギリス支部のための人選をおこなっているところだという。「最初にスカイプで面接して、ソーシャルメディアのプロフィールを見て選抜し、それから直接会ってみるのさ——まあ一緒にビールを飲みにいくだけだけど」

グラスを片手に、リアムはフットボール・ラッズ・アライアンス（FLA）が主催したデモに参加してきたとわたしに話す。このイギリスのサッカーファンの団体は、どんな種類の過激主義とも闘うと宣言しているが、極右の活動家と昨今ますます関係を深めている。[18]「彼らは『あらゆるタイプの過激主義』といつも言ってるけどさ」リアムがぷっと吹きながら、こう付け足す。「まるでイスラム過激主義以外にも過激主義があるみたいだよね」

ムスリムが自分のいちばんの関心事だと、地下鉄のグリーンパーク駅に向かって一緒に歩きながら、リアムが語る。彼の考えでは、連中はもともと過激なのだという。「友だちともそんな話をしたりするの？」別れ際に訊いてみた。

「いいや」リアムが一瞬とまどう。「まあ、ちょっとずつ、みんなをレッドピルしようとしてるけど」。何気なさそうなその口調にはっとする。

「どんなやり方で？」

ゆっくりとした歩調になるも、答えはすぐに返ってきた。まるで毎日同じことを答えているみたいに。「レベル・メディアを見せるのさ」。レベル・メディアとは、反移民と反ムスリムの報道により物議を醸すことで有名な、カナダの極右報道機関だ。動揺を隠すため、そそくさと別れの挨拶をすると、わたしは行き先とは違う路線に向かってずんずん進み、彼が視界から消えると、ふうと大きく息を吐いた。

翌日、レッドピリングがどんなものか、わたしも理解することになる。

GIはいかにも2010年代らしい組織だ。秘密の戦略会議を開くときは、サウス・ロンドンのエアビーアンドビーを借りる。具体的にはブリクストンでだが、ここはロンドンでもとくに多文化な地区で、1980年代に警察のレイシズムに反対して暴動が起きたことで知られている。

日曜の朝、エアビーアンドビーに着いたのはわたしが最後だった。オーストリアのGIのリーダー、マルティン・ゼルナーが家のすぐ外に立っている。隣にいるのは彼の新しいガールフレンドでアメリカの有名なオルトライトのユーチューバー、ブリタニー・ペティボーンだ。

タクシーのなかにマルティンがメガネを置き忘れてしまったと聞いて、わたしは内心ほっとした。そうでなかったら、たとえブロンドのウィッグをつけていても、わたしのことを見破ったかもしれない。2016年の末に放送されたBBCの番組「ニュースナイト」の特集で、わたしたちが揃ってとりあげられていたからだ。「やっと会えてうれしいよ、ジェニファー」マルティンがドイツ語で声をかけてきた。堅く握手し、それから愛想よく笑みを交わすと、一緒にリビングに向かう。「あいにく自己紹介は終わっちゃったんだ。きみのこと少し話してくれる？」

さっと部屋を見回すと、昨夜見た顔がちらほらある。トーレとリアムもいて、今日はレイバンとTシャツという格好だ。Rホワイト・レモネードをすする十数人の身なりのよい白人ナショナリストに囲まれて別荘のリビングに腰掛けているなんて、ちょっとシュールな気分だ。

ジェニファーの物語をわたしが再び語ってきかせたあと――その頃には余裕も出たのでエピソードや細部もあれこれ足して――わたしを含め新人全員が質問票に記入するよう指示された。「アイデンティタリアンのブランド・リスクマネジメント」の一環なのだとマルティンが説明する。質問は、好きな本や映画について訊くものから、もっと露骨に政治的傾向や思想を尋ねるものまである。

なるべく疑われないものにしようと必死で考えてみた。でも、いかにもそれっぽいものを選んではいけない。ジョージ・オーウェルの『１９８４』は、ちょっと月並みすぎるかな。この本が、今日の検閲や監視の状況について、極右が使うお決まりのメタファーなのはよく知られている。『ファイト・クラブ』や『マトリックス』もオルトライトの定番映画だ。白人至上主義のネットメディア「ラディックス・ジャーナル」の編集長ハンニバル・ベイトマンが「ジェネレーション・オルトライト」と題した記事で説明するに、「阻害された多くの若い白人男性に対するわれわれの信条は、あの深い苦悩を伝える映画『ファイト・クラブ』に要約されていると言っていい」。そして映画のなかの次の台詞を引用した。

> 俺たちは歴史の真ん中の子ども（ミドルチルドレン）なのさ。目的もなければ居場所もない。世界大戦も大恐慌も経験していない。俺たちの大戦とは精神的な戦争なんだ（…）俺たちの恐慌とは俺たちの人生そのものだ。俺たちはみんな、テレビでこう信じるよう言われて育った。いつの日か、みんな億万長者に、映画の神様に、ロックスターになれるのだと。けどそうはならない。その事実に俺たちはゆっくりと気づいていくのさ。そして心の底からムカついてくるんだ。[19]

白人は洗脳され、自分たちが「両大陸に文明をもたらした征服者や入植者の子孫」であることを忘れてしまったとベイトマンは考える。彼が思うに、移民の脅威とドナルド・トランプがもたらしたのは、「何が間違っているのかを、思い出せるかぎりしつこく探し続けること」だろうし、それによって生じた突然の覚醒は『ファイト・クラブ』が描いたものに等しいのだ。[20]

わたしはカフカの『審判』と『スター・ウォーズ』でいくことにした――少なくともこのふたつは自由に解釈できるはず。さて次の質問では、自分の政治的見解をどちらかに決めなくてはならない。左派か右派か、地域主義（リージョナリズム）かナショナリズムか、イスラエル支持かパレスチナ支持か、リベラリズムか社会主義か。

「なぜあなたは戦う（ミリテイト）のか？」「あなたが参加することをあなたの家族はどう思っているか？」「兄弟姉妹で警察または軍隊に入っている者がいるか？」という質問まで来たところで、わたしはついにぽとりとペンを置いた。なんだか怖くなってきた。「戦う（ミリテイト）」というのは強い言葉だ。それになぜ治安機関や家族のことを気にするのか？　ＧＩは暴力の使用には反対だと繰り返し言っているのに、まるでこれから武装組織に入ろうとしているみたいだ。

「そう……たしかにきついよね？」トーレがわたしの耳もとでささやく。「でも心配はいらないよ。正解も不正解もないから。ただ僕たちはきみが『フルファッシュ』かどうか知りたいだけさ」そう言ってにやりと笑う。これって、わたしには理解できない一風変わったジョークなのか。「フルファッシュ」とは「フーリー・ファシスト（ガチのファシスト）」の略で、従来のネオナチを指して彼らが使う言葉だ。彼らは新人をひとり却下したのだが、理由は彼がフェイスブックにネオナチのシンボルを載せていたからだとあとから知った。「それはごめんだ。組織のイメージを傷つけたくないからね」とトーレが教えてくれる。皮肉なことに、それからまもなくネオナチとのつながりのせいで、トーレ自身が追い出されることになるのだが。

「今日僕たちが話し合うのは、新しいイギリス支部の戦略についてだ」とマルティン・ゼルナーが切り出す。「ここにはパキ[*4]がいて、先住のイギリス人（ブリッツ）もいるから、きみたちは自分の国でマイノリティになるんだ。これは類を見ない最大の犯罪だよ」。ジャーナリストからの厄介な質問——「あなたは人種主義者（レイシスト）か？」とか「あなたは反ユダヤ主義者（アンチ・セミティック）か？」といったものも含めて——への対処法を手短に説明したあと、GIは白人種が他人種より優れているとは宣言しないとゼルナーは言い、むしろ異なる人種をおのおののために分離しておくことの重要性こそ訴えたほうがいいと進言する。それからわたしたちは「抑制のきいた挑発」や「戦略的二極化」「メタ政治」といったものについて話し合った。GIによる動員戦略が土台とするのは、アカデミックな社会学的知見と、何がうまくいき何がうまくいかないかといった彼ら自身の試行錯誤の経験とが混じり合ったものだ。

アメリカのオルトライトと同じくGIも、米右派系オンラインメディア、ブライトバートの方針を支持している。つまり政治を変えたいなら、まず文化を変える必要があるのだ。「政治とは文化の下流だ。わたしは文化のナラティブを変えたいのだ」と、このウェブサイトの創設者アンドリュー・ブライトバートが語っており[21]、このサイトは現代の極右が情報や解説を得るためのお気に入りのソースになっている。目的をかなえるには、主流の政治家に対する世間の圧力を強めるような、若者を惹きつける挑発的なカウンターカルチャーを創出する必要がある――つまり、「メタ政治」だ。「僕らに必要なのは二極化させる行動だ」とマルティン・ゼルナーが説明する。「まあ、どちらかを無理やり選ばされるわけだから、誰もそれを望んじゃいないけどね。それでも変化を起こすことが必要なんだ」。そうすることで、極右の世界観をしだいにノーマルなものにでき、「オヴァートンの窓」[*5]――多くの人に受け入れられる思想の範囲――を右に傾かせることができるに違いないとゼルナーは信じている。

彼らはオルトライトの一線を越えた破壊的なキャンペーンから学習している。たとえば2016年にオーストリアのアイデンティタリアンがウィーン中心部でテロ攻撃を装うフラッシュモブをおこない、数カ月後にはメディアの注目を集めるため、有名なマリア・テレジア像をブルカですっぽり覆った。メディアに向けたこのスタントはかなりの物議を醸し、投稿やツイートで拡散され、ソーシャルメディアの有力なインフルエンサーたちに共有された――これこそ「抑制のきいた挑発」だ。そのせいで今度は旧来のメディアが彼らの活動を報道し、彼らにプラットフォームを提供せざるをえなくなる。オンラインのキャンペーンが、荒らし(トロール)や新たなメディアについてのアメリカの専門家ウィットニー・フィリップスが「転換点(ティッピングポイント)」と呼ぶもの――あるストーリーがそれを論じるコミュニティの関心を超えて広

＊4　イギリス在住のパキスタン人またはインド人の蔑称。
＊5　「オヴァートンの窓」という概念は、政治的に実現可能な考え方の範囲〔窓〕という意味で、ジョゼフ・P・オヴァートンが唱えたもの。〔原註〕

がる際の閾値——に達すると、「主流メディア」はそれを報道するよりほか選択の余地がなくなるのだ(22)。目的は、争いの種になるようなコンテンツを拡散し、中立的な立場をとる誰もがどちらかの側につかざるをえないようにすること——つまり「戦略的二極化」だ。

それはGIによるレッドピリングのためのマニュアルにいかにも合致するものだ。要は、さまざまな思想的背景を持つ個人を二極化ならびに急進化させるためのステップバイステップの手引書なのだ。GIはレッドピリングを、「深い眠りから覚醒し、知らぬが仏の状態から抜け出すためのプロセス」だと説明する。イスラム過激主義もまた穏健派のムスリムに、「ジャーヒリーヤ」、すなわち「(イスラム教以前の)無知の時代」から抜け出すよう呼びかけていることを、わたしはふと思い出した。

マルティンの隣にすわったブリタニーが、ときどき彼をやんわりとさえぎっては、アメリカの現況についてコメントを差しはさむ——あるいは彼が英語を間違えて発音したり、VとWを混同したりするたびに逐一訂正する。「オルトライトは危険よ——連中との付き合い方にはよく気をつけたほうがいい」とブリタニーがここにきて警告する。オルトライトと比べると、GIの指導部は、露骨なレイシズムや反ユダヤ主義、身体的暴力とはうまいこと距離を置いている。少なくとも世間的には。それでもマルティンはこう明かす。「僕はアメリカのオルトライトの連中全員、それから大物ユーチューバー全員とつながっている」。つまりそれはわたしが思うに、ローレン・サザンのような文化的ナショナリストから、もっと過激で露骨なレイシストのリチャード・スペンサーやアイデンティティ・エウロパまでの誰も彼もを意味するのだろう。

「気をつけたほうがいい」とブリタニーが、さっきよりも語気を強めて繰り返す。「わたしはもう誰も信じない。オルトライトには潜入者がうようよいるんだから」。その瞬間、自分のクレジットカードがわたしの目にとまった。知らないうちにズボンのポケットから落っこちていたのだ。用心のために、正体のばれるおそれがあるものはすべて家に置いてきていた。ただひとつ、これだけを除いて。「あら、これあなたの？」ブリタニーがカードを床から拾いながら、わたしに尋ねる。神さまお願い、どうか「ユリア・エブナー」と小さく書かれた文字を彼女が見ませんように。ブリタニーは、ただ黙ってわたしにカードを手渡した。

10月のロンドンにしては驚くほど暖かな日で、わたしたちはそのエアビーアンドビーからほど近いイタリアンレストランに歩いて向かった。ピザをほおばり、ビールを飲みながら、皆でイギリス支部を立ち上げるための次なるステップや国際化の戦略について話し合った。ここでもまた、英語圏全体の若者をどう急進化させるか計画を練るというよりは、事業拡大について気楽におしゃべりしているといった雰囲気だ。

彼らの話に耳を傾けるうちに、ＧＩがすでにどれほど国際的な組織になっているかが見えてくる。わたしの隣にすわるのはデンマークからきた若い女性で、テーブルの向こうからはフランス語の会話が聞こえてくる。マルティン・ゼルナー自身も英語からドイツ語、フランス語をかわるがわる話している。この組織の銀行取引や金融の拠点はハンガリーにあって、毎年のトレーニングキャンプはフランスの田園地方で開かれる。(23) そしてイギリス支部の計画とは、ヨーロッパ支部と将来のアメリカ支部との、さらにはオフラインとオンライン活動の橋渡しをすることだ。

その週の後半、彼らはトミー・ロビンソンと面会することになっている。ロビンソンはイングランド防衛同盟（EDL）の創設者で、いまや世界でもっとも影響力のある極右の表看板のひとりだ。ロビンソン、本名スティーヴン・ヤクスリー・レノンは、オンライン界とオフライン界を合わせた独自のアウトリーチ戦略に磨きをかけている。「ひょっとしたら彼はGIイギリスの新たなリーダーになるかもしれない」とイギリスのメンバーのひとりが熱く語る。とはいえ表の顔になるには歳をとりすぎていないかと懸念を示す者もいる。「これは若者の運動だから」とトーレが言う。彼もトーマスももう若くないと言う理由から、GIを表立って代表する立場から退いている。マルティンがうなずくが、それでも彼らはロビンソンの有名人っぽい立場とオンラインの膨大なリーチを利用して、ソーシャルメディア戦略を推進し、イギリスで新たに立ち上げる支部を宣伝したいと考えている。

GIは極右組織のなかでもとりわけ選別が厳しいかもしれない。新人は比較的若く、流行に相当敏感な人間でなければならないが、それだけでなく高学歴であることも必要だ。「それってほんと?」とわたしが尋ねる。

「まあ、無学の人間にノーとは言わないけど、彼らは多数派にはなれないよ」と隣の女の子が教えてくれる。ヨーロッパ全土から来る新メンバーは、全員がトレーニングを受ける。文学やコミュニケーションから、武道やそのほかのエクササイズにいたるまで。

「なら、イギリス支部のための今後1年の計画ってどんなものなの?」とイギリスの新メンバーのひとりが質問する。

「ソーシャルメディア・キャンペーン、街頭での定期的なビラ貼り、キャンパスでの小冊子配り、それから6週間ごとのブレイクスルーアクション」とマルティンが答える。

「ブレイクスルーアクションって?」とわたしが訊く。

トーレとマルティンが目を見合わせる。なんでもありさ、と彼らが答える。それが独創的で、タブー破りのものならば。狙いはいつだって同じ。メディアの注目を引きつけ、ジャーナリスト、さらには世間の人びとにこの運動に関心を持たせるのだ。このコンセプトはもともとマーケティング業界から拝借したもので、ブレイクスルー戦略を使うのは広告予算の少ない中小規模の会社である。自社製品が話題になるよう、斬新でときに物議を醸す戦略を実行する。こうした戦略によりマーケットシェアを実際より大きく見せて、大手のライバル社に対抗できる立場にたてるのだ。ウィーンでのテロ行為を模したフラッシュモブ、ブルカでくるんだマリア・テレジア……なるほどわたしにも腑に落ちた。「次はロンドンでの酸攻撃とかになるかもね」とトーレが言う。

「それかヨークで建設中の新しいモスクとか」隣の女の子が話に加わる。「あとでみんなで橋まで行って最初のブレイクスルーをやるつもり。きっと明日のニュースになるよ」

これはさすがにちょっとやりすぎだ。GIのプロパガンダの材料にわたしは顔など出したくない。そこで失礼して席をはずすと、わたしはそのまま家に戻った。数時間後、マルティンが最初の派手なブレイクスルーの写真を送ってくれた。「ロンドンを守れ。イスラム化を止めろ」と書かれた全長20メートルほどの横断幕が、ウェストミンスター橋にかかっている。

「僕らのメディアスタントはそりゃあうまくいくのさ。誰にも気づかれないからね」と戦略会議でマルティンがわたしに説明していた。「僕らは警察がやって来る前に姿を消すから。誰も僕らを止められない。ホープ・ノット・ヘイトだってね」

この組織のイギリスおよびアイルランド支部の始まりは、わたしのGI潜入体験の終わりでもあった。正式な発足から数日後、彼らはジェニファー・メイヤーがじつはユリア・エブナーだったことを突き止めた。「昨日からきみのことリサーチしてたんだけどね（>_-）」とマルティンがメッセージを送ってきた。「とりあえずきみが面白いと思ってくれたならよかったけど」。わたしはイギリスのオンライン新聞「インディペンデント」にGIの秘密の戦略会議とイギリス進出計画についてすでに話していたから、これは避けられないことだった。彼らはあれこれ照らし合わせて、わたしの分身（アバター）プロフィールから本物のプロフィールに行き着いたのだ。いつものことだが、自分の潜入調査に有効期限があるのはわかっている。前のときもそうだった。極右のイングランド防衛同盟が計画した集会でも、イスラム主義組織のヒズブ・タフリールが開いた会議に潜入したときも。

GIのような組織による、オンラインでの高度な動員手法について警告するためのしかるべき方法を見つけるのは、ひと筋縄ではいかないこともある。若者を自分たちのネットワークに勧誘することを目的に彼らがイギリスに来たとき、わたしはジレンマにぶつかった。世間の意識を高め、彼らの歪んだ巧妙な手口を暴くにはどうすればいいのか。ただし、彼らに分相応なプラットフォームを与えるのだけはなんとしても避けたい。いずれにしても、じきに彼らの新メンバーたちがイギリスのメディアの見出しを飾るのはわかっていた。とりわけ彼らのブレイクスルー戦略について知ったからにはなおのことだ。案の定、2017年10月以降、6週ごとに彼らはイギリスのニュースにとりあげてもらうという目標をかなえている。2018年5月、「サンデー・タイムズ」が掲載した記事の見出しは、彼らを「中流階級で話し方の上品な（…）ヒップスター・ファシスト」とまで称し、そこに添えられた大きな写真は、まるで彼らを新人の男性アイドルグループみたいに見せていた。[24]

潜入調査からきっかり1年後の2018年10月、わたしは暗号化されたメッセージアプリ「テレグラム」内の「ジェネレーション・アイデンティティUKおよびアイルランド」のチャットグループに再び戻ってみた。ほとんど何も変わっていない――いまも彼らは精力的に新人を募集し、作戦を実行し、新入りを訓練している。最新の投稿には、「北西部の活動家が土曜日に#Manchester（マンチェスター）で会合を開き、勉強会をおこなう。新人に必要な情報を提供し、『英雄とは』『生き残る意志』『規律』などのトピックをとり扱う。彼らは実際にビラ貼りもおこない、前向きな反応を多く得ている。#GenerationIdentity #DefendEurope」とある。変わったことといえば、自ら手がけた数多くのメディアスタントのおかげで彼らが急成長を遂げていることだ。テレグラムのグループは300人を超え、ツイッターのフォロワー数は、ジェニファー・メイヤーが初めて彼らをフォローしたときは数十人だったが、その1年後には7000人を超えている。

インターネットと新たなテクノロジーのおかげで、新人勧誘ははるかに容易になった――アウトリーチをさらに拡大し、ブランドを整備し、入会審査をゲーミフィケーションすることができる。しかも過激主義者のネットワークに入るには、多くの経路がある。イデオロギー上の理由から参加する者もいれば、最初に入ったときは政治にまったく関心のなかった者もいる。ときに彼らのいちばんのインセンティブが、排他的なコミュニティ、要はクールなカウンターカルチャーの一員になることだったりもする。けれど新メンバーのあいだで繰り返し顔を出すテーマとは、「アイデンティティ」──自己イメージの悩み、折れた自尊心──なのだ。隙だらけの若者を自分たちのネットワークにおびき寄せるために、過激主義者はありとあらゆるテクノロジーを駆使している──ソーシャルメディア上での積極的な新人勧誘キャンペーンから、ボイスチャットを含めた徹底した入会テスト、DNA検査や暗号化されたアプリ内でのミームコンペティションにいたるまで。現実世界での人目を引くスタントはライブ配信され、フェイスブックやツイッターのトレンドになり、従来の視聴者を超えて広く注目を集めている。若者文化を引用し、ゲームのボキャブラリーを取り込むことで、さまざまなオンライン上のコミュニティが狙われる一方、新メンバーは遺伝子検査の結果を提出し、リアルタイムでの音声インタビューを受けるよう求められる。いまや過激主義組織による新人勧誘は、ただの退屈なテストではなく、それ自体が、ターゲットの視聴者を惹きつけ夢中にさせるもの、自分は「選ばれし者」という幻想を新人に抱かせるものになっている。

そして勧誘のあとに来るのは、「社会化」だ。

part

2

Socialization

社会化

第3章 トラッドワイフ——反フェミニスト女性たちの罠

「ＳＭＶスケールのどこに自分が当てはまると思う？」とキムがわたしに尋ねる。

「そうだな……」わたしはＳＭＶをググってみる。「性的市場価値（セクシュアルマーケットバリュー）」（ＳＭＶ）とは、男性至上主義者のオンラインコミュニティ「我が道をゆく男たち（メン・ゴーイング・ゼアー・オウン・ウェイ）」（ＭＧＴＯＷ）によれば、「異性の目から見た性的な好ましさの指標」とのことだ。[1]「わかりません」とわたしが正直に答える。

「どうしたら自分でわかるの？」

「そうね、自分ではなかなか判断できないし、たいていの場合、自分がどう見られているか正確にはわからないものよ。自分の魅力を過大評価したり、過小評価したりするのもよくあること。でも女性なら、体重をコントロールすればＳＭＶがアップするってよく言われるわ」。それからこう補足する。「どのみち、あなたのＳＭＶは男性しか教えてくれないし、それだって主観的なものだから。あなたはある男性にとっては８でも、別の男性にとっては５

かもしれないし」

「なるほど。それなら、あなたは自分のを知ってる?」

キムの話では、アメリカで人気のネット掲示板「レディット」上にある、女性の反フェミニスト・コミュニティ「レッドピル・ウィメン」に入ってわずか1年で、服のサイズが20から14になったという。「たしかに効果があったわ。扱われ方が違うもの。けど走ってる車を一斉に止めちゃう、なあんてほどではないかな。わたしの顔は十人並みか平均以下だし、たぶんいまみたいに痩せたところで、わたしのSMVは低いままかも」

彼女の手厳しい自己評価をわたしはじっと見つめる。このコミュニティではよくある会話だ。キムは、ざっと3万人の自称レッドピル・ウィメンもしくはトラッドワイフ(トラディショナルワイフの短縮形)のひとりだ。男性の権利を主張するMGTOWの活動家と同じく、この女性たちは性別役割分担(ジェンダーロール)を「性の経済学」がもたらしたものと考えている。[2] 異性間のコミュニティは市場とみなすべきで、そこでは女性は性の売り手、男性は買い手なのだと彼女たちは信じている。したがって女性にとって唯一の、そしてもっとも重要な資源(リソース)とは、彼女たちいわく、自分のSMVなのだ。

この極端に単純化されたジェンダー関係の解釈を用いることで、女性をモノ扱いすることが正当化される。つまり女性を評価し、取引し、交換することは許されることであり、必要なことですらあるのだ——まさに市場の商品のように。トラッドワイフたちと話すのもこれで3週目に入ったので、露骨なミソジニー的発言を彼女たちが支持するのにもだいぶ慣れてきた。「男性にとって女性の最高の価値とは性的価値なわけ。だから、女性にいちばん価値があるのは性的に汚れのない状態のときなのよ」と繰り返しわたしは聞かされた。自分にどの程度の性的価値があるかを知っておくには、匿名で自分を評価してくれるアプリを試してみるといい、とキムが勧める。昔ながらのホット・オア・ノット*1から、もっと最新のフォトフィーラー*2を使った魅力評価サービスまで揃っている。

「了解(オーケー)……でも、ほかの点についてはどうなの？　たとえばユーモアがあるとか、高学歴だとか、ちょっと変わった趣味があるとか？」そう訊きながらも、だいたい答えの想像はつく。「まったくもう！　健康と年齢と女らしさだけが、男性を惹きつけるいちばん大事なものなのよ」とキムが言う。「学歴とかキャリアとか勤め先とかは、女性のSMVに関係しないの。考えてみて。そんなので男性パートナーの性的満足が高まったりしないでしょ」。これはMGTOWの査定と一致する。「女性のSMVは生まれつきのもので、人生でどんな功績をあげたとしても、それが上がることなどまずない」と彼らは主張している。(3)

「それにね、あなたのSMVはあなたのNの数が増えると下がっちゃうのよ」とマリーという名の女性がさらに言葉を継ぐ。

「なんの数?」とわたしが尋ねる。ちょっと間抜けなことを訊いちゃったかも。

「Nの数。つまりセックスの回数(コック・カウント)」とマリーが説明する。「セックスの経験を積めば、男性パートナーの肉体的快楽を高めることはできるかもしれないけど、セックスに慣れてないほうが満足感は高まるんだから」。マリーは30代前半の既婚者だ。「良き妻」であるほかに、レディット上のレッドピル・ウィメン仲間に、デートや男女関係や結婚についてアドバイスすることを自分の使命と考えている。このコミュニティのなかでもひんぱんに相談を受けるコーチ役のようだ。たくさんの女性が彼女に質問を浴びせてくる。「妊娠したり出産したりしたら、女性の務めはどんなふうに変わるのかしら?」とか「結婚前に純潔を守る必要はある?」とか。

フェミニズムは男にも女にもNの数など問題ではないと洗脳しているのだと、マリーは信じている。「けど、どのみち人間の持って生まれた性質には抗え(あらが)ないのよ」とわたしに教える。「それに人間の男の性質からいって、女性のNの数が増えれば、彼女に対する欲望がどんどん減っていくの。そのうち欲望がなくなっちゃうと、こんどはあからさまな嫌悪に変わるんだから」。そして1000人の男性とセックスした「超セクシーな悩殺美女」のたとえ

＊1　ユーザーが投稿した自分の写真のイケてる度を、他のユーザーが10段階で評価して投稿するサイト。
＊2　ユーザーが投稿した自分の写真を、AIと人間による投票を組み合わせて評価するサイト。

をあげる。「彼女と結婚したいと思う男が何人いると思う？ そうそういないわよ。さて、どうしてかな？」答える隙もなく彼女が続ける。「どうしてかっていうとね、女性というのはセックスの門番だから。セックスとは男性が女性にいちばん求めているもの。だから女性が持つどんなものよりも価値があるの。男性にあげるたびに、彼女の価値が減っていくのよ」

トラッドワイフのムーヴメントとは、ザ・レッドピル（ＴＲＰ）の女性版として生まれたインターネット上の現象で、小規模ではあるものの拡大を続けている。ＴＲＰとは、２０１２年にニューハンプシャー州議会の共和党下院議員ロバート・フィッシャーが「pk_atheist」というニックネームでレディットにつくったコミュニティだ。(4) ＴＲＰは「男性の肯定的なアイデンティティがますます失われている文化のなかでの性的戦略について話し合う」ことを約束し、ざっと30万人の購読者を集めたが、その非人間的で脅迫的で有害なコンテンツのせいで、２０１７年にはレディットから締め出された。

とはいえＴＲＰは、はるかに大きなオンライン上の女性嫌悪（ミソジニスト）コミュニティ、通称「マノスフィア」の一端にすぎない。マノスフィアは、オルトライトの誕生に重要な役割を果たしたコミュニティで、さまざまなサブカルチャーから成り立っている。女性の心をいかに操ってベッドに誘い込むかを学ぶための秘密のナンパ・コミュニティ、ピックアップ・アーティスッ（PUA）や、女性に頓着するのはやめろと男性に諭す結婚反対のコミュニティMGTOWから、男性至上主義のメンズ・ライツ・アクティヴィスツ（MRA）、さらには自分たちの性的欲求不満の責任を女性に押しつけ、彼女たちを罰することを主たる目標とする、復讐心に燃えたインヴォランタリー・セリバシー（不本意な禁欲主義、通称インセル）にいたるまで。[5] こうしたグループは男性の権力やプライドや特権を「奪回」するためのさまざまな戦略を追求する一方、すべての組織がフェミニズムやリベラリズム、現代のジェンダーロールに対する露骨な敵意を共有している。彼らは#MeTooのような運動を嘲笑し、女性の権利を主張する活動家を「フェミナチ」と呼んで非難する。[6]

マイケル・キンメルの書いた『怒れる白人男性』を読んでから、これはほぼ男性にかぎった現象に違いないとわたしは考えていた。ところがレッドピル・ウィメンに身を置くうちに、反フェミニズム運動とはたんに男性だけのものではないと理解するようになった。伝統的な役割分担や、男らしさや女らしさといった誇張された考えに戻りたいと考える、男性の権利を支持する女性活動家たちが、このマノスフィアのレトリックを使っているのだ。「フェミニズムは白人男性を攻撃している」とロシア系アメリカ人のオルトライト活動家ラナ・ロクテフが、白人至上主義のポッドキャスト、レイディオ・スリーフォーティーンで訴えた。

このレッドピル・ウィメンのコミュニティは「自分自身、そしてパートナーとの関係を改善したいと願うすべての女性に扉を開いている」が、公式のルールはいくつかあり、なかでもひときわ目を引くのは次のものだ。

ルール5：ノー・フェミニズム。これは反フェミニズムのコミュニティであり、したがって私たちはフェミニズムによって「救われる」ことには興味がない。フェミニズムの視点から口を挟んでくる者は、誰でも出ていくよう命じられる。それはテーマから外れている。

それどころか、話題はむしろ従来の進化心理学や反フェミニズムを前提にしたものでなくてはならない。

「わたしは学んで成長しています。神の恵みによって、もっと貞淑になり、夫につき従い、要求や議論をするのではなく服従するようになっています（…）本当に素晴らしいことです。わたしがこれまでにおこなった最高のこととは、ただ『イエス』ということです。夫が求めること、してほしいことにイエスというのです（…）」これは数週間にわたってトラッドワイフたちに洗脳されたあと、ある女性が書いたことだ。

これは無条件の自己剝奪を要求するフォーラムなのだと、わたしはしだいに理解しはじめる。もっとも重要な唯一の目標とは、男性をいかに喜ばせるかを学ぶことだ。「男性を引き止めておきたいのなら、フェミニズムよりも女らしさ(フェミニティ)を優先させなくてはなりません」とコーチたちがつねに諭す。「ほら、日頃から女らしくて、つつましやかで、従順な立場でいることから尻込みしてはだめよ」。ローラ・ドイルの書いた『降伏する妻(サレンダード・ワイフ)』やローラ・Ｃ・シュレシンジャーの『夫の適切なケアと食事』が推薦図書リストのトップに並んでいる。

ＳＭＶとは、レッドピル・ウィメンのイデオロギーが土台とする中心的な概念のひとつだが、もうひとつはＳＴＦＵ（その口を閉じろ(シャット・ザ・ファック・アップ)）というメソッドだ。「男性はあまりしゃべりすぎない女性が好きなのよ」と、あらかた予想のつくこの考えをマリーが要約する。

トラッドワイフたちが、このＳＴＦＵメソッドを日々の生活でいかに上手に用いているかといった話をシェアしはじめると、なんだか胃がむかむかしてくる。自分たちが沈黙させられているということを、女たちが嬉々として語り合っているのを眺めるのは、なんとも不思議な気分だ。「ねえみんな聞いて。昨日の夜、あの人がひと晩中わたしに冷たくするから、だんだんイライラしてきたの」と誰かが語りだす。「けどそのときわたし、自分がやっちゃったんだなってわかったの。つまり、ＳＴＦＵをやっていたら、いつもみたいに素敵な夜になってたんじゃないかなって。でも、こんなふうなことが起きたことに本当に感謝してる。ＳＴＦＵ法を真剣に学ぶきっかけになったから。だって現にすぐに結果が見えたんだもの。これからは自分の口にもっとよく気をつけるわ」

ＳＴＦＵとは「家庭でのしつけ（ドメスティック・ディシプリン）」という、より大きな発想に含まれるものだ。それは子どもだけではなく、妻やガールフレンドにも使えるとマリーは言う――男性の支配下にあって、男性に従うことになっている女性全員に、ということだ。彼女は男性にこう勧めたいという。「彼女たちをすわらせて、どんなルールを破ったのかを説明し、それがなぜルールになっているのかを説明し、あらかじめ決めた罰を静かに与え、それから彼女たちをハグするのよ。さあこれでもう終わったよって」。トラッドワイフたちはそれでも拳骨を使うことまではお勧めしないようだが、それでも「女を平手で叩く男は正しいことをしている」と信じている者は多い。

驚いたのは、レッドピル・ウィメンには典型的なプロフィールというものがないことだ。わたしが出会った女性の多くは17歳から30歳のあいだのようで、既婚者もいれば、デートすらしていない者もいる。経済状況も同じくらいさまざまで、台所用品が安く買える店を探す者から、ホワイトハウスでドナルドとメラニアに会うのに着ていく超豪華なドレスはどこで手に入るかしらと尋ねる者までいる。彼女たちの教育レベルもまたさまざまだ。「博士号をとったばかりだけど、男の人についてはなんの役にも立たないとわかった」とある女性が打ち明ける。これまでどんなふうな人生を送ってきたとしても、ここに来る女性のほとんどは、愛する人を失ったショックや失う恐怖を抱えている。なかにはまだ誰も相手が見つからなくて、それは自分が悪いのだと考える女性もわずかながらいる。マノスフィアに入る男性と同じく、愛を探し求めることが大半のトラッドワイフたちを急進化させているのだ。

「あなたが本当に求めているのは、ＲＭＶ、つまり関係市場価値（リレーショナル・マーケット・バリュー）なのよ」とキムがひとりの女性に説明する。リズと名乗るその女性は、数週間デートしたあとに彼女を捨てた男の愛情を取り戻そうと、自分のＳＭＶを最適化することにまるで取り憑かれているみたいだ。彼女の恐怖や自信のなさをキムが巧みにすくいあげ、それをレッドピル方式に当てはめて、そこからトラッドワイフをまたひとり誕生させる様子をリアルタイムで眺めていると胸が痛くなる。

わたし自身も正直なところ、精神的にとても安定しているとは言えない状態だった。辛い別れを乗り越えた直後で、自分自身のことも、相手との関係の結びかたも、女性としての自分の役割についても、よくわからなくなっていた。とにかく調査に集中しないと。そう自分に言い聞かせてきた。それでも何時間も、何日も、そして何週間もこのフォーラムで過ごすうちに、これが潜入体験を超えるものになってきているのを自分でも感じている。初めていま、わたしはつけ入る隙があるふりをせずにすんでいる――わたしが書き込む心許なさは現実のもの、わたしが伝える不安は間違いなく本物だ。

「普通のガールフレンドと花嫁候補とを分けるものって何かわかる?」とマリーが尋ねる。

「さっぱりわからない」とリズが答える。まるでわたしの心の声のようだ。

「そうね、なら女性にふさわしい務めってなんだかわかる?」マリーが続ける。ふと気がついたのだが、マリーは自分の夫を「キャプテン」と呼んでいる。彼の役割はアルファオス〔群れで一位のオス〕、すなわち彼が彼女の人生の舵を握る人間であることをはっきりさせるかのように。「キャプテンの好きなところのひとつはね、彼が何を期待しているか、何を求めているかをはっきり伝えてくれるところ。わたしは家の仕事をして、子どもたちの面倒を見て、彼の性的欲求に応えてあげるのよ」


こんどもまた、リズがわたしの頭に浮かんだ疑問を言葉にしてくれる。「でも、自立している女性は男性にとっても魅力的だと思ってたんだけど」

「あなた、ヘレン・アンデリンの『魅力的な女性とは（ファシネイティング・ウーマンフッド）』って読んだことある?」とマリーが尋ねる。ヘレン・アンデリンは、1960年代に豊かな結婚生活のための講座を開いた反フェミニストで、彼女の書いた本も、トラッドワイフたちの必読書リストに入っている。

「あなたを選んだ男性はどんな人生を得られるかしら?」とマリーが続ける。「あなたは男性の欲求やニーズに気を配って大切にすることができる?　もしできないなら、だれがあなたを選ぶのかしらね?」

返事がない。

「自分を責めちゃだめよ。責めるべきはフェミニズム、責めるべきは現代という時代なんだから」とマリーが言い放つ。「わたしたちは洗脳されてるの。だから、あなたが自然な状態に戻るのにしばらくかかっても、ちっともおかしくないのよ」

そうなの？　わたしたち洗脳されてる？……彼女の言ってることがもしも正しかったなら？　つまり、わたしは欲張っていっぺんに何役も務めようとしてたってこと？　敬意を払われ評価されることと、愛され求められることのどちらかを、わたしは選ばなきゃいけないってこと？

「健全な関係にとって何が大事かということだけを考えるのよ」とマリーが言う。まるでわたしがキーを打たなかった言葉に答えるみたいに。キーボードの上の両手が震えてくる。「自分のキャリアなんて忘れて、男性が女性に求めることだけを考えること。いつも素敵に見えるようにして、家族を中心に考えて、おいしい料理をつくって、服従と尊敬の気持ちを見せておかなくちゃ」

そうしなきゃだめ？　というか、わたしはそんなふうにしたいの？　もしもわたしのしていたことが全部間違ってたとしたら？　もしも彼女たちのほうが正しくて、男性が女性に求めているのは、結局はそういったことなんだとしたら？

ひょっとしていまわたし、レッドピルされてるとこ？　**もしも**って考えるのはやめるんだ。もうひとりのわたしが命じる。そうか、このコミュニティに引き寄せられるのは思ったより簡単なんだ。レッドピラーたちは、最初にあらゆることに疑問を持たせ、それからあなたの世界を見る目を極端に歪めてしまう。そんなことをさせるものか。でも……もしも？　……ここから出なくっちゃ。いますぐに。

　レディットをログアウトして、わたしはパソコンをぱたんと閉じた。このおかしな場所に、こんなにやすやすと引き込まれるなんて。これまで参加した過激なオンラインコミュニティの大半と似たようなもののはずなのに、それでもこれはまるきり違う。ここでは憎悪(ヘイト)が他者ではなく自己に向けられているのだ。自分を責めたり、自分を侮辱したりする言葉を発してメンバーとつながることには、どこか妙な居心地のよさがあった――集団的な自己最適化が誘(いざな)う、ある種の慰めが。

　わたしは反対側も見てみたいと思い、男性の分身(アバター)でアカウントをつくることにした。そしてＭＧＴＯＷに登録し、インセルやレッドピルの閉鎖されたフォーラムのアーカイブを探ってみた。

　以下は、ザ・レッドピルのディスカッションのアーカイブで見つけたテーマをランダムに抜き出したものだ。

1　武将(ウォーロード)みたいにヤルには──モデル並みの女の子にアプローチするための37の方法
2　ゲームで何より重要なのはあまり感情的になりすぎないこと
3　知らないうちに女性に操られる前に、こっちから女性を操るための3つの方法

これらは、レッドピル・ウィメンが思い描くレッドピルされた男たち、すなわち、相手との関係において生まれながらにリーダーシップをとるような、輝かしいアルファオスの姿ではない。自分の自我(エゴ)コンプレックスを埋め合わせるために、女性をたんなる生殖や性的な役割に貶める男たちではないか。

1990年代に、統計学を専攻するアラーナと呼ばれるカナダの学生が、まだヴァージンだったり、孤独を感じていたり、セックスまたは恋愛のパートナーを見つけられない人たちを──男女を問わず──結びつけるウェブサイトをつくった(7)。そしてこのプラットフォームを「アラーナの不本意な禁欲主義プロジェクト（Alana's Involuntary Celibacy Project）」と名づけ、これがまもなく「インセル（Incel）」に省略された。これはもともと善意のイニシアティブだった。その発想は、低い自己評価や孤独に悩む人たちに、彼らに必要な自信や慰め

を与えることが目的だった。ところが20年も経たないうちに、インセルの運動はまったく違ったものに進化した。男性ばかりのコミュニティが、女性を魅力的な「ステイシー」と、さほど魅力的でない「ベッキー」に分類し、男性をとびきり男らしい「アルファオス」と、それに対して、性的欲求の低い「ゼータオス」もしくは「大豆（ソイ）ボーイ」に分類しはじめたのだ。アラーナは「恋愛に臆病（ラブ・シャイ）」とか「FA（フォーレバーアローン）（永遠に孤独）」といった言葉を見つけてきたのに、しだいにこうした非人間的でミソジニストの言葉を使うことが、日常茶飯時になってしまった。女性は「フィーメイル（女性）」と「ヒューマノイド（人型ロボット）」を合わせて「フェモイド」と呼ばれた。(8)

　アラーナがプラス思考でつくった自助コミュニティは、結果として女性を嫌悪し、自己嫌悪に苦しむ孤独な人びとの危険なエコーチェンバーに変わってしまった。２０１７年11月にレディットがついにインセルを締め出したとき、このコミュニティは4万人のメンバーを集めていた。大半のインセルたちはヴォート*3などのインターネットの他の一画に移ったが、ここで男性たちはあいかわらず自分たちの「アンファッカビリティ（性行為の対象となり得ないこと）」や、自分たちの基本的権利とみなすもの――魅力的な女性とセックスする権利――を否定される不条理について語り合っている。なかには「インセルダム（不本意の禁欲）」から脱出すべく厳しいダイエットやトレーニングを自らに課したり、彼らが「ルックスマックス」と呼ぶ整形手術をしたりする者もいる。またもっと過激な結論に達する者もいる。たとえば唯一の解決策とは、自分自身、もしくは他の人びと、もしくはその両方を抹殺することだといった具合に。

2018年の4月、「インセルの反乱はすでに始まっている！」と25歳のアレク・ミナシアンがフェイスブックに投稿したあと、トロントで歩行者の集団にバンで突っ込み、10人を殺害した。(9) その4年前にも似たような事件がカリフォルニアで発生し、エリオット・ロジャーが銃を乱射し、6人を殺害、14人を負傷させた。犯行声明でロジャーは自分のことを「最高の紳士」であり、自分からセックスを奪ったことを理由にすべての女性に罰を与えると誓っていた。「おまえたち女どもは僕に魅力を感じなかったが、どのみち僕はお前ら全員を罰してやるのだ」と書いていた。(10)

平均値の男性が平均値の女性よりもセックスするのが難しい時代になっているのは本当だ。調査によれば、男性のほうが女性のユーザーよりもマッチングアプリのティンダーでカップルになるのが難しいことがわかっている。男性ユーザーは自分好みのプロフィールの約0・6％としかカップルになれなかったのに対し、女性ユーザーのほうはカップル成立率が10・5％前後で、たった1時間で200人もの相手とマッチングすることができた。(11) 別の調査か

＊3　レディットと似た形式の掲示板サイト。

らは、女性は最初のメッセージに50％を超える確率で返事をもらえるのに、平均値の男性はメッセージのたった17％にしか返事がもらえないことがわかった。[12]

ここ数年のうちに、反フェミニズムの考えがミレニアル世代のかなりの割合に浸透している。心理学者でベストセラー作家のジョーダン・ピーターソンやイギリスの人気ユーチューバーでイギリス独立党（UKIP）のメンバーでもあるカール・ベンジャミン（別名アッカド王サルゴン）、トロント大学の研究者ジャニス・フィアメンゴなどの主流派の面々が、男性の被害者意識を煽っている。彼らはしばしば男性の高い自殺率を引き合いに出すが、[13]たしかにアメリカとイギリスで報告された自殺の4分の3以上が男性によるものとはいえ、実際には女性のほうが自殺を試みる可能性が高いことには触れていない――これは「自殺に関するジェンダー・パラドクス」と呼ばれる現象だ。[14]

マノスフィアは女性と愛憎半ばする関係にある。男性の権利の擁護者たちですら、女性の支持が得られない運動は長続きしないことを認めている。「そろそろ女性をわれわれの側につかせなくてはならないし、私が考えるに、そのための最善策のひとつは、彼女たちをレッドピル・ウィメンのユーチューバーたちに徐々に触れさせることだ」とデート・コーチで男性向けアドバイスフォーラム、マスキュリン・デヴェロプメントの創設者、ジョン・アンソニーが書いている。[15]スウェーデンのオルトライトのインフルエンサー、マルカス・フォーリンは、輝くような長い金髪をなびかせ、褐色に日焼けした筋骨たくましい男性で、「ザ・ゴールデンワン」という呼び名のほうがよく知られているが、「ウィメン・クエスチョン」と題した動画で、白人ナショナリスト運動はもっと女性を取り込む必要があると訴えた。そして2016年のオーストリア大統領選の統計を引き合いに出したのだが、そのとき「緑の党」の候補者が、女性投票者の支援のおかげで極右の自由党の候補者にごく僅差で勝利していた。「女性に選挙権があるのは気にくわないかもしれないし、誰にでも選挙権があるのも気にくわないかもしれないが、長期的に政治的勝利をおさめるためには、必要なことなのだ」というのが彼の結論だった。

男性の権利を擁護する女性活動家たちは、ツイッター上で男性フォロワーを広く集める傾向があり、彼女たちのユーチューブのアカウントが1万人を超える登録者を獲得することも少なくない。彼女たちが身にまとうフレア入りのレトロなワンピースや、それによく合う口紅やハイヒールには、1950年代のいかにも女らしい女性像への強い郷愁が見てとれる。[16] ソーシャルメディアで屈指の人気を誇るトラッドワイフはアイラ・スチュワートという女性で、彼女は「ア・ワイフ・ウィズ・ア・パーパス（目的を持った妻）」のニックネームで知られている。「オルトライトのモルモン教徒」と自ら名乗る彼女は、白人種を保存するために「ホワイト・ベビー・チャレンジ」を呼びかけて世界に悪名を轟かせた。「6人つくったわよ」と彼女は書いた。「さあ、わたしと勝負してみて[17]」

ディアナ・ロレインは魅力的なブルネットの女性で、ふっくらした唇に化粧をていねいに施し、デスクの向こうにすわっていた。背後に見えるのは、彼女の著書『メイキング・ラブ・グレート・アゲイン』。彼女は「レッドピルされた対人関係を指南するコーチ」で、いまからわたしは、彼女がユーチューブでライブ配信する男性向けコーチングセッションに参加するのだ。今日のテーマは「あなたのガールフレンドをレッドピルするには[18]」。「覚えておいてくださいね。彼女は洗脳されていて、羊になるよう教え込まれていて、無分別で危険な群れに盲目的についていっているのです。いますぐ彼女が納得できなくても、それは彼女のせいではありません」。ロレインの男性リスナーたちがライブチャットで彼女にハートやキスを送るあいだ、彼女は、精神障害のある人を扱うようにガールフレンドを扱うことを彼らに勧めだす。「皆さん、愛をありがとう、ハートをありがとう」そう答えると、カメラに向かって輝くような魅惑的な笑みを投げてから、レッドピリングのための詳細な手引きをステップごとに説明していく。

ステップ1：彼女がパラダイムシフトするための土台をつくる。

率直に話し合い、感情を脇において、真実を見つめる心づもりがあるかと彼女に尋ねる。

彼女に質問をする。たとえば「近頃の男性をどう思うか？　彼らは充分に男らしいと思うか？」「男性とデートするときにどんなことにいちばん不満を感じるか？　ほとんどの男はただ付き合いたいだけで、セックスのことしか頭にないと感じるか？」など。

ステップ2：フェミニズムとリベラリズムの偽善や狂気や嘘に気づかせる。

彼女に、「男と女の本当の違い」をリストアップしたり、「文化的マルクス主義」「フランクフルト学派」「11段階の計画（ステップ・プラン）」について調べたりする宿題を出す。

ディアナ・ロレインによれば、フェミニズムの3つの波——19世紀から20世紀の初めにかけての選挙権を求める闘い、１９６０年代から70年代にかけての平等な法的および社会的権利を求める闘い、そして１９９０年代にガラスの天井を破り、メディアのバイアスのかかったジェンダー意識に挑む継続的取り組み——は文化的破壊計画の一環だという。ロレインの説明では、フランクフルト学派はいわゆる11段階の計画によって社会を破壊しようと企んでおり、その計画には、「レイシズムを犯罪とすること」「セックスとホモセクシュアリティを子どもに教えること」「アイデンティティを破壊する大規模な移民」「過度の飲酒の奨励」「教会を空(から)にすること」などの段階が含まれていたという。

ステップ3：恐ろしい未来について彼女にひととおり説明する――フューチャー・ペーシング。[*4]

女性の原始的な性質についての研究を彼女に読ませ、MGTOWについて話し合う。

このマニュアルの各ステップは、急進化のお決まりの段階をたどっている。すなわち……

ステップ1：恐怖心や不満を利用して、現在のシステムに疑いを抱かせる。

ステップ2：悪とみなす外集団（たとえばフェミニストやリベラル）を陰謀論と結びつけることで、社会的失敗をこの集団のせいにする。

ステップ3：既存のあらゆる問題に対し、急進的な解決策を提供する（たとえばザ・レッドピル）。

女性を操作し屈辱を与えるようレッドピルの男たちが背中を押されているのを見たあとで、

わたしはレッドピル・ウィメンにまた戻ることにし、検索エンジンにabuse（虐待）と打ち込んでみた。ケイティは、言葉による虐待と身体的虐待の経験をシェアする多くの女性のひとりだ。彼女はある日に夫が自分にどんなことを言ったのか、その一例をあげている。

・このクソったれ女！　てめぇは仕事のことに口出すな！［妻が無償で働くのは当たり前と夫が考える家業の仕事についての発言］

・おまえは地球一最低のバカ女だ！　何だってあのクソみたいな畑で、クソみたいなイチゴをとってこなかったんだ、このクソ淫売バカ女！　ちくしょう！　もっと前から言っときゃよかったぜ。てめぇの出来損ないのガキども［彼女とのあいだの実子を指して］**を連れて、とっとと出ていけってな！**

・うせやがれ！　この腐った部屋で、二度とてめぇのツラなんか見たくねえ、そばに来たら俺と結婚したことを後悔させてやるぜ、この［ここで英語に容易に翻訳できないアジアの人びとへの人種的誹謗が入る］**売女！**

レッドピル・ウィメンの仲間から彼女に寄せられた言葉は、お世辞にも気の休まるもので

＊4　未来像を思い描き、望ましい変化が得られるよう頭のなかでリハーサルする心理療法のひとつ。

はない。「あなたのご主人を大事にすれば、虐待は終わるでしょう」とか「虐待が一方だけからのものってことはめったにないし、それによって男性は、侮辱を受けて気力を奪われることから自分を守っている場合も多いのよ」とか。彼女たちはしばしば頼みの綱とばかりにローラ・ドイルの『降伏する妻』を引き合いに出すが、ドイルは、言葉による虐待とは、男性がリーダーシップを発揮するための道具のひとつで、至極まっとうな手段なのだと主張する。

言葉による虐待を受けるのは自分に非があるからだと考えるのは、トラッドワイフたちのあいだではよくあることだが、身体的な暴力ですらひんぱんに相対化されたり、正当化されたりする。「こんなふうになるのは自分のせいでもあるの。たとえばわたしが泣くと彼がわたしをひっぱたくから」とある女性が打ち明ける。別の女性が、ジョリン・レイモンドの本『テイクン・イン・ハンド――家庭でのしつけ、力の取引ならびに関連するBDSMトピックスの手引き』にもとづくアドバイスを提供する。「伝統的な関係では（でも全員というわけではないけれど）男性は女性を身体的にも（平手で叩くとか）、あるいは文章をなんども書かせるとか、部屋の隅に立たせるとかしてしつけるのよ」と主張する。「子ども（まあ、奥さんもだけど）をしつけるときに使うのと同じ方法を、おとなの女性にも使うだけのこと。効果のある人もいるし、ない人もいるけど」

「しつけられる」（TiH）とは、トラッドワイフたちに好まれる関係だ。アーバン・ディクショナリーはこの言葉を、「一夫一婦制の異性関係で、男性が主導し、女性が性生活はもとより日常生活においてもパートナーの言う通りにすること」と定義する。TiHの当事者だという匿名の女性が、男性に対し次のような秘訣を伝授する。

しつけを先延ばししないことが絶対に欠かせません。彼女が嫌味な発言をしたために平手打ちすべきだと思ったら、何よりも効果があるのは、彼女の腕を摑んでバスルームや寝室、ガレージに連れて行き、その場でピシャリとやることです。

人前で自分の威厳を示せるようになりましょう。ふたりだけの微妙なシグナルも、公の場できわめて強い力を発揮します。眉をあげたり、そっと肩を抱き寄せたり、指をさしたり、暗号言葉を用いたりすることで、彼女が安全に思えるときでさえも、あいかわらずあなたの監督下にあるとのメッセージを送ることができます。それでもうまくいかないときは、ためらうことなく、彼女をその場から力ずくで連れ出しましょう。(19)

トラッドワイフたちのなかには、フェミニストのアンガーマネジメント業界が、女性との関係において、男性が権威の獲得や維持のためにすることをすべて虐待と決めつける、と文句を言う者もいる。「たとえば大声を出したり、彼女にお金を渡すことを拒否したり、壁を殴ったり、その場を立ち去ったり、理屈で説明したり、銃をいつも手もとに置いていたり、彼女の悪口を言ったり。それがすばり当たっているときでもね。たとえば太っているガールフレンドに、おまえ太ったな、と言うのだって」とマリーが書く。「笑っちゃうほどお遊びのSMプレイは別として、男性が支配的立場を披露するのは、いまでは法律で禁じられた虐待になるのよ」と彼女が続ける。「それにメディアときたら、どんな関係も、冷酷な男と恐怖に怯える女というストーリーに仕立てようとするんだから」。この「虐待という発想の常軌を逸した拡大」が、トラッドワイフたちに言わせれば、男たちが「家庭でのしつけ」をおこなうこと、そして優位を獲得する戦いに勝利することを妨害しているのだ。

男らしさと女らしさという考えが変化していること、また服従と支配の微妙なバランスをめぐる混乱が、男と女を本質的なアイデンティティ・クライシスに陥れている。「あなたがこれまで教わったり言われたりしてきたこと全部が嘘を根拠にしていたの。あなたは何もかも、つまり自己実現と幸せな家庭のどっちも手に入れられるという嘘。でもそんなふうにはいかないのよ」とあるトラッドワイフがわたしに語る。フックアップ・カルチャー〔一夜限りの関係を楽しむ風潮〕が悪いのだ、とブリタニー・ペティボーンなら言うだろう。現代という時代、社会の進歩、フェミニズムの産物なのだと。

ミレニアル世代は、テクノセクシャル時代の速くてお手軽な(ファストスピード)デート文化にますます飽き飽きしている。そこではティンダーやバンブルなどのマッチングアプリがユーザーの頭をひっかき回す。すぐに手に入る満足、デートのゲーミフィケーションがわたしたちの体中にドーパミンを送り込み、わたしたちの欲望を操作し、わたしたちの現実認識を捻じ曲げる。けれど――ひょっとしたらもっと厄介なのは――無限に選択できるとの幻想のせいで、自己の最適化やパートナーの最適化を果てしなく求める負のスパイラルに陥りかねないことだ。[20] 調査によれば、ティンダーのユーザーは自分の体や顔に対する満足度が低く、男性ユーザーは、ユーザーでない人と比べて自分に自信がないことがわかっている。[21]

「わたしたちはロマンスの終末の(アポカリプス)真っ只中にいるのよ」。トラッドワイフたちのなかにはそう言う人もいて、アメリカとヨーロッパで結婚率と出生率が低下していることを引き合いに出す。独身のアメリカ人がかつてないほど増えているのは事実だし、[22] アメリカで出生率が歴史的に低い値を記録し、[23] 20代のイギリス人の6人に1人しか結婚していないか、もしくは婚姻と同等の権利を得ておらず、20代のイギリス人カップルの関係持続期間は平均4・2年である。[24] イギリス人女性はいまでは生涯に平均およそ8人の性的パートナーを持つが、これは1990年と比べて倍の数だ。男性の場合、この数はだいたい9人から12人にまで増えている。[25]

伝統的な力関係や旧来のジェンダーロール、責任の明確な区別へと回帰する発想が、男性はもとより女性にも魅力的に見えたとしても不思議ではない。それなら昔のほうが何もかももっと楽だったのか？　どちらの側にもきちんと決められた役割と行動があったときのほうが？　自分の想像したようには、ハリウッドによって想像を掻き立てられたようには、相手との関係がうまくいかないわけを知りたい女たちが、トラッドワイフたちのコミュニティに群れをなして集まってくる。ザ・レッドピルはお手軽な説明を差し出し、ますます複雑になる社会心理学的迷宮からさっさと抜け出す道を示してくれる。女性が不相応の責任や力をあまりに持ちすぎると、男性の責任や力を蝕み、男性は、与え守るという従来の役割を奪われ、自分はもはや必要とされないと感じ、侮辱されたように思ってしまう。

トラッドワイフたちのコミュニティのなかでは、混乱が不安と結びつき、それが罪の意識や自己不信に変わっていく。レッドピルされた女たちは、関係が壊れるのはおたがいが失敗や間違いをおかしたからではなく、自分に女らしさが足りないからだと信じるようになる。「相手との関係で、彼女は女性の役割を受け入れてなかったのよ」と女たちは断言する。服従は解放だと、伝統的な女らしさはエンパワメントだと吹き込まれる。「彼女が虐待されたり罰を受けたりしたのは、しつけられていなかったか、行儀をわきまえていなかったから」。そもそも女性の反フェミニズムは、それ自体に矛盾を多くはらんでいる。幸せな結婚はトラッドワイフたちの最大の目標だと明言されているものの、彼女たちの支持する考えとは、結婚に反対するSMVのようなMGTOWコミュニティが拡散しているものだ。

レッドピルされた女たちは、このコミュニティは男女ともその本来の根っこ、つまり男と女それぞれの「本来の」性質に戻そうとしているのだと主張する。けれど結局のところレッドピルとは、それを飲んだ者が「なりたい自分」を果てしなく追い求めることに執着するドラッグのように思えてくる――それが、おとぎ話に出てくる妻のようになろうと必死で努力し、自分を捻じ曲げ、自分の要求を押さえ込むレッドピル・ウィメンだろうと、かたや女性を操作し誘惑するテクニックを使って、アルファオスになろうとするレッドピル・メンだろうと。

ザ・レッドピルのこうしたコミュニティは、男性至上主義者とオルトライトのインフルエンサーが「リア充（ノーミー）」と呼ぶ、ごく普通（ノーマル）のユーザーをレッドピルするための、社会化のハブとして機能する。オンライン上でアドバイスやカウンセリングをおこなう他のフォーラムとは違って、具体的な問題に対する救いを求めてこのプラットフォームを訪れるユーザーのほとんどが、結局は中長期的にここにとどまることになる。徐々に洗脳され、自分たちのコーチや仲間の規範やイデオロギーを自分の内に取り込んでいく。彼らや彼女たちのアイデンティティや態度、行動の変化から、このオンラインの社会化の仕組みがいかに効果的で、なおかつ危険であるかがよくわかる。わたし自身もトラッドワイフたちに触れてみたことで、たとえイデオロギー的には真逆の立場でも、それが過激主義者の操作戦術をはじき返すほど頼れる盾にはならないことを教わった。トラッドワイフたちのイデオロギーの傾向と、わたしはこれ以上ないほど遠くにいる。なのに、彼女たちの強力な集団力学にあやうく引き込まれそうになった。過激主義者にはとくに決まったプロフィールがあると、わたしは考えたこともない。階級やジェンダーや人種、また政治意識や宗教観も、その人が過激主義者に染まるか否かを決めることはない。誰だって弱っているときにはつけ込まれるおそれがあるし、脆弱性とはきわめて移りかわりやすいものでもある。それに対抗できる効果的な鎧とはただひとつ、すなわち情報だ。抑うつやパニック発作などの無意識のプロセスの場合と同様に、さまざまな段階（ステージ）や引き金（トリガーポイント）となるもの、思考の歪みに気づけることは、自分のなかでスタートした認知の悪循環を断ち切る決定的なツールになる。[26] 結局、わたしがトラッドワイフたちから離れるために役立ったのは、レッドピル・ウィメンのフォーラムに加わる前に、急進化の各段階や兆候をわたしが知っていたからなのだ。

　トラッドワイフたちは、過激主義の入り口となるコミュニティで繰り返し発生する集団力学の一例にすぎない。ジハーディストのサブカルチャーにおける社会化も、それとさほどの違いはない。社会における男女の役割について語るジェンダー別のフォーラムは、集団のイデオロギーと個人の問いをつなぐ強力なツールだ。次の章では、女性限定のＩＳＩＳのチャットグループに目を向けてみよう。宗教に触発されたイデオロギーを持ち、暴力行為に手を染めることも厭わないとはいえ、この聖戦士の花嫁（ジハディブライド）の組織内の社会的力学は、女性限定のオルトライト空間で展開されていたものと似通っている。メンバーどうしのカウンセリングやアドバイスが、集団の結束を強め、組織の価値観や規範への忠誠を確保する重要な柱になっているのだ。

第4章
シスター限定——聖戦士の花嫁（ジハディブライド）のシスターフッド

「ブラザー、ここで何してるの？」とシスターのひとりが尋ねる。「このチャットはシスター限定よ。男子は入っちゃだめ」。小規模だが国境を超えて参加者が集う「テラー・エージェンシー・シスターのチャットグループ」は、暗号化されたメッセージアプリ「テレグラム」上にあるＩＳＩＳの女性支持者限定のグループだ。

ビンタン・ビールを飲んでバリのビーチでサーファーたちを眺めながら、いつもシスターたちとチャットしているわけではない。けれどバナナの葉で包んだ餅を買わせたい一心の露天商人にとうとう根負けする直前、ＩＳＩＳのシスター限定チャットの管理人「ブルースカイ」からわたしにプッシュ通知が届いたのだ。「3件の殉死作戦により、インドネシアの東部ジャワ州スラバヤ市で教会の守衛とキリスト教徒のうち、11人が死亡、41人以上が負傷」。この隣の島のニュースが本当なら、まだ大きく報道されていないのだ。ビーチに並ぶ楽しげな顔という顔が、シスターたちのチャットに広がるお祝いムードを鏡に映したみたいに見えてくる。

　数分後、また携帯が鳴る。「インドネシア東部の3件の殉死作戦で十字軍戦士（クルセイダーズ）のうち52人が死傷」。ブルースカイはハッシュタグ#IslamicState（イスラム国）と#WilayahEastAsia（東アジア地区）を付け足す。ISIS公認のアマーク通信によるこの発表をソーシャルメディアで共有するよう、わたしたちに勧めているようだ。このニュースがBBCやCNNで流れはじめたら、ビーチのツーリストが一斉に携帯電話で最新情報をチェックしだすに違いない。このビーチバーは、2002年にバリで起きた爆破事件の慰霊碑からほんの数百メートルのところにあり、200人を超える命が失われたジハーディストによるこのテロ攻撃の記憶が呼び覚まされる。ただし、今回は何かが違う。まもなくわかったのだが、このテロは家族によって実行されたものだった。ティーンエージャーの少年2人、そして12歳と8歳の少女も入れて一家6人が自爆したのだ[1]。

　血縁関係はインドネシアの聖戦（ジハード）主義で繰り返し浮上するテーマだ。バリの爆弾テロを計画した主犯格のうちふたりは兄弟だったし、2009年にジャカルタで起きた爆破事件の犯人のうち4人もまた同じ家族の成員だった。けれど一家全員が殉教する――実際、近所の人たちが断言するに「ごく普通の」家族に見えた[2]――のはこれまでと違う[3]。この急進化した家族のメンバーは、ジャマー・アンシャルット・ダウラ（JAD）という親ISISの過激主義組織に入っていて、組織の説教師や動画に感化されていた。

ＩＳＩＳの新人勧誘係は、新たなメンバーやその家族を社会化し、組織の輪に組み込むための段取りを計画する。新しく入った人間は、採用されるとまず組織の期待することやルールや規範に慣らされる――たいていはジェンダー別のチャンネルによって。正式なメンバーになるためには、組織の価値観や慣習をのみ込み、受け入れ、それに従わなければならない。この移行期に、新入りはいついかなるときも、どんな状況においても、「同志たち（フェロートラベラーズ）」に忠誠を誓うよう徹底して教え込まれる――たとえ親しい友だちや身内が彼らの新たな思想や行動に異議を唱えようとも(4)。

テラー・エージェンシー・シスターの上層メンバーであるダリアは、わたしたちにこう念を押す。「あなたがジハードをおこなうことを止めようとする誰からも、どんなものからも離れているのよ。たとえイスラム教っぽく聞こえる説得をしてきたとしても」。最初は周囲から浮いてしまい、変なやつだと思われるのはよくあることだと彼女が言う。「わたしもスンナ[*1]を守るようになればなるほど、家族やそれまでの友だちや世間と疎遠になっていったの」。彼女によれば、不信仰（クフル）の地で自分は人と違うとか異質だとか感じるのは、自分の宗教（ディーン）にぶれないムスリム女性にはつきものだという。「彼女の外観や発言、性格、そして毎日の日課が、社会通念を受け入れる者との違いを際立たせるのよ」。このプロセスを彼女は

「疎外された状況（グルバ）」[＊2]と呼んでいる。既知の環境から非社会化することが、ＩＳＩＳのような排他的な集団に社会化するための下準備になるのだ。

このグループに入っている15人の女性のうち、「疎外された状況」という概念について疑問をはさむ者は誰もいない。ダリアが言うに、身内も含めて、ムハンマドの導きを受け入れなかった人たちを、彼女は嫌いになりはじめたという。「その段階で、わたしは不安を覚えてきたの」と彼女が言う。自分に何が起こっているのかを自らに問いかけると、悪魔（シャイターン）がこう囁くのが聴こえた。「おまえは過激になりはじめているのだ」と。けれどこの女性ジハーディストは、こうした内なる声を黙らせる必要があると、そして自分自身にこう語りかけねばならないと、わたしたちに説く。「そうじゃないのよ、シスター。あなたは、真の信者なら誰もが感じて当然のことを感じているだけ。クフルと、その人間たちに対する憎しみを」。こう語る目的は、新人が急進化の初期段階で経験しがちなあらゆる疑念を拭い去ることにある――それが、不審に思った家族や親戚によって、あるいは自らの疑心、あるいは治安対策の強化など外的環境の深刻な変化によって生じたものかどうかを問わず。

トラッドワイフたちに比べて、このテラー・シスターたちに惹かれる気持ちを理解するの

＊1　イスラムの預言者ムハンマドの言行にもとづく口伝律法。
＊2　もとの意味は「故郷から離れ、異国にいる状況」のこと。

はるかに難しい。彼女たちが口にする不満のどれもわたしは共有しておらず、紛争地帯で暮らすというのがどういうことかもわたしにはわからない。わたしは子どもや夫を奪われたこともなければ、差別的な法律やレイシストによる怒号の被害に遭ったこともない。

それでもテラー・シスターたちのなかにいればいるほどわかってきたのは、ジハーディストのイデオロギーに感化されやすいからといって、テロ攻撃によって生じるストレスに耐性があるわけではないということだ。テロ組織内の生活をまだ完全には受け入れていない新人にとってはとりわけ、組織内で暴力を初めて目の当たりにするのは、かなりショッキングな経験になりかねない。また自分が鎖の弱い環(わ)になることに、ひどく怯える場合もある。*3 メンバーのひとりが警察の圧力に屈すれば、そのせいで自分の家族はおろか組織全体に面倒が及びかねないのだ。

大半の国では、治安や監視対策は、極右のテロ組織よりもジハーディストの組織に対するほうがはるかに厳しくなっている。こうした組織のプロパガンダに関連するものは、とりわけ迅速に排除され、テレグラムのチャンネルはより徹底して監視される。「インドネシアのIS戦士やその家族は、ここにきてひどくやりにくくなっている」とスラバヤでの爆破事件から数日後にシスターのひとりがこぼす。「警察も政府も、組織の銀行口座はもちろん、なんでもかんでもブロックするのよ」

ジェマ・イスラミアは、この地域で従来もっとも恐れられているテロ組織で、とくにバリの爆破事件を遂行してからはなおさらだった。シンガポールのナンヤン工科大学で国家安全保障研究計画のコーディネーターを務めるクマール・ラマクリシュナ教授によれば、ISISは最近になってかなりの支持を獲得し、南東アジアにおけるテロの脅威の全貌を一変させている。「ダーイシュ〔ISISの別称〕は地域の混乱状態をさらに煽ろうとしている」。メルボルンで開かれたある過激主義対策の会議で、コーヒーを飲みながら教授がわたしに語った。彼らがフィリピンのミンダナオ地方を乗っ取る計画を立て、インドネシアでの活動を強化しているのは、南東アジアにおけるその影響力を拡大させるための、さらなる大きな戦略の一環なのだ。

インドネシアの治安当局は、シリアやイラク、フィリピン諸島から戻ってくる戦士だけでなく、自国で育つ一匹狼のことも前々から懸念している。ISISは南東アジア、とくにインドネシアでそのイデオロギーを強力に広めている。ISISを支持するインドネシアのイデオローグのアマン・アブドゥルラフマン、そして「ダービク」や「ルミヤ」「アン・ナバ」などの現地語で読めるオンライン出版物が、高度に連携した一連の攻撃はもとより、一匹狼型の襲撃をも煽っていた。テラー・シスターたちとチャットしていたから、こうした文書の一部はわたしに

＊3「弱い環がひとつでもあれば全体の鎖が弱くなる」という諺から。

も見覚えがある。爆弾の作り方の説明が、象徴的な建物を標的にしろといった呼びかけとともに、テレグラムを介して共有されていた[5]。こうした情報や具体的な行動の呼びかけを見つけるたびに、わたしは管轄の治安当局や情報機関に通報した。こうした機関もテレグラム上のＩＳＩＳグループの大半を監視してはいるものの、このアプリの構造、さらには、こうした機関の人手や設備の限界ゆえに、すべてを見通すのは容易なことではないのだ。

最近では、ＩＳＩＳと提携したテロリストが、ジャカルタで同時発生的な自爆テロと発砲事件を敢行し[6]、さらに奇襲攻撃によりフィリピン南部の都市マラウィを攻略した[7]。２０１６年8月にはシンガポールの治安機関が、マリーナベイ・サンズ・ホテルへのテロ攻撃を阻止した。ＩＳＩＳとつながりのある武装集団のメンバー、ギギ・ラフマト・デワが、バタム島からこの象徴的な超高層ビル地区をロケット弾で攻撃する計画を立てていたのだ。だがこの攻撃の主犯であるバハルン・ナイムは、この地区を拠点とすらしていなかった。中東のどこかから、携帯電話を使って計画を指揮していたのだ。フェイスブック、ユーチューブ、テレグラムを組み合わせることで、外国にいるこの有力な戦士は何千キロも離れた場所から攻撃を企てることができた[8]。

遠く離れた場所にいるジハーディストの勧誘係と聖戦士の花嫁（ジハディブライド）との関係は、往々にしてフェイスブック上で始まるが、すぐに暗号化されたチャットルームに場所を移す。マーケティング用語でこうしたチャンネルは、追跡や分析がしにくいことから「ダークソーシャル」と呼ばれている。「プライベートで話そうよ」というお決まりの文句のあとで、非公開のテレグラムやワッツアップ（WhatsApp）のグループへの招待を受けるのだ。たとえば、ある16歳のインドネシアの少女がフェイスブック上でＩＳＩＳの標的になったと、ドキュメンタリーの映像作家で数十人のジハーディストにインタビューしたノール・フーダが語る。「彼女は結局、家族や親戚26人を急進化させてしまった」。これはインドネシアではとくに珍しいことではない。この国は世界でも有数のソーシャルメディア利用率の高い国であり、インドネシアのスマートフォン・ユーザーの10人中9人がフェイスブックを利用している。[9] ノール・フーダは、交通渋滞が原因のひとつだと語る。「ジャカルタのような都市部では、車のなかに何時間も閉じ込められるので、結局フェイスブックに長時間を費やすことになるのだ」

メリーランド大学の研究者らが、５００人近いアメリカの過激主義者のソーシャルメディアデータを収集したところ、２０１6年だけで、急進化した事例の90％がオンライン上のソーシャルメディアのプラットフォームに関与していたことを発見した。ソーシャルメディアは過激主義者どうしの関係を円滑にしただけでなく、急進化のプロセスを加速させてもいる。アルカイダのような過激主義組織が２００5年に初めてソーシャルメディアを手探りで始めたとき、急進化の平均期間は18カ月だった。当時、フェイスブックには５５０万人のユーザーがいた（今日ではその数は22億人を超えている）。ユーチューブはスタートしたばかりで、ツイッターはまだ開発中だった。それからわずか10年後、ＩＳＩＳはオンライン上のジハーディストによるメッセージ交換に革命を起こし、フェイスブック、ツイッター、タンブラー、アスク・エフエム（Ask.fm）、インスタグラムをまたにかけ、高度に連携した手口で、巧妙なプロパガンダを拡散している。２０１４年の半ばにＩＳＩＳが、アメリカのジャーナリスト、ジェームズ・フォーリーとスティーヴン・ソトロフが斬首された動画を公開すると、少なくとも１万４０００人のアカウントによる支持を記録した[10]。２０１６年には、外国で戦士になるアメリカ人のうちソーシャルメディアを利用する者の割合が90％にまで急増し、急進化の平均期間が13カ月に短縮された[11]。

ソーシャルメディアの黎明期に、あるジハーディストのフォーラムのメンバーたちが次のように語っていた。

> これ［フェイスブック］は素晴らしい発想だし、これまでのフォーラムよりも良くできている。誰かが［こっちまで来てくれて、ようやくこっちから］連絡できるようになるまで待つのではなく、こっちから彼らのところに行って教えてやれるのだから！　神の御心にかなえば、聖戦（ムジャーヒディーン）をおこなう者やその支持者、誇り高きジャーナリスト戦士たちがきっと［このサイトを

使用」することだろう。(12)

「アッサラーム・アレイクム。[*4] わたしの街はまだかなり危険。警察のサイレンが5分おきに鳴ってる。危機レベルは4」とインドネシアのシスターのひとりが書き込む。危険はどうやら見る者の目に宿るようだ。[*5] この辺りから離れていよう。また別のテロ攻撃があるかもしれないと怖くなるが、このシスターは、警備がかなり厳しいからそれはリスクが多すぎると判断している。オンラインとオフラインの両方で、彼女は検出を逃れるべく予防策を講じている。「インドネシアのIS支持者仲間には、自分のプロフィール写真を変更するか削除して、アカウント名を何か面白おかしなものに変えるように言っておいた(13)」

ところが、それからほんの数日後、彼女は諜報機関が自分を監視しはじめたと知らせてきた。ドイツを拠点とする、われらがリーダーのブルースカイは、このインドネシアのシスターが国内の対テロ機関の手にくだるのではないかといよいよ心配しはじめた。もしもインドネシアとドイツの諜報機関が情報を共有し、つながりがあると判断されれば、組織全体に

＊4　アラビア語で「平和があなたがたの上にありますように」の意味。朝昼晩に関係なく挨拶の言葉として使われる。
＊5　「美は見る者の目に宿る」という諺がある。

危険が及びかねない。ドイツでは、ただ疑いがあるというだけで警察がその人間を監視対象にし、通信を傍受できるのだとブルースカイが説明する。

「インドネシアのシスターを排除するほかない」ついにブルースカイが決断する。わたしは正直驚いた。救いの手を差し伸べる代わりに、この重大な局面で、組織はこのシスターを見捨てるというのだから。このことは過激主義組織の実態をあぶり出す。彼らはメンバーを切り捨てるさいに容赦ない態度をとれるのだ。組織への忠誠とイデオロギーの遵守は、メンバーとして認められる必須条件だ。だが、条件はほかにもある。それは、メンバーが組織にもたらす正味価値だ。メンバーがネットワークにもたらす価値よりもリスクや潜在的な損失がまさる場合、下される判決は、たいてい追放だ。

昨今のセキュリティ上の懸念はあるが、それでもテレグラムはまだ安全だと思うとブルースカイがわたしに言う。むしろ「どんなソーシャルメディアよりも安全だ」と書いてよこす。プライベートメッセージで彼女はわたしにこうアドバイスする。ISを支持する人間と話したあとはそれが誰であっても、チャット履歴は消去するように、と。彼女がわたしを信頼してくれるのには驚いたが、おそらくそれだけ長いことわたしが組織にいたからだろう——ISのメンバー以外、誰もこの組織のことは知らないと彼女たちが思っていた、ごく初期の頃からのつきあいだから。「それから自分のアカウントのプロフィール写真を削除するよう、あなたの良き友人たち（ＩＳを支持するブラザーやシスター）にどうか伝えて。諜報部員の誰からも追跡させないようにするためだから」。テロと闘う研究者にそんなこと言うなんて、なんとも冗談みたいな話だけれど。新しく入ったメンバーは、検出を避けるため、アイデンティティを難読化する方法を使うよう忠告される。たとえば仮想プライベートネットワーク（ＶＰＮ）、トーア（Ｔｏｒ）と呼ばれるブラウザ、フェイスブックやツイッターで偽の電話番号を使うなどだ(14)。

治安機関がとりわけ手こずるのは、ＩＳＩＳの小規模な組織が新人の教育・訓練用に開設した新たなチャンネルをすべて監視することだ。オンラインのチャットグループは複数言語で存在するし、ジャストペイストイットなどのコンテンツ共有サイトではプロテクトされたメモを使っている。ＩＳＩＳは独自のニュースチャンネルを運営し、ラジオやフォトシリーズや動画を使って紛争地帯から最新情報をリアルタイムで更新している。また神学の講義を配信するほか、ウェブページのセキュリティの抜け穴を見つけたり、ルーターのデフォルトパスワードを回覧したりすることで、ハッキングの講習も提供している。

テレグラムはＩＳＩＳのチャンネルの取り締まりを強化すべく、いちだんと力を入れている。「毎日、何百もの#IslamicStateのボット*6やチャンネル、グループへのアクセスが禁止されています。毎月何十万件、毎年何百万件にものぼります」とテレグラムの公式声明には書いてある。ところがＩＳＩＳのメンバーのなかには、それに応えて得意げにこう書く者もいる。「毎日、何百［もの］ボットやチャンネル、グループがつくられています。毎月何十万件、毎年何百万件にものぼります」

ＩＳＩＳのメンバーが自分たちで秘密のチャットアプリをプログラミングするようになったことで、取り締まりはさらに厄介なものになっている。たとえば「ムスリムクリプト」のような新たなツールのおかげで、彼らは世界中のメンバーと密かに通信できるようになっている。これはステガノグラフィとよばれる手法で、メッセージをすべて暗号化し、画像のなかに文章を隠すものだ。暗号化はメッセージそのものを暗号文にする行為だが、ステガノグラフィはメッセージを別のメッセージのなかに保存する技術（アート）なのだ。

暗号化もステガノグラフィもとくに新しい手法ではない。紀元前5世紀、アナトリア半島にあった古代ギリシャの都市ミレトスの僭主ヒスティアイオスは、伝えられるところによれば、ペルシャに対する反乱を計画していることを知らせるために、奴隷の頭を剃りあげて伝言を刺青し、髪が再び生えるのを待ってからギリシャに送ったという[15]。だが現代のテクノロジーによって、この創意豊かな情報の隠蔽は革命的な変化を遂げた。

オサマ・ビンラディンは、どうやらデジタル・ステガノグラフィの達人だったようだ。２００１年にニューヨークでツインタワーが崩壊する数カ月前、「ＵＳＡトゥデイ」は彼がポルノサイトやスポーツ関連のチャットルーム内に、テロの標的とする場所の地図や画像を隠していたと報じた。(16) ニューヨークとチュニジアでの攻撃を諜報機関が阻止するのを手伝ったサイバーセキュリティ・アナリスト集団ゴースト・セキュリティは、2015年に、ISISが暗号化されたメッセージ・プラットフォーム「ナッシャー・アプリ」をつくっていたことを発見した。(17) 以降、組織の社会化や教化、攻撃計画を容易にすべく、さまざまなものが内部でつくられている。

2018年6月、ブルースカイは「ユナイテッド・サイバー・カリフ国」[*7]からのメッセージを転送してきた。

アラーの名のもとに、
われわれはイスラム国だ
ユナイテッド・サイバー・カリフ国から
世界にメッセージを送る

まもなくおまえたちは素晴らしい光景を目にするだろう。激しい戦いを。(…)

＊6　インターネット上で自動化されたタスクを実行するソフトウェアプログラム。
＊7　The United Cyber Caliphateは、ISISとつながりのあるハッカー集団。

われわれは来ている、すでに来ている、決意を持って進んでいる、真摯に頂きをめざしている、われわれは殺害に着手する、われわれは結束をかためている。われわれは、勇気ある獅子のごとく立ったまま死ぬ、さあ見ておくがよい！

「#Unitedcybercaliphate!」とシスターのひとりがリピートし、大喜びの絵文字を添える。テラー・シスターたちはサイバー・カリフ国の予言に胸躍らせているようだ。現実の「イスラム国」――一時期、表面積ではイギリスと、人口ではオーストリアと同等の国――はいまや消滅してしまったが、バーチャルなジハードこそが、しかるべき次のステップであるかのようだ。

ＩＳＩＳの女性支持者はとりわけサイバー空間で活発に動き、ソーシャルメディアにプロパガンダ材料を投稿し、ジハードのために男性を焚きつけ勧誘し、あるいはシリアに行くよう家族を説得するなどの活動に励んでいる。「テラー・エージェンシー・シスターのチャットグループ」は格好の例だ。「ヌサイリー派〔シーア派の一分派〕に反対する投稿をシェアすることでもっと多くのムスリムに手を差し伸べ、ヌサイリー派の偶像崇拝(シルク)やクフルについて彼らの目を覚まさせるのを手伝おう」とブルースカイが投稿する。

昼も夜もシスターたちは世界の出来事について投稿する。シリアやイラクから送られてきた斬首された人質や負傷した市民、紛争地帯の現場などの写真から、イギリスの極右団体ブリテン・ファーストの副代表ジェイダ・フランセンが投稿した反ムスリム動画をトランプ大統領がリツイートしたことまで。こうした投稿には明確なメッセージがある。すなわち、われわれジハディシスターは運命共同体なのだ。このメッセージは、共通の不正に対して集団で戦う意識を強化し、組織の結束を高め、メンバー間の親密な絆を生み出している。

女性のサイバー戦士からなるグローバルコミュニティを築くために、テラー・シスターたちはISISのいつものプロパガンダ材料や無修正の戦闘映像、暴力的ジハードの神学的弁解を拡散するだけにとどまらない。彼女たちはまた、女性としての自らの役割に疑問を持つジハディブライド仲間にアドバイスも提供する。たとえば次のような質問について話し合う。世界的なウンマ、すなわちムスリム共同体のなかで、あなたの役割とは何なのか？　あなたの義務および責任とは何か？　さらには、ジハードにおいて夫をサポートするにはどうするのがいちばんよいのか？　こうした問いそのものは、トラッドワイフたちのコミュニティで目にしたものと驚くほど似て聞こえる。彼女たちの現実もイデオロギーも、一見すると天地ほどの開きがあるかに見えるのに、彼女たちはアイデンティティや責任にまつわる同じ懸念や疑問を共有している。なかには女性の自爆テロ犯になりたいからではなく、女性の連帯感や支援を求めてテラー・シスターたちに惹かれる女性もいるのだ。

けれどＩＳＩＳの力が徐々に弱まり、イラクとシリアで敗北を喫するにつれ、シスター限定グループの空気も変化している。いまではやりとりの多くが、精神的に辛い状況への対処の仕方にまつわるものだ。シスターたちは悲しむ者に慰めを、孤独な者に帰属意識を、自分を見失っている者に進むべき道を、自信の必要な者に励ましを与える。ジハーディストの寡婦の苦悩を和らげるために詩を共有する者もいる。あるいはジハードで夫や子どもを失くした女性たちの憤怒を、復讐への意欲に変えようとする者もいる。

ブルースカイは、ジハードで重要な役目を果たすようわたしたちの背中を押す。「シスターたちは、ジハードと今日のイスラムにとって自分がどんなに重要かを理解する必要がある」と書き込む。この会話の方向には、おやと驚く。これってＩＳＩＳのチャットじゃなかったっけ？　フェミニストのフォーラムとあやうく間違えそうになる。「バービー人形と遊んだ時代はもう終わり。化粧する時代はもう終わり。おとぎ話の時間も、シンデレラ物語の時間ももう終わり。自撮りするのももうおしまい。いまこそ精神的に成長するとき。世間があなたに信じ込ませたほど、あなたたちは弱くない。あなたたちは男たちより強いんだから」

２０１７年の夏以降、ＩＳＩＳはジハードにおける女性の役割について方針を大きく転換した。彼女たちを移民女性（ムハージラート）として見るのではなく、女戦士（ムジャーヒダート）として受け入れるようになったのだ[18]。当初は女性の戦闘員に反対していたのだが、２０１７年７月号の「ルミヤ」は、ウフドの戦いで預言者ムハンマドを守るために武器をとったウンム・アマーラの例にならうよう女たちにはっぱをかけた。２０１７年の10月、ＩＳＩＳは女性がジハードに参加することは義務であるとまで正式に宣言した――前例のない一歩である[19]。

ジハードがここにきてかならずしも物理的な暴力のかたちをとらなくてもよくなったことで、女性がオンライン上の勧誘係やバーチャルなハニートラップ、さらにはハッカーとして、バーチャルな最前線で重要な役割を担えるようになった。２０１８年６月、ウィスコンシン州を拠点とするワヒーバ・イッサ・ダイスというシスターが、サイバー・ジハードのために複数のソーシャルメディアのアカウントをハッキングしたと、ブルースカイがわたしたちに伝える。イスラエルのパスポートとアメリカの居住権を持つ45歳のこのアラブ人女性は、ハッキングしたアカウントを、攻撃者を募り、攻撃を円滑におこなう目的で使用したのだ[20]。ＦＢＩによれば、彼女はアメリカをはじめとする国々でＩＳＩＳのテロリスト志望者が攻撃を計画するのを助けるために、爆弾や生物兵器、毒物、自爆装置付きベストの作り方を説明するオンラインの図書館をこしらえた[21]。テラー・エージェンシー・シスターは、このニュースが入ると彼女に喝采を送り、彼女の詳細なストーリーを共有した。

「サイバー・カリフ国のための戦いはまだ始まったばかり」とＩＳＩＳのシスターのひとり

がわたしに言う。遅かれ早かれ、わたしたちは「アメリカやイスラエルや両国寄りの政府の連合が率いるユダヤ・十字軍の悪の枢軸」との大規模なサイバー戦争を覚悟する必要がある。この戦争の幕開けは、コンピュータ通の新世代ＩＳＩＳ勧誘係による観念的・社会的な誘いに反応しそうな、ムスリムの若い男女の心を摑むための戦いになるだろう。

オンラインでのエコーチェンバーの興隆は、過激主義組織が新人を洗脳し、組織への依存を促し、その価値観との一体化を強化させるやり方に強い影響を与えている。アイデンティティや不安にまつわる、かなり個人的な問題にどう向き合えばいいかをアドバイスしてくれるプラットフォームが、有害なイデオロギーへの入り口になることも珍しくない。レッドピル・ウィメンのような、デートに関するアドバイスを提供する、ひと目でそれとわかるフォーラムも、テラー・シスターのような、隠密の女性限定カウンセリング・チャットも、どちらも過激主義者のネットワークへと誘導するソフトな入り口の役目を果たしている。個人のセックスや恋愛の話を打ち明け合うことほど親密なものはない。こうしたフォーラムは新人採用に都合がいいだけでなく、組織内で親密な絆を築き、そのイデオロギーをメンバーのアイデンティティと結びつけることで強力なロックイン効果をも生み出している。その狙いとは、新しく入った人間を組織に精神的につなぎとめ、彼女たちが出口にたどりつくのを極力困難にすることだ。

新たなメンバーがいったん組織の内なる仕組みに慣れたなら、次は外の世界との効果的なコミュニケーションに集中できるようになる。

part

3

Communication

コミュニケーション

第5章

情報戦争——トミー・ロビンソンの新たなメディア帝国

イングランド防衛同盟の創設者で国際的な反イスラムの表看板であるスティーヴン・ヤクスリー・レノン（別名トミー・ロビンソン）がわたしにマイクを向ける。「なんであんたは俺を白人至上主義者と呼んだんだ？」としつこく訊いてくる。

男の声は落ち着いていて、銃もナイフも手にしていない。男の唯一の武器といえば、カメラだけだ。ソーシャルメディアの数十万人いる彼のフォロワーに向けて、この場でわたしが発する一言ひとことをライブ配信しているのだ。とはいえ、人前で気まずい思いをさせられるのは、死ぬより恐ろしいことかもしれない。彼の隣にいるカメラマンは極右の活動家カオラン・ロバートソンで、ショックと恐怖でひきつったわたしの顔を撮影するのを見るからに楽しんでいるふうだ。

それは2017年5月のある穏やかな日のことだった。わたしたちは地下にいて、ここは秘密の場所のはずだった。反過激主義のシンクタンク「クィリアム財団」のわたしのボスふたり、イスラム過激主義組織ヒズブ・タフリールの新兵勧誘係だったマージド・ナワズ、そしてリビア・イスラム戦闘集団の元指導者ノーマン・ベノトマンは、どちらもＩＳＩＳやアルカイダといった組織から首に賞金がかけられている。どう見ても突然の訪問者が歓迎される場ではない。

　イングランド防衛同盟に潜入し、超国家主義のインターナショナル化について「ガーディアン」紙に記事を書いたあと、[1] わたしはトミー・ロビンソンの敵になった。けれどわたしは彼の主要なターゲットではないし、わたしの雇用主もしかりだ。彼のいちばんの狙いは「主流メディア」をフェイクニュースだと非難し、カナダの極右ニュースサイト「レベル・メディア」の「もうひとつのニュース（オルタナティブ）」を視聴者が目にとめてクリックするよう仕向けることだ。

　イングランド防衛同盟のこの創設者がウェールズ・オンラインのオフィスに乱入したり、「ガーディアン」のジャーナリストの自宅を突撃訪問したりするユーチューブの動画を観ていたから、そのやり口は知っていた。さて、これからわたしが彼の人気インターネット番組「トロール・ウォッチ」シリーズに登場する3人目のジャーナリストになるわけだ。自分の話す一語一句がレベル・メディアで流れるだけでなく、さまざまなソーシャルメディアのプラットフォームで共有されることは痛いほどわかっている。
この扇情主義的な新たな報道のかたちは、従来のメディアに極右が目下仕掛けている情報戦争の一環だ。トミー・ロビンソンにとって「トロール・ウォッチ」の手法は、エンターテインメントのスタントをやるのと同じくらいパワーゲームでもある。彼は、自分を人種主義(レイシズム)や白人至上主義、極右の過激主義と結びつけたジャーナリストを、誰でもいいから選び出す。わたしの場合、「ガーディアン」に書いた記事の次のくだりが、彼をわたしとの直接対決に駆り立てた。

極右が周縁(フリンジ)から主流に移ってきたことで、白人至上主義運動がデジタルネイティブから大きな支持を得ていることがわかる。彼らのオンライン上のフォロワー数が主流政党のフォロワー数を超えることも少なくない。トミー・ロビンソンのツイッターアカウントは20万人を超えるフォロワーを獲得した。これはテリーザ・メイのフォロワー数とほぼ同数を記録している。

「そういうわけで俺は自分の足で出かけていって、彼女に自分の告発が正しいことを証明してくれと頼んでみよう」カメラに向かってトミーがそう言うと、わたしたちのオフィスにずかずかと入ってくる。「イギリス中で記事を書いて、労働者階級から出てきた批判を危険視し、黙らせようとするジャーナリストたちにも、そろそろ自分たちが記事にしている人間と正面から向き合ってもらおうじゃないか」

動画はトミー・ロビンソンがビルの受付を通り過ぎ、階段を忍び足で降りてきて、オフィスに乗り込んでくるところを映し出す。「ユリア?」トミー・ロビンソンが、ことのすべてを映像におさめるカメラマンを従えて、まっすぐわたしに向かって歩いてくる。最初は自分の目が信じられなかった。あなたたちはセキュリティ違反を犯しているのだと伝えたところで、どうやら無駄なようだ。あなた個人を白人主義者と呼んだわけではないと言ったら、彼をますます怒らせただけだった。同僚たちが無理やりロビンソンをドアから押し出し、カメラを奪おうとしたら、事態はいよいよ混乱状態に陥った。取っ組み合いが始まり、わたしの同僚がカメラを壊してマイクセットをとりあげたとロビンソンが声高になじりだした。どちらにもけが人を出さないための苦肉の策で、わたしはロビンソンと一緒に上の階に行くことを提案し、繰り返しこう言った。「喜んで話し合いに応じますよ」

とはいえロビンソンは話し合いなど端から望んでいないし、それくらいわたしにもわかっている。彼は視聴者を楽しませ、毎月の登録者数を増やすために揉めごとを起こしたいだけだ。自分が「主流メディア」に仕掛けた中傷作戦に役立つような映像が撮りたいだけなのだ。

「せめて公平なかたちでやりましょう。このインタビューを独立したメディアと一緒にやるのはどうですか。どの一行もカットしたりしないような」無駄とはわかっていても、提案してみる。どのみち「独立したメディア」の定義すら意見の一致をみないだろうが。

「ガーディアンはプロパガンダマシンだ」とロビンソンが答え、ＢＢＣを入れたらどうかとのわたしの提案を笑い飛ばした。

警察が到着し、トミー・ロビンソンが立ち去ると、そこから本物の情報戦争の火蓋が切られた。数日のうちに、アメリカやイギリス、ヨーロッパのオルトライトのメディアからメディアへと、報道が連鎖反応のごとく広まった。ブライトバート、ジハードウォッチ、ゲラーレポート[*1]、ゲイツ・オブ・ヴィエナ[*2]がこぞって掲載した記事の見出しは、「トミー・ロビンソンとクィリアムの対決　既得権益層（エスタブリッシュメント）による政治的ナラティブの支配の衰えを露呈」といったものだ[2]。彼らの共通する狙いとは、「主流メディア」は情報源として信頼できないと非を鳴らすことにある。

ブライトバートニュース・ロンドンの元編集長、ラヒーム・カッサムは次のように書いている。「たとえばガーディアンやＢＢＣなどの主流のメディアと、トミーがここ何年も標的にされてきた、彼自身についての『フェイクニュース』と呼ぶものとの力関係が変化している」[3]。「トロール・ウォッチ」の動画自体、数十万回も視聴され、数百万のインプレッション

〔ネット広告の表示回数〕が流れ、数十件のコメントがついた。たとえば……

彼を「トミー銃（ガン）」と呼ばなくちゃ。彼こそ真実のマシンガンだ！

僕らはMSM〔主流メディア〕が流す嘘（フェッド）にうんざり（フェッドアップ）してるだけだ。

フェイクニュースを拡散するあの悪党どもに盾突くなんて、トミーよくやったぞ！！！！

最高だ！！！　あの嘘つきどもに立ち向かえ！！！！！

それから2週間後、わたしはロンドン中心部にあるクラウンプラザ・ホテルの瀟洒なカフェで、今後のことを話し合うべく、ボスでCEOのハラス・ラフィクの前にすわっていた。オフィスは閉鎖され、わたしや同僚の受けている一連の脅迫電話や脅迫メッセージを警察が調査している最中だ。注文したコーヒーを待つあいだ、また新しい殺害予告や侮辱的なメッセージが来ていないかと、自分のツイッターをチェックする。「ジャーナリストらに告ぐ。俺たちのことでメディア上で嘘をつけば、いいか、おまえたちにもはや安全な場所はない。おまえたちは自分の嘘を弁解するために呼び出しを受けるのだ」とトミー・ロビンソンのツイートの

＊1　アメリカの反ムスリムの極右女性によるウェブサイト。
＊2　アメリカのブロガーが夫婦で始めた国際的な極右及び反ムスリムのウェブサイト。

ひとつに書いてある。

「それではわたしが公式に声明を出さないと、どうなるのですか?」わたしは話し合うのに5分ほどいただきたいと頼んでみた。

「きみは極右の研究をこれ以上できなくなるだろうし、きみの本も出版させることはできない」とハラスが答える。わたしの知らないところで、わたしの同意も得ることなく、クィリアムは個人的な話し合いの場でトミー・ロビンソンに約束していた。わたしが自分の主張を引っ込めて、イングランド防衛同盟の創設者と白人至上主義運動を結びつけたことを詫びる声明を文書で発表することを。それと引き換えにトミー・ロビンソンは「犬たちを引っ込める」という。

「でもこんなふうにガーディアンを裏切りたくないんです。わたしは自分の分析結果を信じています」とわたしが食いさがる。「彼の支持基盤が白人至上主義組織のそれと重なっていることを証明できます。それにトミー・ロビンソンの狙いはただ、従来の報道機関の信用を落とすことだと、あなたがたもわかっているはずですよ」

「こんなふうに考えてみてくれないか。もしもきみの同僚に何かあったら、その責任をきみは一生背負っていかなきゃならなくなる。きみ自身が決めることだがね」わたしはごくりと唾を飲む。この先わたしは鏡に映った自分の顔を見られるのだろうか。自分の主義にまったく反した声明を出したあとに。「やつは24時間の猶予をくれるそうだ」とハラスが最後に言って、勘定書を手にとる。トミー・ロビンソンの脅迫戦術はどうやらうまくいったようだ。自分のソーシャルメディアのメガフォンを最大限に利用して、批判的な声を黙らせることに成功したのだ。

声明を出すのを拒否してから24時間も経たないうちに、ボスからメールを受けとった。ふたつの懲戒警告、そしてわたしの解雇通知のほか、そこには何も書かれていなかった。

職業倫理に反する行動——最高責任者の指示に従うことを拒否

（…）貴殿は貴殿に要求された文書での声明について考える期間を2週間与えられていた。（…）貴殿に対し、この2度目の懲戒文書を書く以外の選択肢を、貴殿は私に与えなかった。本日の会議での話し合いから、この仕事分野での貴殿の見解は当団体の見解と一致しないと見受けられ、またしても以下の措置を取る以外の選択肢を貴殿は私に与えなかった。

にわかには信じられなかった。右翼の過激主義者のせいで、わたしは初めての仕事を失ったのだ。

解雇通知を受けとって数分後、クィリアムへの返事をタイプしているときに、わたしはメールシステムからいきなりログアウトされてしまった。すでにこの団体におけるわたしのすべてのアカウントは閉鎖され、わたしからの一切のアクセスが断ち切られていた。

この出来事を振り返ってみると、何がいちばんショックだったのか自分でもよくわからない。とくに差し障りのない意見記事に見えたものに対してわたしが受けた嫌がらせの程度か、それとも過激主義に立ち向かう世界屈指のシンクタンクが、嫌がらせの加害者の要求に屈したことか。この経験は、極右のメディア・インフルエンサーが組織や体制全体にどれほどの力を発揮できるかを教える一例だった。面目や支持を失うことへの懸念が、いかに組織や個人に自らの支持するものを断念させるか、過激主義と闘うシンクタンクでさえ、いかに最後には過激主義に譲歩してしまうかを教えてくれた。

イギリスでトミー・ロビンソンほどメディアを弄ぶのに長けた極右の人間はまずいない。ルートン——最新の国勢調査によれば、イギリス国内で白人がマイノリティである3つの都市（ほかはスラウとレスター）のひとつ[4]——で育ったロビンソンは、自分のことを、グルーミング・ギャング[*3]や犯罪者、テロリストについてメディアが書き立てる嘘を暴くことに命をかけるヒーローだと考えている。彼に言わせれば、すべてはイギリスでムスリム人口が増えていることの副産物だという。彼のファンから見れば、彼は自国と白人労働者階級を守る勇敢な愛国主義者だ。そして彼を批判する人びとから見れば、彼は社会の二極化を煽る危険な極右インフルエンサーである。

ロビンソンをどう見るかは別として、彼がカリスマ性と実力を備えた語り手であることは疑いようもない。ロンドン警視庁対テロ班の元チーフ、マーク・ロウリーは、ロビンソンのことを、ジハーディストによる襲撃を煽るイスラム主義の「憎しみの説教師」、アンジェム・チャウダリーになぞらえた。「チャウダリーはイギリスでイスラム主義の事実上のスポークスパーソンになっているが、トミー・ロビンソンのような極右派の代弁者（マウスピース）もまた悪名をはせ、注目を集めていた」[5]。警察の推測によれば、ロビンソンによるイスラムや移民に対する有害な発言や怒号が、イギリス国内さらには国境を越えた急進化に拍車をかけている。2016年、極右のテロリスト、ダレン・オズボーンが、「ムスリムを殺す」と宣言し、ロンドン北部フィンスベリーのモスクの外にいた歩行者たちに車で突っ込んだ。オズボーンの裁判で陪審員が聞いたところでは、彼はトミー・ロビンソンが発信するメールのニュースレターやツイートを読み、グルーミング・ギャングやリー・リグビー殺人事件*4、もろもろのテロ攻撃について数多（あまた）のオンライン検索をおこなったあとに犯行に及んだという[6]。

自分はレイシストでもなければ反ユダヤ主義者でもないとロビンソンは言い張るが、以前

＊3　子どもと精神的つながりを持ち信頼を得ることで性的虐待や児童ポルノ、売春、人身売買に利用する集団。
＊4　2013年にロンドンで英軍兵士がイスラム過激主義者に惨殺された事件。

はイギリス国民党（ＢＮＰ）のメンバーだったし、彼の支持者には、ナチ式敬礼をし、人種差別的発言を声高に繰り返すネオファシストたちがいる。[7] オルタナティブのソーシャルメディア・プラットフォーム「ギャブ（Gab）」での彼のフォロワーのおよそ65％が、少なくともひとりの有名白人ナショナリストのアカウントもフォローしている。ロビンソンのファンは彼に「輪をかけて急進化している」ことも珍しくないが、彼は自分の支持基盤の過激な末端から積極的に距離を置く努力をまったくといっていいほどしていない。２０１８年には、スコットランドのブイロガー、マーク・ミーチャン（別名ダンクラ伯爵）の訴訟費用を集めるのを手伝った。ミーチャンは、ガールフレンドの飼っている犬に「ユダヤ人をガス殺しろ（ガス・ザ・ジューズ）」とか「勝利万歳（ジークハイル）」などの言葉に反応してナチ式敬礼をするよう教える動画を公開したあと、ヘイトクライムの容疑で起訴された。[8]

トミー・ロビンソンは、右翼がメディアに仕掛けた世界戦争の中心的人物だ。２０１９年の初めには、イギリスで「ババ・メディア」と称する自身のメディア企業帝国を立ち上げ、[9] ＢＢＣの報道番組「パノラマ」に反対するデモを仕掛けた。２０１９年２月の土曜の午後、マンチェスターにあるＢＢＣ本社の外に、ロビンソンが監督・主演した「パノドラマ・ドキュメンタリー」を観て、ＢＢＣの受信料廃止を求めるために、およそ４０００人の抗議者が集まった。[10]

「パノドラマ」が披露されるほんの数日前、トランプの支持者のひとりが、テキサス州エルパソの集会を取材していたBBCのカメラマンに暴力を振るった[11]。トミー・ロビンソンは、斬新かつ一線を越えた手法で「嘘つきメディア」に対決を迫る、多くの自称ジャーナリストのひとりにすぎないのだ。オルタナティブのニュースサイトや右派のユーチューバーたちは、ますます緊密なネットワークを築いている――彼らをエンパワメントし結びつけるためのスティーヴン・バノンのプロジェクト「ザ・ムーヴメント」のようなイニシアティブによって[12]、さらには彼らを財政的に支援するホロウィッツ財団やマーサー・ファミリー財団のような右寄りの寄付団体によって[13]。とはいえオルタナティブ・メディアの資金源は、あらゆる人気ウェブサイトと同様、じつは広告収入がかなりの割合を占めているのだ[14]。

２０１６年のある土曜の朝、ドイツのブランド戦略家ゲラルト・ヘンゼルが、極右のウェブサイト上の広告やバナーを買っているブランド企業についてのブログ記事を書いた。このとき、彼はこれが人生を変えるような一連の出来事を招くとは思ってもみなかった。「ドイツ版ブライトバートのサイトで、ある広告を見てから、ブランド企業にもっとよく考えて欲しいと思ったんだ。自分たちの広告をどこに載せていて、その恩恵を誰が受けているかってことを」とヘンゼルがわたしに語る。「少なくとも２０１２年にオバマが再選されて以来、インターネットが政治にどれほど重要な意味を持つか僕たちにもわかっていたけど、それがヘイトに満ちた反民主主義の草の根運動を後押しし、フランケンシュタインの怪物を生み出すなんて予想もしていなかったよ」

大きな組織はデジタル化についていけなかったが、周縁のほうがはるか先を行っていることに彼は気がついた。「広告業界の人間からすれば、なんとも不思議な気がしたよ。大きな組織がインターネットに棲息する少数のカエルたちと比べていかに遅れているかを見たら。連中はミームが何かさえ知らなかったんだから」。1976年にリチャード・ドーキンスは著書『利己的な遺伝子』のなかで、新たな宿主のもとで容易に複製できる発想や思考、行動のことを指して「ミーム」という言葉をつくった。(15) かくしてインターネット時代のミームとは、バイラル化〔拡散化〕する潜在性の高い画像や動画のことだ。これらはもともとは政治的なものではない。動物から食べ物まで（あるいは一度にその両方も。「子犬、それともベーグル？」のミームのように）[*5] どんなものでもミームになりうる。バイラル化した最初のミームは「ハムスターダンス」[*6] で、これは1998年にワールド・ワイド・ウェブで山火事のごとく広がった。

ゲラルト・ヘンゼルのブログ記事が出ると、またたくまにそのハッシュタグ #KeinGeldfürRechts（極右に金を出すな）がツイッターでトレンド入りした。このキャンペーンは匿名の「スリーピングジャイアンツ」作戦のドイツ版になった。「スリーピングジャイアンツ」というイニシアティブは、トランプが大統領選に勝利してまもなく、極右のニュースサイトへの広告配信を停止するようブランド企業を説得するために立ち上がったものだ。キャンペーンが始まって数時間のうちに、ヘンゼルについての悪意ある記事がドイツの極右ニュースサイト「アクセ・デス・グーテン」(16)にあらわれ、それが引き金となって一連の組織化された脅迫や連携したヘイトキャンペーンが始まった。「思えば、会議に出ていた6時間のあいだに、すべてが始まっていたんだ」と彼が語る。ガールフレンドが電話をよこして、いったいどうなっているの?と訊いてきたときに、彼は初めて何が起きているかを理解した。

その瞬間から、ドイツのどの極右ニュースサイトでも、少なくとも毎日ひとつは自分についての記事が出ているのを目にすることになった――ティッチーズ・アインブリックや、ユンゲ・フライハイトからブライトバートまで――さらには数千ものヘイトに満ちた脅迫メッセージが彼のソーシャルメディアのフィードに送られてきた。「オルタナのこのメディア空間がこんなにつながり合ってたなんて、まったく信じられなかったよ」。彼はこれをコレクティブ・ストーリーテリングと呼んでいる。「彼らは僕が誰かも知らなかったんだけど、数日のうちに僕の過去について僕のデジタル署名が明かした何もかもを収集し、彼らのナラ

＊5　子犬とベーグルの写真を複数並べて、見分けられるかを問う画像。
＊6　カナダの美大生がつくったGIF。ハムスターがロジャー・ミラーの歌にあわせて踊る。

ティブにぴったりのストーリーをこしらえたんだ。僕はある日は傲慢な広告主で、次の日にはメルケルのスパイ。ある日は反ユダヤ主義者で、次の日はスターリン主義者といった具合さ。端から筋など通ってないし、その必要もなかったんだ」。自分の住所がリークされたとわかったとき、ベルリンに戻るのは危険だと判断し、代わりにフランクフルトに向かうことにした。

それから数週間のうちに、彼の雇用主は大量のヘイトに満ちたメッセージや脅迫電話を受けとった。ゲラルト・ヘンゼルは広告業界に20年いて、ヨーロッパの大手広告代理店ショルツ・アンド・フレンズのエグゼクティブ・ストラテジー・ディレクターを務めていた。「職を失うことは怖くなかったけど、同僚たちには申し訳ない気持ちだった。あんなストレスなど経験して欲しくなかったから」と彼は語る。このキャンペーンのせいで彼は会社を去ることになり、その後、似たような経験をしている人びとを助けるために「フィアレスデモクラシー（恐怖なき民主主義）」と「ヘイトエイド」というプロジェクトを立ち上げた。

ゲラルト・ヘンゼルの話も、わたしのトミー・ロビンソンとの一件もとくに珍しいものではない。どちらも、政治的に議論を呼ぶテーマに取り組むジャーナリストや活動家、アーティスト、データアナリスト、研究者が日増しにかかわるようになっている、はるかに広い現象の一例にすぎない。２０１７年の初めから２０１８年の半ばにかけて、アメリカで少なくとも250人の大学教授が右派のオンラインキャンペーンの被害に遭ったと報告されている[17]。「高等教育機関にいるわれわれは、ますます敵意の標的になっている」とノースジョージア大学の心理学教授ジョシュア・クエヴァスが書いている。彼自身もリベラル寄りの姿勢から、高度な荒らし（トローリング）キャンペーンの標的になり、極右のトロールたちから人種差別的なメッセージを受けとっていた[18]。

極右に関連するニュースを報じる人間は、悪意ある行為者にとくに狙い撃ちされる。「インディペンデント」の国内記事担当記者リジー・デアデンは、犯罪やテロについての記事を書くにはまだ幼すぎる頃から、ずっとジャーナリストになりたいと思っていた。10歳のとき、「編集者」と書いたバッジをつけた。それから18年後、わたしたちはイタリアンレストランのテーブルにつき、極右が彼女の本当の住所をリークしなかったというただそれだけのことを祝っている。午後1時、それは普段の平日で、一杯のワインには少々早い時間だが、リジーはトミー・ロビンソンの拘留を解いた裁判からちょうど戻ってきたところだった[19]。

「最初で最悪の脅迫の嵐が始まったのは、わたしがフィンスベリーでのモスク襲撃の裁判について記事を書いたときだった」とリジーが話す。「面白いのはね、わたしは何年もさまざまなイスラム主義組織について報道してきたのに、受けた脅迫のほとんどは極右からのものだったってこと」。反ムスリムのテロリスト、ダレン・オズボーンについて彼女が書いた記事が出たあと、ウェブサイト「ライトウィング・ドックス・スクワッド」が彼女とボーイフレンドの写真、彼女の古い住所、さらにボーイフレンドのソーシャルメディアのアカウントの詳細までリークした。

「ドロッピングドキュメント」の略である「ドキシング」とは、誰かの個人情報――普通は住所や電話番号――を当人の意思に反してインターネット上に公開することだ[20]。これは「あなたを脅迫し、あなたの生活に関する情報を掻き集めようとする匿名のオンライングループの一団がよく使う手始めの戦術」だと、ネットいじめの被害者組織クラッシュオーバーライド・ネットワークは説明する[21]。

ドキシングが最初に登場したのは1990年代で、当時はハッカーカルチャーの一部だったのだが、最近ではオルトライトが好んで使うリベンジ戦術になっている[22]。2014年に起きた通称「ゲーマーゲート」事件は、ビデオゲーム業界のミソジニーについて報じたフェミニストの記者や女性のゲーム業界関係者に対し、連携してドキシングと嫌がらせをおこなう大規模なキャンペーンだった。ゲーマーゲートでヘイトの嵐の中心にいたゲーム開発者ゾーイ・クインは、半端な真実（ハーフ・トゥルース）や作り話、彼女のツイッターアカウントからの個人情報のリークによって攻撃され、アカウントがハッカーたちに乗っ取られた[23]。

人びとのプライベートな生活に悪意を持って侵入する目的は、批判的な発言をした者や政敵を威嚇し、黙らせ、世間の信用を失墜させることにある。(24) ドキシング・キャンペーンはオンライン上のヘイトを焚きつけるだけでなく、こうした人びとが実生活でも攻撃される可能性を高くする。ドキシングされたあとに起きるのは、身に覚えのない登録やデリバリーから、脅迫電話や炭疽菌のいたずら手紙、突撃訪問といったものまでさまざまだ。ドクサー（ドキシングする者）たちは、ときにはソーシャルエンジニアリング[*7]やハッキング技術を使って、非公開のソースから情報を抜き出すこともある。とはいえ、たいていの場合、オープンソース情報収集分析（インテリジェンス）（OSINT）だけで、彼らは必要なものをすべて手に入れることができる。ソーシャルメディアのプロフィールや公開された記録、オンラインの電話帳から、スポケオ、ピープル（Pipl）、インテリウスといった第三者情報を売るサイトまで、インターネットはドクサーたちの宝箱なのだ。(25)

インターネットからこうした痕跡を消すことは、時間のかかるうんざりする作業になりかねない。一部の個人情報検索サービス企業は、削除要求の申請をありえないほど厄介なものにしているふしがある。皮肉なのは、この最新鋭の人物検索エンジンのなかに、オプトアウトのプロセスがもっとも旧式のコミュニケーション手段でなされるものがあることだ。たと

＊7　人の心理や隙につけこんで情報を盗む手口。

えばPeopleLookup.comは、身元証明のために、郵便かファックスで運転免許証のコピーを送ってほしいと要求する。その後、すべての個人データが削除されるまで数週間かかることもある。(26)

「幸いわたしは用心して、現住所をインターネットのどこにも残してなかったけど、ボーイフレンドは自分の住んでるところを連中に見つけられて震えあがってた」とリジー・デアデンが語る。奇妙なことだが、彼女の話ではふたりはオンライン上でまったくつながりがなかったし、同じ名前を使っておらず、結婚もしておらず、ふたりのソーシャルメディアのチャットはすべてプライベートのものだった。「連中の調査にかける労力にはぞっとした――これはただのグーグル検索なんかじゃない。相当な時間をかけたんだと思う」。彼らはツイッターから彼女とボーイフレンドの会話をスクリーンショットしていた。「ごくごくプライベートなものよ。わたしたちの関係の証拠として彼らが引用したツイートは2014年のものだったの」

リジーをドキシングした人たちは、彼女だけではなく家族の詳細まで暴露すると脅してきた。「来週中には、あの女の身内のオンラインを見つけるから、このスペースをよく見ててくれ」とメッセージのひとつが告げた。彼女は警察に通報したが、捜査はさっぱり進まなかった。ほとんどのアカウントが匿名だったからだ。そこでライトウィング・ドックス・スクワッドのサイトが削除され、リジーは自分と家族を保護するために必要な安全措置をとった。これは彼女が過去に経験したものとは違っていた。「わたしは誰かが誰かにした意地悪なことを記事にするのには慣れてたけどね。誰かがわたしたちにしたことじゃなくて」。そしてさらにこう続けた。「わたしたちが記事に書く人間やテーマではなくて、ジャーナリストそのものが標的にされる傾向があるみたい。どうしてそんなことがいま起きてるのか、さっぱりわからないけど」

嫌がらせの第二波、こんどはレイプや性的暴力をほのめかす大量の脅迫が始まった。発端は、「難民歓迎」のプラカードを持つ2015年の彼女の写真をトミー・ロビンソンがシェアし、フィンスベリーパークの裁判証拠について誤った報道をしたと彼女を非難したときだ。「わたしが彼について書くたびに、いまだにミームや画像処理した写真が拡散されるんだから」。同じ題材で記事を書いたリジーの同僚の男性たちは、「寝取られ男（カック）」とか「腰抜け（プッシー）」とか呼ばれたが、暴力的で直接的な脅迫はリジーほどには受けなかった。「全員が嫌がらせを受けたけど、でも嫌がらせの性質が違ってる」と彼女が言い切る。

「ガーディアン」が2010年から2016年までにウェブサイトに載った7000万件のコメントを分析したところ、女性ジャーナリストの書いた記事のほうが男性ジャーナリストの書いた記事よりも、ブロックされたコメントがつねに高い確率でついたことを発見した。

暴言を浴びた著者の上位10人のうち8人が女性で、あとの2人は黒人男性だった。暴言を浴びた数がもっとも少なかった著者は全員が男性だった(27)。

２０１８年の12月に国際ジャーナリスト連盟は画期的な研究を発表したが、そこでは過去5年間にオンライン上で嫌がらせを受けたすべての女性ジャーナリストのうち66%が、性差別的な侮辱や、ミソジニストによる屈辱的なコメントからレイプの脅迫まで、ジェンダーにもとづく攻撃にさらされていた。嫌がらせの加害者のほとんどはオンライン上で匿名であることから、通報されたのはこのケースの半分で、加害者が特定できたか、法の裁きにかけられたのは、わずか13%だった。結果は往々にして厳しいものだ。被害者の63%が重度の心理的影響を報告し、38%がそれによって自主検閲することにしたと語り、８%が職を追われ、6%が退職した(28)。

かつては敬意を払われていたニュースサイトやその記者の信用を失墜させることは、情報戦争の一端にすぎない。ほかにも偽情報を拡散するという手がある。偽情報とはかならずしも明白な嘘とはかぎらず、誤解を招く情報を含んだものもある(29)。不正確な情報や激しい偏見、論理的な誤りが誤解を招くナラティブを強化することも少なくない。ソヴィエトの戦略的欺瞞の手法、すなわち偽情報（デズインフォルマツィア）の伝統を思い起こさせる現代の偽情報拡散キャンペーンは、事実を曖昧にし、歪曲し、隠蔽する(30)。ＣＩＡの草創期から防諜部長を務めたジェームズ・

ジーザス・アングルトンは、ソヴィエトの狙いは「事実と幻想の入り混じった鏡の荒野のような」情報環境をつくることだと断言した(31)。

２０１８年10月、わたしはラトヴィアの首都リガにある、一見すると家族向けの戸建て住宅のような簡素な白い家に入っていく。警備の厳重なゲートだけが、この建物が個人の所有物ではなく、世界をリードする情報戦争分析ユニット「NATO戦略的コミュニケーションセンター」の拠点であることを匂わせている。

「クレージーな週末でしたよ」とわたしを連れてさまざまなセキュリティシステムを通ったあとに、ドナラ・バロヤンが言う。ラトヴィアでの選挙の当日、ロシアのあるトロールがラトヴィアの国民的ソーシャルメディアネットワーク「ドラウギエム」をハッキングした。「このハッキングの背後に誰がいたのか現在も調査しているところです」と彼女が言う。「このような行為は投票者に強い心理的影響を与えかねません」。ドナラは、いわば、デジタル界のシャーロック・ホームズだ。ラトヴィアにあるNATO戦略的コミュニケーションセンターのデジタル犯罪科学捜査（DFR）ラボの彼女のチームは、偽情報の拡散に使われる戦術やナラティブを暴露し、影響力（インフルエンス）キャンペーンをリアルタイムで追跡している。

「偽情報を拡散するには4つの戦術があります」とドナラが説明する。「敵を否定し、事実を歪曲し、核心となる問題から注意をそらし、視聴者を当惑させるのです(32)」。この「4次元的アプローチ」は、ロシアや中国の政府のような国家主体と、[33] オルトライトのトロールのような非国家主体のどちらもが使っている。大量のコンテンツをメディア空間に溢れさせ、正しい情報と間違った情報との区別をつかなくさせるクレムリンの戦術は、非国家的なトロールネットワークにますます模倣されている。とはいえ今日の極右による作戦の多くは、国家が後押しするボットやメディアのネットワークによって増幅されている。たとえばロシアのニュースサイト「スプートニク」や「ロシア・トゥデイ」(RT)は、極右の活動家が彼らのテーマやハッシュタグを増幅させて自分たちのメッセージを拡散するのをしょっちゅう助けている。[34]

偽情報作戦を後押しするアカウントのなかには、サイボーグのように作動するものもある――半自動の、人間が操作するアカウントだ。たとえば、ユーザー名 @thebradfordfile のツイッターアカウントは1日に300回以上ツイートするが、このアカウントは10万人以上のフォロワーからなるネットワークと、数百人の拡散者からなるコア集団を持っている。極右のプロパガンダから陰謀論にまでわたるそのメッセージは、ドナルド・トランプにリツイートされ、アメリカの大手メディアにも引用されており、極右がソーシャルメディアでおさめた成功を如実に示している。[35]

DFRラボの少人数のスタッフがモニターするには、その選択肢はあまりに多い。「推定

10万件のウェブサイトが偽情報を拡散しています」とドナラが教えてくれる。「ですが、ファクトチェックしているウェブサイトは数十件しかないのです」。要するに、わたしたちはつねに数で負けているのだ。オックスフォード大学インターネット研究所は、2017年に48カ国でソーシャルメディア操作キャンペーンが公式に組織されている証拠を発見した。2010年以降、5億ドル以上がソーシャルメディア上の心理作戦と世論誘導作戦に使われている。その戦術は自動化アカウントやコメント作成チームを用いることから、ターゲット広告キャンペーンにいたるまでさまざまだ。ほとんどのキャンペーンは、選挙や国民投票、政治・経済上の難局といった重要な節目を控えた時期に偽情報を拡散することにかかわっていた(36)。

独立した情報源に対する信頼の喪失は、わたしたちの民主主義の屋台骨を蝕む脅威となる、いわば遅効性の毒薬だ。相互理解に向けた対話（シビルディスコース）の衰退、政治機能の麻痺、疎外や不安は、ランド研究所*8の研究者たちが「真実の腐敗」と呼ぶものがもたらす最大級に深刻な結果である(37)。信頼は一夜にして消えるものではないが、過去数年のあいだに、さまざまなレベルでそれが徐々に侵食されているさまをわたしたちは目撃している。

最初に生まれたのは、政治や財界のエスタブリッシュメントに対する不信感だ。2008

*8　米国を拠点とする非営利の研究組織。公共政策課題の解決策を提案している。

年の世界金融危機とそれに関連したさまざまなスキャンダルは、国内および国際的な政治経済組織が公益のために動くどころか、一般人の銀行口座にいつなんどき打撃を与えかねない秘密の計画を持っていたとの不安を焚きつけた。その余波で本物の損失、あるいは損失の恐怖に苦しむ多くの人が、グローバリゼーションという体裁のいいごまかしを自分たちに吹き込んだ人間たちに裏切られたと感じるようになった。このフラストレーションが吸い上げられ、もっとも力のある者への不信が膨らみ、もっとも弱い者への疑心が生まれた。世論調査会社パブリック・ポリシー・ポーリングが2013年におこなった調査では、アメリカの有権者の10人中3人近くが、「グローバル主義の基本計画を抱く秘密のエリート権力層が、権威主義的な世界政府ないし『新世界秩序』を通して、最終的に世界を支配しようと陰謀を企んでいる」と考えていることがわかった。共和党支持者は民主党支持者よりも倍以上、この陰謀論を信じる人の割合が多かった。(38)

次の段階では、権威あるメディアや学術機関への不信がエスカレートした。(39) ヨーロッパでは、権威あるメディアによる移民危機やテロ攻撃、レイプスキャンダルについての報道が、その誰もが認める信憑性を徐々に剝がしていった。2015年の大晦日に起きたケルンのレイプ事件に対するメディアの最近の反応が転機となって、極右の多くの人間が、ドイツで歴史的な汚名を持つ「嘘つきメディア(リューゲンプレッセ)」という言い回しを復活させた。(40) これはもともと100

年前にドイツの作家、ラインホルト・アントンがつくった言葉で、[41] 最初は第一次世界大戦中に敵のプロパガンダを非難するのに使われた。とはいえ、もっと記憶に残っているのは、ナチがユダヤ人や共産主義者のメディアを攻撃するキャンペーンで大々的にこの言葉を用いたことだ。イギリスでは、ロザラム、ロッチデール、テルフォード、さらにオックスフォードで起きたグルーミング・ギャング事件をメディアが報じなかったことが、[42] トミー・ロビンソンのような人間に「主流メディア」はレイピストの共犯だと非難するのに利用された。

アメリカでは、9・11やオバマの大統領就任、トランプの大統領選勝利といった二極化を促す出来事が決定的な転機となり、全国的な情報戦争がヒートアップした。調査ジャーナリストのデヴィッド・ナイワートは著書『オルト・アメリカ』のなかで、9・11の余波、初の黒人大統領に対するレイシストからの反発（バックラッシュ）、極右メディアの看板たちの人気の高まりが、「事実やロジックを超えた精神的空間、証拠というルールが被害妄想に置き換わった場所」の出現につながったと強く主張した。[43] 極右や保守系ソーシャルメディアのインフルエンサーたちがすぐさま、トランプに関するメディアの報道は偏っていて、一方的であり、公正ではないとの考えを喧伝した。トランプ本人と二人三脚で頭角をあらわしたこれらのオルタナティブニュースの表看板たちは、「嘘つきメディア（ライイング・プレス）」や「フェイクニュース」といった言葉を世に広めるのにひと役買った。

米世論調査機関ピュー・リサーチ・センターが2017年におこなった調査で、アメリカ人の3人に2人がソーシャルメディアからニュースを得ていることが明らかになった。[44] ペースの速い競争的な24時間のニュースの生態系（エコシステム）では、従来のメディア機関はスピードと報道の正確さを両立させるのに四苦八苦する。この厄介な報道環境をさらに悪化させるのが、メディアをだまし操作しようとする悪意ある企てだ。ときにトロールは、誤解を招くか、もしくは不正確な情報を、信頼できるソース、たとえばシンクタンクや地元のメディアにこっそり仕掛け、それがジャーナリストによってひんぱんに引用される。たとえば2018年2月にパークランド高校で銃乱射事件が起きてから1時間も経たないうちに、極右のトロールが世間の言説をハイジャックしようと計画を立てた。「［ユダヤ人の］数秘術と危機を演じる俳優（クライシスアクター）を探せ」と誰かが画像掲示板の8チャンに投稿した。この偽情報と難読化の手法は「ソースハッキング」と呼ばれるものだ。[45]

2018年12月、ドイツの有力誌「デア・シュピーゲル」が、受賞歴のある自社のジャーナリスト、クラース・レロティウスが引用や場所や場面、人物そのものにいたるまで記事の主要部分を捏造していたことを明らかにした。[46] このスキャンダルはヨーロッパ中のマルティン・ゼルナーのような極右の人間に、ジャーナリストは皆不正を働き、プロ意識に欠けていると決めつける格好の材料を与えた。[47] それからひと月後の2019年1月、ジェネレーション・アイデンティティのメンバーたちが、ジャーナリストに反対する全国規模のキャンペーンを開始し、国中のメディア機関の正面にポスターを貼りつけ、ベルリンで「ディ・ターゲスツァイトゥング」（TAZ）紙のジャーナリストひとりを襲撃した。[48] それと似たような、学術的研究への疑念の波が生じたきっかけは、2017年と2018年に3人の学者が、雑誌の学術的書評にプロセス上の欠陥があることを暴露する目的で「グリーバンス研究」と呼ばれる一連の虚偽論文を発表したときだ。レロティウスのスキャンダルと「グリーバンス研究」の件は特殊な例だが、マルティン・ゼルナーのような極右インフルエンサーは、ニュース記事も学術論文も信用できないことのまたとない証拠としてこれらを利用した。

その結果、民主主義制度そのものへの信頼が急激に落ちている。2018年、ドイツの極右活動家たちが、選挙プロセスが不正操作されたと訴えてパニックを拡散させ、フォロワーらに対し、ドイツのバイエルンとヘッセンでおこなわれる2018年の州選挙で選挙監視人になるよう呼びかけた。[49] 同時にスウェーデンのオルトライトが、国政選挙は不正であり、選挙で極右政党が権利を剝奪されるよう仕組まれているとの主張を拡散した。[50] ハーヴァード大学のドイツ系アメリカ人研究者ヤシャ・モンクは、著書『民主主義を救え』のなかで、西側の民主主義諸国の人びとは、その政治的代表者や制度にますます懐疑的になっているだけではないことを明らかにした。生活水準が停滞し、多民族民主主義に対する不安が募り、さらにはソーシャルメディアが台頭するにつれて、リベラルな民主主義というシステムそのものに対する人びとの信頼が徐々に衰退しているというのだ。[51]

この民主主義への信頼の危機がもたらすのは、反民主主義的なムーヴメントが栄える空気であり、急進的な変化を求める彼らの声はますます大きくなり、抗議運動はますます広がっている。この世界のトミー・ロビンソンたちはいよいよ声高になり、彼らに熱をあげる青年（ファンボーイ）たちが増殖している。ロビンソンがわたしのオフィスにやってきたのが10年前だったら、このメディアスタントもおそらくうまくいかなかっただろう。クィリアムは当時まだこの世になかったし、ロビンソンもまだイギリス国民党のイベントに参加していて、[52]ツイッター上のツイート数も1日5000前後を数えるだけだったということもあるが（今日では毎秒6000ツイート）、[53]それだけでなく、報道機関が丸裸にされ、ジャーナリストが面目をつぶされるところを見たがる視聴者が、まだそれほどたくさんはいなかったからだ。

第6章

ミーム戦争——ヨーロッパ最大のトロール軍団

「まったくひどい話だよ」とO（オー）が言う。「世間の人の頭のなかでは、トロールがヘイトや有害なナラティブの拡散と結びついてるんだ」。Oは世にいるごく少数の左寄りトロールのひとりだ。

「ならあなたはどう思う？　多くのトロールが政治的な動機を持ってるのかな？　それともただ楽しいから参加してるだけ？」。それをわたしは知りたい。

「いい質問だね」とOが言う。「ときどき僕も考える。連中はもともと極右になる要素を持っているのか、それとも一日中こうした洗脳材料に触れているせいで、外国人嫌いや人種主義者（レイシスト）、陰謀論者になるのかなって。多くの極右ユーチューバーは、ディスコード上のＡＭＡ（何でも訊いて（アスク・ミー・エニシング））のセッションをホストしてるから、それがトロールコミュニティの最近の過激化にひと役買ってるのかもしれない」

初めてOに会ったのは、「オルトライトリークス」という名称のツイッターアカウントを介してオルトライトの内輪のディスカッションをリークすることで、彼らのトロール軍団の活動を明るみに出そうと一緒に動いていたときだ。[*1] それから数年経ったいま、Oはトロール界と強いつながりを持つユーチューバーのネットワークに入っている。多くのユーチューバーがトロールになり、多くのトロールがユーチューバーになる、とOが教えてくれる。Oによれば、ユーチューバーのコミュニティはジャーナリズムの世界と似ているそうだ。「誰も彼もが知り合いなんだ」

ユーチューブは、極右の過激主義者にとってインターネットのなかでも最高級の温床だ。[1] 毎月のユニークビジター数〔重複しない訪問者数〕が18億を超えるこのプラットフォームは、世界人口の4分の1近くを惹きつけていることになる。[2] ただし、そのアルゴリズムが「保守」と「極右」を区別できないのは困ったものだ。[3] ノースカロライナ大学のテクノ社会学者ゼイナップ・トゥフェックチーは、ユーチューブのアルゴリズムが過激なコンテンツを優先的に扱うことでいかに過激化を煽っているかを、説得力を持って明らかにした。自己実験により、彼女は自動再生機能というウサギの穴を降りていった。最初に主流派のコンテンツを検索していたのだが、ユーチューブは「白人至上主義者の暴言やホロコースト否定論、そのほか不穏なコンテンツ」をお勧めしてきて、それらを自動的に再生しはじめたのだ。[4]

あなたが最初に観たのがクリントンの動画でもトランプの動画でも、最後にはトランプの動画にたどりつく可能性が高い。これはそもそも政治的なトピックにかぎったことではない。入り口の薬物（ゲートウェイ・ドラッグ）は政治とは無関係な場合が多い。たとえば、ゲームの動画から過激なコンテンツに行きつくこともある。「興味をそそられて、わたしは政治色のないトピックで試してみた。ところが基本的に同じパターンがあらわれた」とトゥフェックチーは書いている。たとえば最初はジョギングについての動画を見ていても、最後にはほぼ間違いなく過激なパルクール*2やウルトラマラソンの動画を見ることになったりする。あるいはベジタリアンの料理番組を観ていたら、その日の終わりには過激な完全菜食主義者になるように勧められているかもしれない(5)。

ユーチューバーと違ってトロールは、ワールド・ワイド・ウェブの黎明期から存在する。1990年代の半ば、トロールはデジタル空間のただの中傷屋（ミスチフメーカー）にすぎなかった。2000年代の初めになると、組織化された最初のトロールネットワークとインターネットカルチャーが、画像掲示板の4チャンやハッカー集団「アノニマス」を中心に誕生した。大半のトロールは、たんにタブー破りや悪ふざけやジョークが目的だった。トロールコミュニティができ

*1 現在の「オルトライトリークス」のツイッター・アカウントはアメリカのアカウントであり、もともとのヨーロッパを中心とした「オルトライトリークス」のアカウントとは関係がない。〔原注〕

*2 走る・跳ぶ・登るといったアクロバティックな動きが特徴のスポーツ。

て間もない時期は、それは愉快で陽気なものだったし、ひたすら愉しむだけのものだった。たとえ彼らの活動で誰かが生贄にされたとしても、いちばんの動機は、退屈しのぎであって政治的活動を勢いづけるものではなかったのだ。[6]

　ここ数年のうちにそれが劇的に変化している。２０１６年のアメリカ大統領選以降、荒らし行為（トローリング）のかたちをとった政治戦争が新常態（ニューノーマル）になっている。２０１５年から２０１７年にかけて、ロシアのインターネット・リサーチ・エージェンシー（ＩＲＡ）とつながりのあるトロールアカウントによって拡散された、対立を生むソーシャルメディアコンテンツが、アメリカ人の３分の１に届いていた。連邦下院諜報委員会は、ＩＲＡと関係するツイッタートロールのアカウント３８４１件のリストを公表した。アカウントを分析した研究者らは、異なる行動パターンを持つ５つのタイプのトロールを特定した。右派のトロール、左派のトロール、ニュースフィード、ハッシュタグゲーマー、そしてデマ飛ばし屋（フィアモンガー）だ。[7]

　ヨーロッパ最大のトロール軍団「レコンキスタ・ゲルマニカ」は、明確な政治的目標を持っている。「彼らは危険だと思う？」とＯがわたしに尋ねる。

「あなたはどう思う？」とわたしが訊き返す。

「そうだな、連中には僕の名前を握られたくないね」。ネオナチのトロールの標的になるのを恐れて、彼の本当の名はほとんどの人に――彼の一部の友人にすら――知られていない。

ワッツアップで彼はふたつの偽名を使っている。

これはとくに珍しいことではない。トロールは自分の現実のアイデンティティを隠すためならなんでもやるし、オンラインのごく身近な同胞にすらも明かさない。ドイツで人気のユーチューバーでトロールのディ・ブルゲーレ・アナリーゼ（TVA）は、コーランを燃やし、イスラム嫌悪やミソジニーのコンテンツを流すことで知られているが、やはりふたつの仮想プライベートネットワーク（VPN）を使っている。どんなトロールにとっても最大の悪夢とは、自分のオンライン上のアイデンティティと現実のアイデンティティとをマッチングされることだ。

「ドキシングってこと？」

「そのとおり」とOが答える。

彼の名前をリークしないと約束し、それからゲームアプリ「ディスコード」上にあるレコンキスタ・ゲルマニカの戦闘ルームに入ってみた。

わたしの分身(アバター)アカウントは、最高司令官ニコライ・アレクサンダーの日々の命令に従う7000人のバーチャル兵士のひとりだ。わたしはイザベラI世と呼ばれていて、これは15世紀後半のカスティーリャ王国の女王にちなんだ名前だ。彼女と夫のアラゴン国王フェルナンドII世は、スペインで暮らすムスリムとユダヤ人の改宗や追放を命じ、いわゆるレコンキスタ、すなわちキリスト教徒によるイベリア半島の再征服を完了したことで知られている。要するにレコンキスタ・ゲルマニカとは、壮大なLARP、つまりライブアクションロールプレイングゲーム*3という触れ込みなのだ。

「レコンキスタ・ゲルマニカの公式ディスコードサーバーにようこそ。ここはドイツ最大の愛国的サーバーです。さあ、あなたはもうレジスタンスの仲間になったのです」と初日にボットがわたしに挨拶してきた。公式の選抜基準によれば、「あなたの愛国的アイデンティティを嘘偽りなく説明することが、アクセス許可の鍵となります」

「はじめまして（ハイ）！　このLARPの隊員（クルー）になるにはどうすればいい？」と勧誘係に尋ねてみる。

「やあ、こんばんは。きみについて何か話してくれる？　どうやってここに来たの？　歳はいくつ？　これまでLARPしたことある？」

わたしは申請文をすばやく打ち込む。

はじめまして（ハイ）、わたしはKrautpol経由*4で来ました。このリンクが面白そうだったので。わたしは19歳、まだLARPをした経験はないけれど、でもお役に立てると思います。わたしはオーバーアマガウ〔ドイツ南部バイエルン州の村〕の出身で、いまはミュンヘンに住んでいて、ここで保険会社のマーケティングアシスタントをしています。わたしのフェイスブックのアカウントが先週続けて2度ブロックされて、フェイスブックに送ったメッセージにはまだ返信が来ていません。でもギャブには登録しています。難民キャンプの隣のパージング地区に住んでいるので、それがおそらくわたしがここに来たことの説明になると思います。

「了解、マイク付きのヘッドホンある？」

「もちろん」

「オーケー、なら今晩、音声通話しよう」

準備の時間があまりなかったが、それでもミュンヘンにある保険会社を急いで調べ、マーケティング業界の単語やフレーズの簡単なリストをつくり、ラップトップでグーグルアースのパージング地区の地図を開いておいた。

ガルドデュコープス（衛兵）と名乗る勧誘係が、音声チャットでわたしを待っているあいだ、彼がバイエルン出身である確率を計算してみた。バイエルン人はドイツで1200万人

＊3　現実世界でゲームの登場人物になって遊ぶロールプレイングゲーム（RPG）。
＊4　4チャンの政治スレッドのひとつ。

で、ドイツの人口は現在ざっと8200万人。約15%ってところか。祖母の方言を思い出しながら、わたしはマイクのスイッチを入れる。

「ハロー。レコンキスタ・ゲルマニカに入りたいんだね」。ドイツ北部のアクセントだ。神さまに感謝。抑えた口調だけど、感じはよさそうだ。いったい何歳(いくつ)ぐらいだろうか。

わたしはきついバイエルン訛りでいくことに決めた。「グリヤスデ」。これはバイエルンの方言で「こんにちは」と言う意味だ。

「愛国主義者になるのは、きみにとってどんな意味があるの?」

「自分が受け継いだ文化を大切にして、この国を守りたいから」とわたしが答える。一言ひとこと、発音に気をつけながら。

「何か愛国的な運動に参加してる?」

「いいえ、いまんとこ何も」と言って、ちょっと間を置いてから「でもどんなものか見てみたくて。だからここに来た」

「『わが闘争』とか『資本論』といった本について聞いたことある?」

「ええっと、たしか学校で話し合ったことはあるかな」

「なら読んだことは?」

「全部ってわけじゃない。もう一度読み返したほうがいい?」

「そうするといいよ。でも忘れないでほしいんだけど、そこからきみが何を理解したとしても、このチャンネルでこうした本を引用したり話題にしたりはしてほしくないんだ」

「そう、わかった」。国民社会主義のキーワードが使われるたびにセキュリティチームに警告するトラッカーをディスコードが採用していないか心配しているのだ。実際、採用しているはずだ。このゲームアプリのパブリックポリシーマネージャーを務めるショーン・リーが、2017年の1月にサンフランシスコのオフィスでわたしにそう説明していた。

北ドイツ訛りの勧誘係は、わたしの家族や政治的傾向、それからわたしのマーケティングスキル、そしてこの運動にわたしがどんな貢献をできそうかを尋ねたあとに、予想外のことを訊いてきた。「自分のことをどう思う？　ガチガチの保守？　それとも革新派？」

戦間期におけるドイツ保守派の革命運動がふと頭をよぎる。ドイツの文化史学者アルトゥール・メラー・ファン・デン・ブルックが『第三帝国』を書いたとき、新たな国家という彼の発想は、右翼のナショナリズムと左翼の社会主義を結びつけることで、保守のイメージを刷新（リブランディング）した。ファシズムと同様にイスラム過激主義もまた、保守と革新の考えを結びつけている。たとえば1979年のイラン革命は、左派と右派の根本的に異なる価値観の妥協点を見つけようとする慎重かつ巧妙な試みだった。その結果生まれたイラン最高指導者アーヤトッラー・ホメイニーのもとでのイデオロギーは、社会主義とイスラム主義の斬新な融合であり、[8] しばしば「実用主義的原理主義（プラグマティック）」[9]とか「反リベラルな民主主義」[10]などの矛盾した表現によって説明される。多くの急進的な運動の方向は、「過去へと再び向かう（フォワード・トゥ・ザ・パスト）」か、少なくとも過去の再解釈に向かっている。

「ひとつの主義が別の主義を邪魔するとは思わない。この国のアイデンティティや受け継がれる文化を守りたいという意味ではわたしは保守だけど、急進的な変化を支持する点では革新派だから」

「どう思う？」と勧誘係が沈黙に呼びかける。そのとき初めて、この通話にいるのはわたしたちだけではないのだと気がついた。ほかにふたりの勧誘係がずっと会話を聴いていたのだ。わたしの素人くさいバイエルン訛りの真似ごとに、誰かが気づいた確率が高くなる。

沈黙が続く。「まだそこにいるよね？」。どこからも返事がないが、誰かがキーボードを打つ音がする。

「オーケー、合格だ」

この勧誘係が行動規範とヒエラルキーをわたしに説明してくれる。「ネオがきみの窓口になる。質問したいことや何か考えが浮かんだときは、いつでも彼に連絡がとれるから」。ネオもこの通話にいるのだが、まだひと言も発していない。

「わかった」。こうしてわたしは、レコンキスタ・ゲルマニカの「バーチャル軍団」の仲間になった。

２０１７年9月に極右の有名なユーチューバー、ニコライ・アレクサンダーによって創設されて以来、このグループは政治的エリートや左翼活動家に対する全面戦争を宣言している。ほんの数日で彼のトロール軍団は数千人のメンバーを集め、彼らには軍隊の階級が与えられた。

「第一に、きみにはメンバーを集める手段が必要で、第二に、きみには彼らとつながる空間が必要で、第三に、きみには明確なミッションが必要だ」とニコライがわたしのもうひとりの分身（アバター）である、フレンチ・クレアにメールで説明してくれる（わたしには半ダースの異なるアバターがあるのだが、なかでもとくに信用してもらえそうなものがあって、状況に応じてそれらを使い分けている）。「僕はユーチューバーだから、この場所（プール）を使って人を集める。でもほかにももちろん、いろんな方法がある。きみは大学の構内で人を集めて、カフェで連絡をとりあってもいい」。信頼できて文句なく頼れる人間からなるチームを自分のまわりに築くことが肝心なのだと彼は言う。絶対数よりも、一人ひとりのメンバーの質のほうが重要なのだ。「10人のクリエイティブでよく働く勇敢な人間は、１００人の怠け者より価値がある」。彼はまた、ネオナチのトロール軍団を立ち上げることのマイナス面についても警告する。それはあらゆるリスクが伴うものだ。「だから匿名でいることをお勧めするよ——少なくとも最初のうちは」

わたしが通報しはじめてから、ディスコードは複数回このチャンネルを削除しているが、それでも何度も何度も名前を変えてはあらわれる。そのあいだに入会手順がますます厳しくなったが、会員数は増え続けている。「現在の軍団人数は10845人、そのうち4200人が上等兵だ」と最高司令官からのメッセージに書いてある。

レコンキスタ・ゲルマニカにとっての最初の記念碑的出来事とは、2017年9月のドイツ連邦議会選挙を控えた時期に、オンラインの言説に影響を与えたことだ。選挙前の数週間、トロールたちは、でっち上げげた話や、反メルケルのミーム、極右のハッシュタグをソーシャルメディアでトレンドの上位に押し上げることに成功した。コンテンツを最大限に拡散し、トピックの重要性を認識させるようコンピュータ・システムを操作するのは、わりと簡単だ。たとえばフェイスブックやツイッターの「トレンディング・トピック」機能のおかげで個人ないしグループは、それが正しいかどうか、どんな意図があるのかを問わず、あるトピックやコンテンツに広く世間が興味を持っているとの印象をつくることができる。[11]

偽情報を拡散し、不和の種を蒔くことで、彼らはオンライン上の政治議論を、極右のポピュリスト政党「ドイツのための選択肢」（AfD）を支持するものに変えることができた。彼らのハッシュタグのうち、7つがドイツでトレンドの上位にあがった。なかでもとくに成功したハッシュタグは、#TraudichDeutschland（ドイツよ挑戦しろ）、#nichtmeinekanzlerin（首相失格）、#merkelmussweg（メルケル去るべし）、#reconquista（レコンキスタ）だ。結局ＡｆＤの公式アカウントまでもが、このハッシュタグやコンテンツの一部をシェアし、それがさらにキャンペーンの拡散を後押しし、みごと主流に乗せたのだ。ユーチューブのチャンネル「ＡｆＤテレビジョン」は、どうやらバイエルンのあるＡｆＤ党員が運営しているようだが、このグループのサーバーの宣伝までしていた。(12)

２０１８年の春、彼らは新たな攻撃を計画している。

おはよう、同志たち。（…）今年の夏の攻撃を開始するときがきた。深夜の議論で最高司令官は、あらゆる必要な手順について決断をくだした。（…）私がすべき最初の仕事は、Blitztotalstvideoを撮って（…）最大限に関心を引きつけ、新たな兵士を集め、オンライン界とオフライン界の両方で攻撃を仕掛けることだ。ドイツの壁という壁をポスターで埋め尽くすのに、いまこそ絶好の時期である。レコンキスタの公式ビラがちょうど届いたばかりだ。（…）２０１８年にレコンキスタ・ゲルマニカは、ついに歴史を紡ぐ機会を手にするだろう。

グループのメンバーには、ネオナチやソヴリン市民[*5]から、単純な愛国主義者やAfDの熱狂的支持者までいて、皆がオンラインキャンペーンに手を貸す方法を探している。なかには自分の過激な考え方を隠そうともしない者もいる。ナチのシンボル、ホロコーストを否定する文献、人種戦争の宣言が見受けられるのが、こうしたチャンネルの特徴だ。「だからいつもこう勧めてるんだ。ナイフを持っておけって」と、彼らが「危機予防センター」と呼ぶ場所でユーザーのひとりが書いていた。自分用のスタンガンの作り方の説明とか、銃やその他の武器を持つようにとの勧告がグループ内で流れていた。とはいえ大半の活動家は、とくにドイツの厳しいヘイトスピーチ法のもとでは慎重になる必要があることも承知している。「この動画は削除すべきだ」と、2018年5月にユーチューブのライブ配信セッションを終えたあと、メンバーのひとりが言う――そのライブチャットはナチのシンボルや人種差別的な中傷で溢れていたのだ。

ただし他のユーザー、とりわけ若いメンバーのなかには、政治的な理由からここにいるわけではなさそうな者もいる。彼らの大半にとっては、コミュニティや友情、帰属意識が大きな役割を持っているのだ。ネオのような多くのメンバーが、そこに自分たちがいる理由は「同志全員のコミュニティや親睦」にあると書き込む。またこんなふうに言う者までいる。「この運動は僕の人生にとてもポジティブな影響を与えている。きみたちはとにかく最高だよ」。ヒエラルキーと軍事用語がこのコミュニティに枠組みを与えていて、多くの者がそこに魅力を感じている。「このサーバーの構造が好きなんだ。自由と称するものについて僕らに嘘をついたりせず、ヒエラルキーを隠そうともしない。それに、僕らの最高司令官のことも好きだよ。最高司令官、万歳！」とヴァーハイツカンプと名乗る者が書き込むが、このユーザーネームは翻訳すれば「真実を求める戦い」だ。

　厳格なルールと指揮系統にメンバーたちが胸躍らせるのを眺めながら、わたしは「ザ・ウェイブ」という社会実験を思い出さずにおれなかった。１９６７年にカリフォルニア州の高校の生徒約30人をファシスト組織に変えた実験だ。歴史教師のロン・ジョーンズは、ナチがいかに彼らのイデオロギーを大衆に押しつけるのに成功したかを証明したいと考え、「規律による力、コミュニティによる力、行動による力、誇りによる力」とのモットーを掲げる運動を立ち上げたのだが、ほんの数日後には、それが手に負えないものになった。この運動は教室の外に何百人もの支持者を集め、生徒たちは規則に従わない者をいじめるようになったのだ[13]。

　レコンキスタ・ゲルマニカは一見ゲームのように見える。愉快な実験、ただのＬＡＲＰでそれ以上の何ものでもないと。明確なターゲットが設定され、成功が祝福され、とくに優秀

＊5　自分たちは国の法律が適用されない「主権者（ソヴリン）」だと主張する人びと。

なバーチャル兵士には報酬が与えられる。上の階級にあがり、優れた成績をおさめれば、将校や将軍にだってなれるのだ。競争的な環境だが、それでも共通の敵がいて、目標を共有するおかげで一種の連帯感が生まれる。オンライン世界の征服にすべてのメンバーが成功すれば、いつの日か現実世界にもそれが反映されるだろうとニコライ・アレクサンダーが約束する。だがまずは既存の権力構造を変える必要がある。多くの過激主義運動と同様に、レコンキスタ・ゲルマニカもまた、プロパガンダや新兵勧誘やミッションをゲーミフィケーションする術（すべ）を見つけている。

心理学的研究によれば、階級章（バッジ）や順位表、成績グラフなどの具体的なゲームデザインは、顧客の参加とブランドへの忠誠を最大化させる強力なツールになりうることがわかっている(14)。過去10年のあいだに大半のブランド企業やメディア機関が、人間のモチベーションやパフォーマンスを高めるために双方向的なゲームの要素をとりいれている。過激主義者やテロリストの組織を含めた政治運動もまた同じことをやっている。競争を煽る採点法や報酬制度だけでなく、ゲームの用語やイメージをどんどん使用するようになっている。イスラム主義や極右の強硬なフォーラムのほとんどが、ポイント制の評価システムを採用している。白人至上主義者のフォーラムでは、ストームフロントのユーザーたちが「有名になるのも近い」から「文句なしの名声を誇る」まで、さまざまな地位を獲得できるし、イギリスのイスラム主義サイトのサラフィー・メディアは「原理主義メーター」を採用し、ユーザーのエンゲージメントレベルをランクづけしている。[15]

さかのぼること２００３年には、アルカイダがビデオゲーム「サダムを探せ（クエストフォーサダム）」の配役を逆転させて、自分たちのバージョン「ブッシュを探せ（クエストフォーブッシュ）」をつくった。[16]ＩＳＩＳはジハードを呼びかけるさいに「コール オブ デューティ」のような戦争をテーマにしたシューティングゲームを引き合いに出し、またコーランの引用にゲーム用語を混ぜたり、自分たちでビデオゲーム「サリール・アッ・サワーリム（剣戟（けんげき）の響き）」をつくったりもした。同様に極右のゲーマーは、自分たちのお気に入りのビデオゲームの人種差別的な改造版（ＭＯＤ）をつくっている。たとえばネオナチのウェブサイトのデイリー・ストーマーは、ゲーム「ドゥーム２」のＭＯＤを自分たちで設計し、「ユダヤ人至上主義との戦い」とタイトルをつけた。[17]ゲーム「ハーツ オブ アイアンⅣ」では、プレーヤーは20世紀の政治状況をつくり変えることができる――たとえばヒトラーに有利になるようにとか。あるユーザーは、そのオルタナ流の21世紀版ＭＯＤ、すなわち「２千年紀の夜明け（ミレニアム・ドーン）」に「最高だ」とコメントしたが、それは「人種的優越感に浸れる」からだという。こんなコメントもあった。「ジェノサイドのオプションがたくさんあって最高に楽しいよ[18]」。４チャンのトロールのなかには、２０１７年の春にアフリカ系移民に対して発砲事件を起こしたネオファシストのイタリア人テロリスト、ルカ・トライーニの顔を、ビデオゲーム「ゴッド・オブ・ウォー」のパッケージのキャラクターの顔に貼りつけ、これを「ゴッド・オブ・レイス・ウォー」に改名した[19]。ソーシャルメディアの研究者アーメド・アル＝ラーウィは、こうしたゲーミフィケーション戦略を「荒らし（トロール）、炎上（フレーム）、エンゲージ」と呼んでいる[20]。

レコンキスタ・ゲルマニカはゲームと似通った性質を持つとはいえ、その影響は現実のものだ。機密通信の傍受やサイバー脅威をおもに扱うイギリスの諜報機関ＧＣＨＱからリークされた証拠を用いて、政治的支配層（エスタブリッシュメント）に対する情報戦争をもっとも効果的に遂行すべく[21]、トロールたちが連日新たなターゲットに狙いを定めている。被害者は、難民からテレビ司会者までさまざまだ。それから将軍やその下の将校たちは、一連のハッシュタグと時間帯（タイムスロット）を知らせることで、組織的キャンペーンを仕掛けることができる。ソーシャルメディアプラットフォームのアルゴリズムを罠にかけ、彼らのコンテンツを優先させるよう仕向けるのだ。それによって自分たちの挑発的な投稿やコメントを、従来の支持基盤を超えた広い視聴者の目に触れさせることができる。自分たちのコンテンツの拡散を最大化させるべく、彼らは偽アカウントや侵入戦術を駆使している。「サッカーやバーベキューやパーティ、カール・マルクスやその手のことを投稿する、ごく普通のアカウントのふりをするだけさ」

変化を起こすための彼らの戦略は心理戦争にもとづくものだ。最高司令官のニコライ・アレクサンダーは次のように説明する。

きみたちを邪魔する人間をすべて厄介払いはできないし、たとえできたとしても、それは賢明なことではない。むしろ一発の弾も撃たずに相手に勝つのがベストなのだ。つまり、合法的、あるいは少なくとも準合法的な手段で勝つ必要がある。（…）士気の喪失、支配体制の転覆、潜入を通してだ。すなわち敗戦気分を広めることで、敵のやる気を削ぐことが必要なのだ。たとえば、そんなものは何の意味もないとか何の解決にもならないから、ただ放っておけと言うことで。理想を言えば、非難と組み合わせるといい。たとえば、おまえは敵の味方をしていると責めるのだ。それからもちろん中傷も。何もかもに疑問を持たせ、酷評し、非難するのだ。指導者にまつわる不満やいらだち、疑念のタネをまくのだ。この攻撃戦術を指す言葉は「建設的な批判」であり、これはフランクフルト学派の概念である。それからメンバーをたがいに闘わせ、論争を煽り、派閥をつくらせ、裏切り者を引き立て、体制擁護派を追い出すのだ。自分たちに利するよう、あらゆることに影響力を振るい、重要性の高い組織をアウトソースさせるなどの手段を講じる。そしてもちろん、スパイ活動や偽情報、嘘や中傷――ありとあらゆる手を使う。これが運動をサボタージュし破綻させる戦術やからくりである。(22)

彼らの活動の一部は、『メディアゲリラ戦争のハンドブック』と呼ばれるものに依拠している。これはデジタル空間で情報作戦をおこなうためのプレイブックで、2017年のドイツ連邦議会選挙を控えた数週間前にアイデンティタリアンたちが出版したものだ。[23]「われわれは皆、インターネット上で獲物をトロールするのが大好きだ。この活動には数多くの呼び名がある。トロール、クソカキコ（シットポスト）、ファックウィズ、ミーム戦争（ウォー）を仕掛ける、あるいはたんにおちょくる（テイク・ザ・ピス）、など」と序文にある。この本はサイバー空間での「大規模空爆」や「スナイパーミッション」について語っている。たとえばスナイパーミッションとは、「強大な敵のアカウント」をターゲットとする、言葉による攻撃のことで、その目的は、標的となった人間にバツの悪い思いをさせ、その信用を失墜させることにある。かたや大規模空爆のための指示では、「敵のアカウント、すなわち政治家や有名人、主流メディアなどを直接標的にして、コメント欄にスパムを送りつける」ことを推奨する。異常に活発な投稿に対する除去システムを回避するために、すべてのトロールは、ツイートを2回か3回したらアカウントを変えるよう忠告される。[24]

極右トロールにとってミームとは、オンライン上で操作に使える重要なツールのひとつであり、彼らは「左派はミームができない」と始終言っている。[25] ここ10年のうちに、国の治安機関や国家間の軍事同盟は、情報戦争においてミームが果たす強力な心理学的潜在能力を日増しに理解しはじめている。2011年に軍事ロボット工学の専門家ロバート・フィンケルスタイン博士は、新たな米軍部隊、通称「ミーム・コントロール・センター」の創設までをも提案した。当時これはばかばかしい発想のように思えたが、そうこうするうちにミーム戦争は、人間の態度や行動に影響を与え、国家ならびに国家以外の主体のどちらにとっても、オンラインの戦場でナラティブや社会統制をめぐる競争に勝つための、ごく一般的なツールになっている。(26)

2016年のアメリカ大統領選では、トランプ支持者が選挙に揺さぶりをかけるべく、インターネットカルチャーをプロパガンダのために兵器化した。(27) 彼らは真実と権力についての世間の認識に影響を与える目的で、ミーム・キャンペーンをいくつか仕掛けた。これを4チャンは「ミーム大戦争」と呼んだ。(28) 伝説的な#MAGA（メイク・アメリカ・グレート・アゲイン）のハッシュタグが、同じコミュニティから飛び出した。

スタンフォード大学の卒業生ジェフ・ギーゼアは、「年がら年中、他人に感じよくしていることにうんざりし」、「トランプ主義は西側文明を救う唯一の実践的で道徳的な道」だと考え、MAGAの会合を組織し、トランプを支持するミームトロール軍団の創設に首尾よく手を貸した。(29) 1億6000万件の保存された画像や動画を2018年に分析したある調査から、

4チャンの掲示板 /pol/ やサブレディット〔レディット内のコミュニティ〕/The_Donaldのような周縁フォーラムから主流のプラットフォームまで、インターネット上の極右トロールは、レイシストや反ユダヤのミームをきわめて効果的に拡散したことが判明した。(30)

社会人口統計学的な調査によれば、男性はヘイトコンテンツを作成しオンライン上に拡散する可能性が女性よりも1・76倍高いことがわかっている。(31) 別の調査では、男性はナルシシズムの度合いが高いために、荒らし行為などの反社会的なフェイスブック活動に従事する傾向が強いと結論された。(32) 一方で、女性はオンライン上のヘイトの被害に遭う可能性がより高い。ピュー・リサーチ・センターの調査によれば、女性はオンライン上でのストーキングやセクシャルハラスメントを、男性よりもはるかにひんぱんに経験することがわかった。(33) アムネスティ・インターナショナルとカナダのスタートアップ企業エレメントＡＩの研究者が到達した結論は、さらにショッキングなものだった。２０１７年には、女性の政治家やジャーナリストが30秒に1回もの頻度でツイッターで中傷被害に遭っていたという。合計して１１０万件の悪意に満ちたツイートが、イギリスとアメリカの注目を集める女性たちに届いていた。そこにはイギリスの女性下院議員とアメリカの女性下院議員全員が含まれていた。(34)

ジェネレーション・アイデンティティのメディアゲリラ・ハンドブックがとくにターゲットとして推奨するのは、「大学を出たばかりの若い女性だ。彼女たちは第一のえじきだ。あまり我慢するのに慣れていないし、簡単にめった斬りできる」。ハンドブックはさらにこうアドバイスする。「使える手はすべて使うこと。何もやり残してはいけない。家族は弱みであることが多い。敵に対して使えそうな侮辱の言葉のレパートリーを用意しておくこと」[35]

ヨーロッパやアメリカ全体で、多くの一目置かれる女性のアーティストや活動家、政治家が、オンライン上で繰り返しトロールの標的にされている。イギリスの歌手リリー・アレンは、オンライン上での嫌がらせの嵐に何度も悩まされたすえに、ツイッターを去ることにした。そのなかには息子を死産したことにまつわるものまであった[36]。イギリスの保守党下院議員ニッキー・モーガンは、2017年にブレグジットに反対する立場をとって以来、度重なる殺害の脅迫や侮辱的なツイートの被害に遭った[37]。

だがこうしたキャンペーンはなにも有名人にかぎったものではない。極右の戦術についての論文や記事をわたしが発表するたびに、それから数日間、わたしのソーシャルメディアのアカウントやメールの受信トレイは、悪意に満ちた罵りのメッセージで溢れるとわかっている。レコンキスタ・ゲルマニカについて治安当局に通報し、その活動について公に注意を促したあと、わたしはさまざまな殺害や性的暴力の脅迫を受けた。「気をつけるんだな、ユリア」とあるツイートが、タコにレイプされている女性の画像を載せた。「俺たちの触手はロンドンまで、いや世界中のどこにでも伸びているぞ」。それから数日のうちに、戦略対話研究所（ＩＳＤ）のオフィスは警察の保護下に置かれ、わたしたちはセキュリティ対策をいちだんと強化した。チーム全体への脅迫メッセージには、次のような匿名の投稿もあった。「やあＩＳＤ、おまえたちにプロの俺が『心理的誘因』についてアドバイスしてやろう。お前たちにはひとり残らず死んでほしいし、何が起きても知らないからな」

全体ではオンラインユーザーの40％が、軽度から深刻なものまでオンライン上の嫌がらせに遭ったことがあり、70％以上はそれを目撃したことがあるという。[38] ニュース記事のコメント欄をざっと見ただけで、ヘイトスピーチはデジタル時代にあまねくはびこる現象だとつい思ってしまいがちだ。とはいえソーシャルメディアのいたるところで目につくヘイトは、じつはかなりの誤解を招いている。多くの場合、悪意あるコンテンツを拡散させているのは、ごく普通のユーザーではないし、むしろニュース欄の悪意あるコメントのほぼすべてを占めているのは、過激主義の周縁組織によるものだ。

実際、ごくごく少人数の集団が、オンライン上のヘイトスピーチの大部分にかかわっている。フェイスブックのコミュニティ#ichbinhier（わたしが来た）と合同で実施した調査でＩＳＤは、フェイスブックに載せたドイツのニュース記事のコメント欄に並ぶヘイトに満ちたコメントについた「いいね」の50％以上が、アクティブアカウントの５％による仕業だったことを発見した。[39] このことはフェイスブックの何百万人のユーザーの頭のなかの事実を歪曲し、オンラインのディスカッションカルチャーに影響を与え、政治家やジャーナリストに圧力をかけている。レコンキスタ・ゲルマニカは、ソーシャルメディアに自分たちが相応以上の影響力を行使できることを充分認識している。「このサーバーの良いところは、僕たちがつながることができ、たがいに孤立しないですむことだ。戦略的に大きな利点だよ」とトロール軍団のメンバーが書き込む。

レコンキスタ・ゲルマニカは、ヘイトを煽り、分断を焚きつけ、でっち上げの話を拡散する、ドイツではオンライン上に数十あるトロール組織のひとつ、そして世界では数百ある同様の組織のひとつにすぎない。オルトライトは、グローバルなネットワークやコンテンツ共有プラットフォームを構築し、国際的なつながりを強化するのに長けている。たとえばレコンキスタ・ゲルマニカは、スコットランドのオルトライトブイロガー、ミレニアル・ウーズと手を組んで、アメリカの白人至上主義の編集者ジャレッド・テイラーに接触したのだが、テイラーはオルトライトのドイツ版組織があると聞いて感動していた。オルトライトリークスが彼らのつながりを暴くコンテンツをリークしだすと、ミレニアル・ウーズはすぐさまレコンキスタ・ゲルマニカとのあいだのすべての公開チャットを削除した[40]。

ヨーロッパのトロール軍団が使用する戦術は、アメリカのオルトライトのものとよく似ている。後者のプレイブックは、誰も知らないようなデータ共有プラットフォームの随所で見つかるし、国際的な極右トロールコミュニティでは選挙操作キャンペーンのバイブルとして重宝されている。たとえば、ある人気の戦術は、トレンド入りしたハッシュタグを過激主義のハッシュタグと組み合わせ、主流の話題をもっと過激な話題にリンクさせるというものだ。別のよく使われる手法は、敵のハッシュタグをハイジャックするもので、「ハッシュタグ・スタッフィング」と呼ばれている。[41] フランスやドイツ、イタリア、スウェーデンの選挙に先駆けておこなわれたヨーロッパのネオファシストのトロールキャンペーンも、アメリカの同胞と同じエコシステムや語彙、画像や動画を使っていた。[42] トロールは通常、4チャンや8チャン、レディットなどの画像掲示板で同調者を募ったのちに、ディスコードやテレグラム、ワッツアップの暗号化されたチャットルームに会話を移し、そこで見つかることなく組織化し、作戦を計画する。そして最後に、幅広い視聴者を取り込むべく、フェイスブック、ツイッター、インスタグラムといった主流のソーシャルメディアプラットフォームでの作戦に乗り出すのだ。

　オンライン上のディスカッションに影響を与え、自分たちの考えを主流に乗せようとするのは、極右の活動家だけではない。彼らが誰よりひんぱんにそれをおこなっているとしてもだ。[43] イスラム主義組織もまた、過去には視聴者を広げ、メディアの注目を集めようとソーシャルメディアでインフルエンサー作戦を開始し、成功してきた。2018年4月、14歳未満の少女のヘッドスカーフを禁止するか否かについて物議を醸す論争が、ドイツのある州の統合省による提案がきっかけで発生した。国際的なイスラム主義組織ヒズブ・タフリールとつながりのあるドイツのイスラム主義組織ジェネレーション・イスラムは、「憤怒の週末」ならびに「ツイートストーム」を呼びかけて、これに反応した。彼らはハッシュタグ#NichtOhneMeinKopftuch（ヘッドスカーフなしはダメ）を使った組織的なキャンペーンを開始したが、それはたった1日で10万件を超えるツイートに使われたことが、ISDのわたしたちの調査で判明した。

スプートニクやロシア・トゥデイなどのロシアのメディアやオルタナ・ニュース機関もまた、トロールの声をさらに拡大させている。とはいえ従来のメディアにも責任の一端はあり、クリックベイト[*6]の記事を競って出した結果、オルトライトのアカウントや言語、ミームをはからずも生み出している。2018年にはオルトライトのトロールたちが、リベラル活動家をからかうために、グレーのアバターのついた（プロフィール写真なしの）数百ものツイッターアカウントをこしらえた。そしてこれらをすべて「NPC」（ゲーム用語で「ノンプレイアブルキャラクター」）と呼んだ。ツイッター社が1500件のこうしたアカウントを削除し、さまざまな国際的な報道機関がこの話を報じたあと、この新たなNPCのミームが世界的に

＊6　扇情的なタイトルをつけてアクセス数を増やす手法。

有名になった。似たようなことがOKを示す手のジェスチャーでも起きた。極右のトロールたちが、もとは作り話だったものにメディアが大々的に注目するよう仕向けたことで、これをホワイトパワーのサインとして世間に知らしめることに成功したのだ。(44) これらのケースからわかるのは、超ニッチな現象が報じられることで、周縁のコミュニティに酸素が送られるということだ。(45) 扇情的なメディアの力を知ったオルトライトの活動家は、わざとそそる見出しをつけた記事を考え出している。(46)

2016年から2018年にかけてオルトライトがますます悪名を馳せたのは、ジャーナリストのあいだの世代間ギャップにも責任の一端がある。4チャン掲示板の言語やミームとともに育った（大半が若手の）ジャーナリストの世代と、トロールが何かも知らない世代には、根本的なズレがある——これをデータ・社会調査研究所は「トロール訓練記者 vs 非トロール訓練記者」と呼んでいる。前者はトローリングの突飛で愉快な面に注目し、後者はヒステリックに扇情することを意図してこれを扱った。それがこれまでの極右のトローリングについての、ひどく一貫性のない、誇張された報道につながり、従来のメディア機関の信頼性を揺るがすことになったのだ。(47)

新たなメディアのエコシステムは、真実と権力をめぐるオンラインの戦争を生み、インターネットはいまや情報の戦場と化している。トミー・ロビンソンやニコライ・アレクサンダーのように、自らを前線で戦う戦闘員とみなす者たちは、「主流メディア」に仕掛けた戦争に勝つべく戦略を練り、それを実行することに時間と資源を費やしている。彼らはじりじりと従来の情報ソースの信用を失墜させ、独立系メディアのジャーナリストを脅迫し、自分たちの歪曲された真実を拡散している。

だが彼らは高度なインフルエンサー作戦を実行できるようになっただけではない。国際的なネットワークや連合を築くことで、その勢力範囲や影響力を最大化させたいと、つまりは、自分たちの発想を世界の舞台に持ち込みたいと考えているのだ。

part

4

Networking

ネットワーキング

第7章
オルトテック——世界中の急進派をつなぐプラットフォーム

「ついに登場! 自分の遺産(ヘリテージ)を保存したい人のための出会い系サイト」。世界初の白人至上主義者の出会い系サイト「WASPラブ」にあらわれた告知をわたしは見つめる。この人目につかないサイトで、アングロサクソン系白人新教徒(WASP)は、「われらが人種と子どもたちのためというただひとつの大義のもとに団結した、さまざまな宗教、国籍、政治思想、背景を持つ白人」の同胞と出会うことができる。わたしはどうしても知りたいと思った。WASPラブにはどんな類いの人間がいるのか。その人たちはどんなふうに自己紹介をし、その会話は普通のマッチングアプリとどんなふうに違うのか。

WASPラブにアクセスするには、まずアカウントをつくる必要がある。WASPのプロフィールの説明は、ティンダーやバンブル、ハプン(Happn)といった主流のマッチングプラットフォームよりもはるかに長い。プロフィールをこしらえるには、長たらしい質問票に回答し、自分の政治的、宗教的な考えを詳しく説明しなければならない。「保守的で愛国主義」というのが標準的な答えだが、もう少し単刀直入なものもある。「14ワーズが僕の目標だ。愛情深くて、誠実でつつましやかで、いつも家にいてくれる奥さんと核家族をつくりたい。僕の家名とレガシーに名誉をもたらすために子どもがたくさん欲しい」とか、「社会が、今日のような堕落した抜け殻になるのを防ぐためには、教会と我らが主（ロード）がなくてはならないのだ」とか。

なるほど。では、やってみるか。

「わたしの名前はクレア、フランス人の客室乗務員です。伝統を重んじる保守的なクリスチャンの家庭で育ったので、子どもたちにもこうした価値観とともに育ってほしいと思っています」。25歳から30歳までのＷＡＳＰの男性を探してみる。すると371人がマッチした。

ＷＡＳＰラブにほんの数週間入っていただけで、クレアはアメリカとヨーロッパのあちこちから30件を超えるメッセージを受けとった。話の糸口や口説き文句は主流のマッチングアプリとたいして違わない。ただ違うのは、このデート相手が「改革派教会信徒、クィヴァーフル[*1]、南部連合支持者、ホームスクーリング派、キリスト教的アイデンティティ、白人ナ

＊1　クィヴァーフル（Quiverfull）は、あらゆる産児制限に反対するキリスト教原理主義組織の一つ。〔原注〕

ショナリスト、オルトライト、ソヴリン・グレース・シングル利用者*2」になると思って間違いないことだ。

一見すると多くのプロフィールは、どれもなんの変哲もないものに見えるが、とはいえ多少のヒントはある。「わたしの祖先はすべてケルトの家系でした」とスペイン軍を退役したガリシア人が書き込む。「僕が好きなのはヨーロッパの音楽だけ。外国の影響が入っていればいるほど好きになれないな」とイギリスに住むルーマニア人がわたしに語る。すぐにわかってきたのは、彼らのライフスタイルの選択や趣味のすべてが、彼らが白人であることによって決まる、ということだ。彼らのアイデンティティにおけるそのほかの層は消去され、白人のアイデンティティだけがすべてであり、他者とのもっとも重要な唯一の接点になっている。

わたしが追跡(フォロー)している大半の白人ナショナリストの話では、白人のジェノサイドが差し迫っているという。とはいえ、各人はそれぞれ、ヨーロッパ人種とその文化の根絶とされるものを逆転させるべく独自の方法や戦略を持っている。すべての国境の閉鎖と、リミグレーション*3を要求する者もいれば、LGBTの権利擁護や中絶を認める法律に反対することを重視する者もいる。また根本的な問題、すなわち生殖のことで頭がいっぱいな者もいる。とはいえ白人ナショナリストの出会い系サイトが、このニッチな需要を満たしているのは明らかだ。

WASPラブのユーザーのなかには、「主流」のマッチングアプリで否定的な反応をされたと打ち明ける者もいる。それは驚くにあたらない。ティンダーで出会った相手とデートしている最中に、ユダヤ系の政治家や銀行家やジャーナリストが白人種を一掃する計画を立てているなどと相手が語りはじめる気まずい場面を想像してみてほしい。だがまた別の理由から、ティンダーやその類いを使うのをやめた者もいる。「こうしたアプリもグローバル支配層にコントロールされているとしたら？」。わたしがチャットしたあるユーザーは、自分のデータをティンダーなどの「シオニストたちのスパイ道具になっている主流のマッチングプラットフォーム」にはわたしたくないと言う。さらにこう続ける。「ここでもうひとりの愛国主義者に出会えるなんて最高だよ」

「あなたの人種を愛し、子どもを産もう」がモットーのサイトなのだから、これは意外でもなんでもない。「そうね、あなたの言うとおりよ」とわたしが返信する。

ここのサイトのグループをちょっとスクロールしてみると……

＊2 改革派クリスチャンのためのマッチングサイト。
＊3 非白人移民の本国送還という意味で極右派が使う言葉。

「国民社会主義」人種や言語、文化、宗教、伝統、部族構造を根拠に結束を培い、インド・ヨーロッパ（アーリア）語族の利害を主張する。会員数123人。

「品種改良で取り除こう」あなたは世界の人口の9%。このグループはこの傾向を逆転させたいと願う人びとと会話し、出会うためのものであり、産児制限に反対し、複婚制を支持している。会員数7人。

ほかにも、「キリスト教的アイデンティティ」や「ゲーマーゲート従軍兵（ベテラン）」などがある。ユーザーのなかには退屈していそうな者もいれば、孤独に見える者もいる。ある人は次のメッセージを送ってきた。「僕も家族がほしいんだ。僕はカナダの120エーカーの土地でオフグリッド生活[*4]を送っている」と言ってから、自分の祖先について事細かに教えてくれる。「僕はイングランド系のアカディア系[*5]フランス人、スコットランド人、ベルギー人、アイルランド人、ノルウェー人の血が入っている」。自分の政治的目標についてざっくばらんに語る者もいる。「僕の夢は『ヨーロッパ人のイスラエル』を建設する社会運動を立ち上げることだ。それが、秘密結社から社交クラブ、政党、そして国家へと成長するのをぜひ見てみたいものだ」

南カリフォルニアに住むルーカスは30代半ばで、ヨットの操縦とブルーグラス音楽が好きで、フットボールとテクノ音楽が嫌いだという。自分の政治的見解は「硬派」だと言うが、それでも自分は「古典的なリベラル」だと考えている。自分の好みは「真面目な女性、いかにも女性的で、とびきり女らしい人」だという。ルーカスはわたしのことを「シスター（同志）」と呼び、「フランス系の女性」にはとくに興味を引かれると説明する。彼がもっとも価値があると思っている女らしさとは、「慎み深さ」だ。「僕はフランス人にまったく感心しているし、フランスの文化を尊敬している」と言ってから、この会話を携帯電話のテキストメッセージに切り替えられるかと訊いてきた。

アメリカに住むベンジャミンはそれほどフランスに感銘は受けておらず、よくそんなところに住めるねと訊いてきた。以前にフランスを訪れたときのこと、そして「パリにはアフリカや中東からの移民がわんさかいて、誰も彼もが観光スポットで安物のアクセサリーやら何やら売りつける」のを見たのだとわたしに語る。歴史の本を読んでいて、歴史の視点から最近の出来事を見るのが好きだという。「現代の西側世界と、崩壊直前のローマにはたくさんの共通点がある」と言い、「ローマの崩壊につながった、そこで起きたすべてのことが共通

＊4　自家発電などで電力会社の送電網に頼らないこと。
＊5　カナダ南東部の旧フランス植民地。

するんだ。ローマが崩壊した原因は、共和制から帝政に変わったことではなく、結局のところインフレーション、そして文化が変容したせいだ。つまりそれまではナショナリズムやローマ人であることの誇りがあったのに、部族的なメンタリティや個人のニーズを重視するように変わったからだ」。だから彼はローマについて同胞を教育し、また海兵隊に入隊することに決めたのだが、それは「西側を崩壊させたがっている文化からの攻撃に対し、僕らの国が抵抗することに直接貢献するため」だという。

「あなたの予想では、これから何が起きると思う？　何が起きて欲しい？」とベンジャミンに訊いてみる。

「西側の衰退を止めるために僕にできる最善のことは、僕がいつも夢見ていたことを実行することさ——大家族をつくり、健康で最高に価値のある子どもたちを育てること。子どもは最低でも4人欲しいけど、できれば6人いるといいな。きみはどう思う？　子どもは何人くらい欲しい？」と彼が尋ねる。

6人でないことだけはたしかだな。

ウィルもまた子どもを最低でも4人欲しいと思っているようだ。ほかにわかっているのは、ウィルが20代前半で、ジャックラッセルとヨークシャーテリアのミックス犬を飼っていて、人材採用の仕事をしていること。それから、ある12月の冷たい朝に、ケンブリッジのケム川のそばにあるコート・ブラッセリー[*6]の店の奥で、わたしを待っているということも。

手持ちのいちばん地味で質素な感じの服を雨に濡らしながら、わたしはレストランの建物近くの人気のない路地で、フランス語のアクセントを練習する（それから客室乗務員の基礎知識も頭に入れた）。店のなかに入っていくと、白いシャツに黒いセーターを着た、わりとハンサムな青年がわたしに手を振っている。会う前にわたしの写真をどうしても送ってほしいと言われたのだ。「まあ、どんな人と会うのか知っておきたいだけさ！（＾_＾）」。顔認識システムを逃れるために解像度の低い写真を選び、メタデータをすべて消してから、わたしは写真を彼に送っておいた。

「ようやく会えて嬉しいよ」とウィルが言う。内気そうな、でも人懐っこい笑顔。その政治的信条を別にすれば、どこにでもいそうな、ごく普通の青年だ。

「ケンブリッジの近くなの？」とわたしが尋ねる。

「そう。ここはこぢんまりとした保守的ないい街だ」と彼が答える。「ここには移民はまったくいないけど、それも変わるかもしれないね。地方では変化がじわじわ進んでいるのがわかるから。数年のうちにロンドンみたいになるよ」。彼はロンドンを嫌っているが、それはそのリベラルな考え方と文化の多様性のせいだという。「少なくとも僕の地元では、友だち

＊6　フランス料理のレストランチェーン。

も全員右派だよ」

ウィルはチョコレートクロワッサンを選んで、ふたりともイングリッシュブレックファーストの紅茶を注文した。「フランスとイギリス文化の最高のミックスだね」とわたしが言う。このミックスならウィルもオーケーなのだ。ウィルは自分がヨーロッパ人であることに誇りを持っていて、ヨーロッパがこのままヨーロッパ人のものでいてほしいと語る。「ずいぶんヨーロッパを支持してるようだけど――国民投票でどっちに投票したの?」と訊いてみる。

「うーん、そうだな、ヨーロッパの文化は認めるけど、でも離脱したほうがいい」

ウィルは自分のことを白人ナショナリストだと説明し、伝統的な価値を好み、堕落は嫌いだと語る。「僕にとって白人のアイデンティティはとても重要なんだ。こうした道徳観や考えをわかってくれる誰かが見つかればいいんだけど」。理想を言えば、キリスト教の価値観にもとづく結婚をしたいが、ただし自分は不可知論者なのだとあっさり認める。「キリスト教の価値観はとても気に入っているし、自分の人生や結婚にもとりいれようといつも思ってるよ。信仰を持っているかどうかに関係なく。もしかしたらある日、信仰を見いだすかもしれないし」

「どうしてWASPラブに入ることにしたの?」

「白人のための出会い系サイト」をただグーグル検索しただけだと彼が答える。同じような考えを持っていそうなパートナーを見つける場所を探していたのだという。「主流」のマッチングアプリで見つかるとはかぎらないものだから。「そのうちもっと大きくなるに違いないよ」とウィルは言う。「僕たちが絶滅に向かう運命にあることにもっと多くの人間が気づけば、こういった場所にやってくると思うよ」

「WASPラブでほかにも誰かとデートしたことある？」と訊いてみる。

ウィルはちょっと気まずそうに下を向く。「まだ誰とも直接は。でもここで世界中の人とつながれるのはいいもんだね」

ケンブリッジが素敵な場所だという点で、わたしたちの意見は一致した。「雨が降っていても、それにリベラルな学生がこれだけいてもね」とウィルが言う。お茶のあとにちょっと歩こうかと誘われたが、わたしはひどく体が冷えてきたからホテルに戻ったほうがよさそうと答えた。彼はホリスター[*7]のジャケットをはおり、それから彼の車のほうに一緒に歩いていく。「今度はいつ戻ってくる？」とウィル。もう戻らないかな、少なくともクレアとしては。

もっとうまくいったデートを経験した者もいる。「ここWASPラブで最高の夫に出会えたことを報告したいの！」とあるユーザーが書き込む。「ドキドキして、もう最高にハッピーな気分。だからあきらめないで。（…）あなたのパートナーがあなたを探しているはず

＊7　米国のカジュアル系ファッションブランド。

よ。みんなに神のお恵みを！」

WASPラブのほかにも、オルトライトの出会い系サイトはたくさんある。たとえば「ヨーロッパ人のシングルのためのホワイト・デート」とか、「トランプ・シングルズ」とか「ファーマーズ・オンリー・フォー・アメリカンズ」とかも。トランプ・シングルズのモットーは「メイキング・デーティング・グレート・アゲイン」だし、ホワイト・デートの宣伝文句はこう謳う。「わたしたちは、強い男性がリードして、しとやかな女性がルールを守る伝統的な役割に従っています」。ホワイト・デートは登録のさいにIQや性格まで訊いてくる。また好みの髪の色によってパートナーをふるいにかけることもできる――ラプンツェルブロンドからヴェネチアンブロンドまで、さあ、よりどりみどり！　好みの祖先マーカーを選ぶこともできる。アフリカーナー（オランダ系入植者の子孫である南アフリカ共和国の民族集団）から、ウェールズ人やコーンウォール人まで揃っている。そうは言っても、このアプリにウェールズ人とコーンウォール人の男性は、18歳から80歳まで合わせても全部で8人しかいないけれど。

ジェネレーション・アイデンティティは、「ナチのためのティンダー」とあだ名のついた独自の暗号化されたアプリを開発した。だが「ペイトリオット・ピア」というこのアプリは、ただの出会い系ではない。これは白人ナショナリストを、ロマンチックなかたちだけでなく、とくにロマンチックでないかたちでも結びつけるものだ。「バスやカフェ、大学で隣にすわる人間がどういった人物か知りようがないからね」とテレグラムでアイデンティタリアンのひとりが、このアプリを宣伝するために書き込む。「顔の見えない群衆のなかで愛国者はとくに目立つわけでもないから」。アイデンティタリアンのこのツールがめざすのは、「ユーザーに対し、愛国的な転機に備えてネットワークを築き、協力するよう動機づけすること」(1)。愛国的なイベントに参加し、アイデンティタリアンの支持者仲間とつながることで、社会的信用という報酬が得られる。あなたは完璧な愛国主義者になれるのだ。「このアプリは不安の壁を壊してくれるだろう。これは愛国主義者を見つけるレーダーであり、活動のゲーミフィケーションなのだ」(2)。アメリカの白人ナショナリスト、リチャード・スペンサーの運営するウェブサイトAltRight.comは、ペイトリオット・ピアを特別に紹介し、このアプリを世界的に宣伝している(3)。

オルタナティブ向けの出会い系サイトは、過激主義者によって、過激主義者のためにつくられた新たなオルタナティブのオンライン空間のひとつにすぎない。フェイスブックやツイッターのような主流のソーシャルメディア企業がヘイトスピーチに対する措置を厳しくしたことで、過激主義者はますますほかのプラットフォームに移り、代わりのチャンネルをつくってネットワークを築き、自分たちの活動を計画し、クラウドソーシングするようになっている。右や左、または宗教的に過激な周縁組織の、物議を醸す多くの活動家たちが、オルタナティブのプラットフォームに移動している。たとえばこんな発言も……

シリコンバレーのＳＪＷ［ソーシャル・ジャスティス・ウォリアーズ］の誰かにデータをとられるぐらいなら、プーチンにとられるほうがまだましだ。

ジェネレーション・アイデンティティのリーダー、マルティン・ゼルナー
２０１８年春

暴力的な発言をしたことで、主流のソーシャルメディアを追い出された過激主義者が、ツイッターの代わりにギャブを、フェイスブックの代わりにVKやマインズを、ペイトリオンの代わりにヘイトリオンを使っている。オルトライト版ツイッターのギャブは、たった18カ月で40万人を超えるユーザーを集めた。メタペディア[*8]によれば、ホロコーストは「政治的に公正な（ポリティカリーコレクト）歴史」においてのみ発生することになっている。またビットシュート（BitChute）やディーチューブ（Dtube）、ピューチューブ（PewTube）はユーチューブの「検閲なしの代替物」になり、とりわけ陰謀論者やホロコースト否定論者を惹きつけている。「ジューチューブ（JewTube）を避けてビットシュートに来たよ」と書き込んだユーザーのひ

とりは、「ユーチューブはユダヤ人（ジュー）がやっている」に違いないとわたしに語っていた。
オルトテックのプラットフォーム[*9]には3つのタイプがある。①過激主義者のためにつくられた、過激主義者が使用するWASPラブやヘイトリオンなどのプラットフォーム。②超リバタリアン（自由至上主義者）のプラットフォーム。すなわちギャブやマインズ、8チャンなどの、リバタリアンによって、もしくは商業的な動機から開発者によってつくられたプラットフォームで、言論の自由の名のもとに運営され、過激主義のコンテンツを黙認するもの。そして、③乗っ取られたプラットフォーム。すなわちディスコードやテレグラム、ジャストペイストイットのような、もとはまったく異なる目的でつくられたプラットフォームだが、過激主義者に乗っ取られてしまったもの。しかし、これらはこうした者たちがこのサービスを使用するのを禁じるべく当局と積極的に動いている。

2017年夏のシャーロッツヴィルの集会のあと、ツイッターは白人至上主義者の数百のアカウントを閉鎖し、ゲームアプリのディスコードは、関連するいくつかのチャンネルを閉鎖し、世界でもっとも有名なネオナチのウェブページ「デイリー・ストーマー」は、24時間

＊8　ファシスト、極右、ナショナリスト、白人至上主義者などによる、ウィキペディアをベースにしたオンライン事典。
＊9　主流のプラットフォームの代替物として、オルトライトや極右などの過激主義者に人気のプラットフォーム。

後にドメインが失効するという告知を受けとった。ツイッター上では#DailyStormerNeverDies（デイリー・ストーマーは決して死なない）のキャンペーンに火がつき、大量の脱出が始まった。永久にアカウント凍結されたユーザーとリバタリアンの開発者たちが同盟を組み、シリコンバレーの覇権(ヘゲモニー)を終わらせようと、似たようなソーシャルメディアのエコシステムをつくるべく組織的な取り組みを開始した。

「これは戦争だ。（…）言論の自由を守るテック革命が始まった」と2017年8月にオルトテック同盟が宣言した。この組織は自らを「勇敢なエンジニア、プロダクトマネージャー、投資家、そのほかテクノロジー業界の体制(ステータスクオ)にうんざりしている者たちの熱き集団」と名乗っている。[4] メンバーは自分たちを「言論の自由、個人の自由、そして真実」の唯一の擁護者だと語っている。[5] 彼らの持つ独自の売り(ユニークセリングプロポジション)は——フェイスブックやツイッターとは違って——人種差別的で扇情的、さらには暴力すら誘発する投稿を大目に見ることだ。そのおかげで、そこは主流のプラットフォームからアカウントを削除された過激主義者だけでなく、シリコンバレーの大企業による削除措置に狼狽(うろた)える「言論の自由の闘士たち」にとっても魅力的な避難所になった。

オルトテック同盟の創設にいたるまでの数週間のうちに、ソーシャルメディア企業による一斉検挙を受けたのはシャーロッツヴィルのネオナチだけではなかった。イギリスの有名な反フェミニストのユーチューバー「アッカド王サルゴン」のような、主流の視聴者にも人気のある者たちがツイッターから一時的に締め出され、リバタリアンや一部の保守派の同調者の怒りを掻き立てた。緊張がピークに達したのは、グーグルのエンジニア、ジェームズ・ダモアが、「グーグルの思想的エコーチェンバー」と題した文書を書いたのちに解雇されたときだ。この文書は、この会社の多様性を重んじる方針が保守派の白人男性に対する差別につながっていると訴えるものだった。オルトテック同盟のリバタリアンたちは、この機を捉えて次のように書いている。

もしも2017年の8月に何か意味があるとしたら、それはわれわれがインターネット上で自由に発言するために戦っているということだ。「言論の自由を守るテック革命」が始まった。このテーマについてこれ以上ごまかすわけにはいかない。シリコンバレー企業は外国資本からの数十億ドルの金で支えられている。これらは数あるイデオロギーのなかでも、とりわけあらゆるかたちの保守主義、ポピュリズム、ナショナリズムに異常なほどの敵意を抱いている。従業員、役員、ユーザーの全員が、不正直で最低の体制メディアによる寡頭政治(オリガーキー)によって解雇され侮辱されることを恐れて、自分の意見を表明することを躊躇している。(6)

　彼らが選んだ敵は強大だ。フェイスブックは毎月20億人のユーザーを記録し、50を超える企業を買いとり、マーケットシェアの7割以上を占めている。まさに独占状態のようだが？「そんなふうにはまったく感じていません」とフェイスブックのCEO、マーク・ザッカーバーグは、2018年の米上院の公聴会でリンゼー・グレアム上院議員に語った[7]。彼の返答はかなりの笑いを誘ったが、あながち間違いでもなかった。代わりのソリューションを求めるニッチな視聴者は確実に増えているのだ。

　巨大テック企業が――アメリカの上院でも、イギリスの内務省、ドイツの司法省においても――ますます槍玉にあげられるにつれて、急進的なリバタリアンから過激主義のユーザーにいたる非国家主体が、不機嫌なクライアントを奪いとるまたとないチャンスを見いだしている。ケンブリッジ・アナリティカのスキャンダル[*10]のせいでフェイスブックのシェアは急降下し[8]、数千人のユーザーが#Deletefacebook（フェイスブックを消去せよ）キャンペーンに参加し、不満を持つユーザーたちを諸手をあげて歓迎するライバルのプラットフォーム上で、このキャンペーンに拍車がかかった。

　もっとも過激なユーザーですらオンラインでの居場所を確保する方法を見いだした。イギリスのテロ組織ナショナル・アクションのアカウントは、イギリスのツイッターではブロックされているが、仮想プライベートネットワーク（VPN）を介してアクセスできる。Whitesingles.comはネオナチのフォーラムのストームフロントにリダイレクトする。デイリー・ストーマーは、中国の.wangやアイスランドの.isを含めて文字通りすべての国のドメインから締め出されたあとでも、まだ生き残っている。過激主義者が法の裏をかくためにテクノロジーの使用に長けているのは疑いようもない。それはVPNやリダイレクトのメカニズムから、闇ネット上のトーアと呼ばれるサービスや.nameなどのプライベートドメインにいたるまで、さまざまな手を使っている。

過激主義的行動に従事するなら、情報転送を独立した安全なものにしたところで、お金の転送もそうでなければ意味がない。「フィンテックが解決してくれる！」とネオナチのプラットフォーム、ストームフロントのあるユーザーがわたしに嬉々として説明する。暗号通貨は「安全で即時に匿名で使える」と信じているのだ。

従来の金融サービスを回避するために、分散的で規制されていない通貨を使うことは、過激主義者にとって実用的な解決策以上の意味がある。「それは政治的声明でもあるのだ」とアメリカのサイバーセキュリティ専門家、ジョン・バンベネックが言う。彼はネオナチによ

＊10　同社がフェイスブック上の大量の個人データを取得し、ブレグジットや2016年米大統領選などに利用していたとされる事件。

るビットコインの取引を追跡するツールをつくった。「銀行がユダヤ世界の陰謀だというばかげた考えを信じるなら、金融取引をおこなう方法はたったふたつしかない。現金か、それともビットコインかだ」。そう考えると、アメリカの白人ナショナリストのリチャード・スペンサーが、ビットコインのブームが始まるずっと前に、ビットコインを「オルトライトの通貨」と呼んだのも意外ではない。

有名なオルトライトの人間がペイトリオンやゴーファンドミー（GoFundMe）などの主流のクラウドソーシング・プラットフォームから締め出され、ペイパルやアップルペイ、グーグルペイなどのオンライン決済プロバイダーからブロックされると、一部の者はヘイトリオンに切り替えた。このオルタナティブのクラウドソーシング・プラットフォームは、世界最大のネオナチのプラットフォーム、デイリー・ストーマーやストームフロントを維持するためや、白人至上主義者のウィーヴ（Weev）（第11章参照）によるハッキング活動などの反民主主義的プロジェクトに資金提供するために使われた。たとえばウィーヴは、公開用のウォレットアドレスに180万ドルの暗号通貨の寄付を受けたが、このアドレスはバンベネックに追跡されていた。だがウィーヴはほかにも非公開のウォレットに金を貯めているかもしれない。[9]

同様にジハーディストたちもまた、暗号通貨の寄付によって大金を集めている。親ISIS組織はそのサイバージハーディストたちへの報酬として十分なお金を用意することすらできていた。「コンピュータ関連の最近のミッションを手伝ってくれたブラザーたちにわたすために、われわれのビットコインの一部を交換している」と2017年12月に、この組織のメンバーが彼らのプライベートなチャットグループに書き込んだ。テレグラムやダークネット上で、テロリストたちは暗号通貨で寄付するよう同調者たちにますます呼びかけている(10)。たとえば2017年11月にアルカイダとつながりのある組織「アルサダカ」がビットコインで寄付を募るキャンペーンをおこない、インドネシアのISISのリーダー、バハルン・ナイムもまた手下たちに金を転送するために暗号通貨を用いていた(11)。

とはいえビットコインの取引は追跡可能だし、この暗号通貨を支える透明性の高いブロックチェーン技術のおかげで、ウォレットの所有者まで簡単にたどることができる。そのため、多くの過激主義者が頼りにしているのが、モネロのような匿名の暗号通貨だ。これをネオナチのハッカー、ウィーヴは「僕らのプライバシーを守るのに最高」と評価する。

オルタナティブのソーシャルメディアやニュースチャンネルから、過激主義者のメッセージアプリや暗号通貨にいたるまで、新たなメディアのエコシステムが経験している変化は、政治の世界で起きていることと似通っている。主流への信頼が失われたことで、急進的な周縁が恩恵を受けているのだ。既存のソーシャルメディアに背を向けるユーザーの数が増えている。自分の不満や幻滅をプラットフォームで表現するのにソーシャルメディアを使うこと自体をやめてしまう者もいる一方、抗議のために他のプラットフォームに移る者もまた存在するのだ。

ネットワーク効果のおかげで、新規のユーザー一人ひとりがネットワークの価値を顕著に高め、また去っていくユーザー一人ひとりがその価値を急激に落としている。すなわち削除方針がきっかけとなって生じたプラットフォームの移住力学が、この先何年もソーシャルメディアの世界を著しく変えてしまう可能性がある。ここで、大規模なテックプラットフォームの衰退が、その超リバタリアン的なライバルたちの利益になるのかを問う価値はあるかもしれない。シリコンバレーはすでにピークに達してしまったのか？

オルトテックのパラレル世界が生まれることは、大手ソーシャルメディア企業の覇権に対する挑戦となりかねない動きだ。長い目で見れば、これはさらにインターネット上の既存の力関係を変えて、わたしたちの社会が結びつきネットワークを築くやり方に革命を起こすかもしれない。新しく生まれた安全な避難所がもたらすリスクのひとつは、事実に反する非科学的な陰謀論の物語（ナラティブ）を喧伝したいと考える者たちの思い通りにさせてしまうことだ。そしてネットワークをつくり、力を結集するよう個人を動かすきわめて効果的なやり方とは、彼らに解くべき共通の謎を、取り組むべき難問を与えることだ。次の章では、常軌を逸した被害妄想に取り憑かれた陰謀論者たちの、なかなかうまくやっている交流コミュニティについて探ってみよう。それによって、オルトテックの帝国がこうした運動に格好の遊び場を提供している理由も見えてくるはずだ。

第8章 Qを追いかけて——陰謀論者の奇妙な世界へようこそ

ときには、朝食の前に、ありえないことを6つ信じたことだってあったわよ。
ルイス・キャロル『鏡の国のアリス』より

ウサギ、赤いX、目覚まし時計。Qを追ってウサギの穴を降り、集団的な想像世界に入っていくと、そこはあまりに壮大で、過去と現在、そして未来をも説明できると謳っている。さあQアノンにようこそ。(1)

手間暇かけて記録された有名人の血統、周到にまとめられた何本ものニュース記事、ハリウッドのSF映画からの引用が詰まった語彙目録。ここは日々、新たな物語が生まれる場所、あらゆる典型的な陰謀論が集まってくる場所だ。9・11と7・7[*1]は内輪の犯行だし、ダイアナ元妃、ケネディ、オサマ・ビンラディンの死はすべてが捏造か、お芝居か、嘘っぱちで、

HIVの起源や地球外生命体（エイリアン）の存在は科学者やメディアによって口止めされている。(2)

　わたしはいま、数万人ものQアノン支持者に囲まれている。彼らは、何十年も密かにこの国を動かしてきた、有名人やエリート政治家がかかわる小児性愛組織を暴くべく、トランプが秘密裏に行動していると信じている。司法省の特別検察官ロバート・マラーは、じつはトランプを調査しているわけではない、と彼らはわたしに断言する。それどころかトランプは、マラーや軍やアメリカ国家安全保障局（NSA）と協力し、「闇の政府（ディープステート）」の大規模な陰謀を暴露しようとしているのだ。「大いなる覚醒」とは、トランプが最終的に「ザ・ストーム（嵐）」*2をスタートするまでの一種の啓蒙期間とされる。そのときが来れば、バラク・オバマやヒラリー・クリントン、そして彼女の選挙対策本部長ジョン・ポデスタを筆頭とする、すべての悪徳政治家はグアンタナモに収容されるのだ。

　陰謀論はいつの時代にも存在する。それにはさまざまな機能がある。つねづね人間は、自分の不幸がどこから来るのかを理解し、自分たちの安全を確保し、自分たちのイメージをもっとよくしたいと願ってきた。(3)とはいえ科学者たちの結論によれば、陰謀論は平和で繁栄した時代よりも社会的な危機に見舞われた時代のほうが生まれやすいということだ。(4)西暦64

*1　2005年のロンドン同時爆破事件。
*2　2017年10月にトランプ大統領がホワイトハウスで米軍幹部と協議後、「嵐の前の静けさだ」と謎めいた発言をしたことでさまざまな憶測を呼んだ。

年、大火がローマの都市を焼き尽くし、何十万人もの住民が家を失った。炎よりも速く広まったのは、皇帝ネロが自分で都市に火をつけたという噂だった。反対にネロは、ローマに陰謀を企んだとしてキリスト教徒を非難したが、その理由は、彼らが人類を憎み、この世界を終わらせたいと願っているからだとされた(5)。

2015年の難民危機*3からこのかた、ヨーロッパ各地では陰謀論がかなりの支持を得てきている。2018年、陰謀論について過去最大の全国調査が実施されると、イギリス、ドイツ、フランスの人口の3分の1が、自国の政治家は移民について「真実を隠している」と考えていることがわかった。首相のオルバーン・ヴィクトルが億万長者のユダヤ人慈善家ジョージ・ソロスや「グローバル・エスタブリッシュメント」にまつわる陰謀論を煽っているると非難されるハンガリーでは、その割合は人口の半数に近かった。またイギリス人の6割が少なくともひとつの陰謀論を信じている(6)。

調査からわかったのは、インターネットは物語や作り話の急激な拡散を促すだけでなく、陰謀論の論理や文化を煽ってもいるということだ。第一に、インターネットは知識を民主化し、それによってインターネット市民に対し、自らリサーチし、オープンソース情報を調べる力を授けている——たとえ彼らにソースチェックの知識がまったくないとしてもだ。第二に、オンライン情報がオーバーロードしているせいで、事実を捻じ曲げる認識フィルタリングやパターン認識プロセスに拍車がかかっている。人間のマインドというものは、カオスのなかからパターンを見つけだし、不完全なストーリーや画像のなかの情報の隙間（ギャップ）を埋めようとするものだ——たとえその結果が、まったく筋の通らないものになったとしても。目の錯覚がよい例だ。[7] 人間は、関連のないものどうしを勝手に結びつける傾向がある。これには科学者のつけた名前まであり、「アポフェニア」と呼ばれている。この言葉はもともとドイツの神経学者で精神科医のクラウス・コンラートがつくったもので、コンラートは１９４０年に国民社会主義ドイツ労働者党（ＮＳＤＡＰ）に加わった。アポフェニアは芸術や詩歌における独創性の源になりうる一方、陰謀論やギャンブル依存を助長するおそれもある。第三に、インターネットは共同で創作したフィクションに発表の場を提供し、それによって現実世界で観察されたこと——政治的力学から自然現象まで——のもうひとつの説明（オルタナティブ）を喧伝する。[8]

「大いなる覚醒の用意はできてるかい？」とあるアノン（Ｑアノンの信者は自分たちのことをこう呼ぶ）がわたしに尋ねる。彼に言わせれば、テロリストの起こした事件は偽旗作戦*4だし、飛行機事故は仕組まれたもので、病気は殺害目的で仕込まれたものだ。「なら白ウサギを追いかけよう」。チャットルームのとあるミームは、赤い薬（レッドピル）を飲んでいる不思議の国のアリス

*3　中東やアフリカでの紛争や貧困を逃れて１００万人を超える難民がヨーロッパに殺到した。
*4　攻撃者が第三者になりすまして攻撃をおこない攻撃元の特定をかわす行為。

を描いたもの——ルイス・キャロルとウォシャウスキー姉妹の映画『マトリックス』の混合物だ。

調査ジャーナリストや諜報部員さながらに、アノンたちは「証拠」と称するものを日夜せっせと集めている。彼らの情報源やインスピレーションの種とは、Qがシェアする謎めいたポエム、通称「パンくず（ブレッドクラム）」だ。Qは自らを闇の政府（ディープステート）の基本計画にまつわる機密情報にアクセスできる米軍諜報機関の人間だと名乗り、極右の活動家やトランプを支持する福音派、気候変動否定論者、さらには退屈しているティーンエージャーといった奇妙な混合体（ブレンド）を惹きつけている。彼らは自分たちのことを、Qのパンくずを拾い集めて「パン生地（ドウ）」——（間違った）情報の合成物——をつくる「パン職人（ベイカー）」だと自認する。「われわれは真実を見つけるためにここにいる」と彼らのひとりが宣言する。

痛ましい真実

・食べ物に入っている遺伝子組み換え作物（GMOS）はあなたの命を奪っている
・あなたの飲む水は汚染されている
・ワクチンには有害な混ぜ物が入っている
・銀行家は戦争を企てている

・メディアはあなたを洗脳している
・政府は一企業にすぎない
・小児性愛は政治家のあいだで現実におこなわれている
・彼らはすべての人間を密かに探っている
・政府は地球を破壊している
・彼らは利益を吸い上げるためにあなたを病気のままにしておく
・彼らは戦争の両陣営に資金を提供する
・彼らは国を分裂させて紛争をもたらした
・テロ組織はエリート主義の集団だ
・彼らはテロ攻撃をでっち上げる
・あるのはエリートによるテロだけだ
ほとんどの人間はこれらに気づかぬふりをしている

2017年10月にQが投稿を始めて以来、謎解きが、多くの熱心なアノンたちの人生を支配し、ときに空き時間のすべてがそれに注ぎ込まれる。(9)「ザ・ストームがいつ来るかわかってる?」と、アンドリューと呼ばれる、かなり活動的なユーザーに訊いてみる。

「ザ・ストームはもうすぐそこだ――『黄色いベスト』は『グローバル意識の高い僕ら人民』の象徴だよ」と2018年12月に彼は瞬時に答えた。「黄色いベスト（もしくはジレ・ジョーヌ）」というポピュリズムの抗議運動が、その2カ月前にフランスで始まったのだが、これは大統領のエマニュエル・マクロンが発表した燃料税の引き上げに反対し、さまざまなイデオロギーを持つ市民が団結して実行したものだ。

　終末論的な空想に魅力があるのは、それがフィクションと現実世界の架け橋となるからだ。[10]イギリスの歴史家ノーマン・コーンがその有名な著書『千年王国の追求』のなかで明らかにしたように、中世の時代には、重大な社会的変化が起きるといった千年王国説の信者の予想が、しばしば社会不安と密接に関連して生じていた。[11]「この世の終わり（apocalypse）」という言葉はギリシャ語のapokalypsisに由来し、これは「覆いをとる、公開する、暴露する」という意味だ。[12]とはいえ、開示が予測されても、それがこれまで何度も延期されてきたことは否定しがたい。[13]「（笑）、5453スレッド、でもストームはまだだ」と、極右や陰謀論信奉者のあいだで広く使われる画像掲示板8チャンに、誰かが茶化して書き込んだ。「国中がおまえら負け犬のQたちを笑ってるぜ」

　予測される開示がしょっちゅう延期されるうちに、想像と現実が一致しないことによる認知的不協和、すなわち精神的な不快感が生じることもある。起きなかったアポカリプスに投資する時間やお金が増えれば増えるほど、事実を再解釈し、経験を捉えなおすインセンティブが高まる傾向にある。(14)「ドゥームズデイプレッパーズ」*5がその例だ。彼らは6000ドルかけておよそ5万食に相当するフリーズドライや乾燥食品の缶詰を用意するが、それは「来たるべきゾンビ・アポカリプス」を生き延びるためだ。こうしたアポカリプスをアメリカの「サバイバル・フード」宣伝番組の司会者ジム・ベイカーのようなテレビ伝道師が、週ベースで予想しては延期する(15)（こうしたゾンビ・アポカリプス用キットに近いものと言えば、チキンティッカとビーフとポテトシチューを詰めた15キロのブレグジット緊急ボックスがあるのだが、これはかなりお得かもしれない）。(16)

だがどんなにばかばかしくて、事実に反していようとも、陰謀論は現実世界で危険な行動を触発するおそれもある。2018年6月、装甲車でフーバーダム近くの幹線道路を占拠した、ネヴァダ州に住む30歳のマシュー・P・ライトは、Qアノンのスローガン「我々は一致団結して進んでゆく」に賛同していた。(17)その2年前には、「ピザゲート」——民主党員がワシントンDCのピザ店コメット・ピンポンを拠点に大規模な児童売春ネットワークを築いていると訴えた、Qアノンに先行して拡散された陰謀論——を信じていた、サウスカロライナ州に住む父親で消防士のエドガー・ウェルチが、いもしない子どもたちを解放しようと、こ

＊5　アメリカのテレビ番組で、さまざまな終末的状況を生き延びようとする通称プレッパーズが登場する。

のピザ店内で発砲事件を起こした。(18) 2019年1月には、Qアノンの支持者が自分の兄弟を剣で刺し殺したが、それは彼をトカゲだと信じたせいだった。(19)*6

「軍人である僕らには計画がなくてはならないし、悪を明るみに出さねばならない」と2018年の終わり頃にマックスが書き込む。「僕と仲間でロンドンのMI6〔秘密情報部〕DVD&GO2オフィスを襲撃できるかな?」と別のアノンが応じる。マックスいわく、自分はベトナム戦争中に極秘情報の取扱許可をもらっているという。「エリートたち」はすべての人間を分類し監視するために、われわれ全員に声認証と顔認証を使っているはずだと彼は考える。「僕がたんに被害妄想だったら、そりゃ嬉しいけどね」と言う。「悪(イーヴル)がそんなに簡単に負けるわけがないし、そんなに愚かだとも思えない。サタンのIQが過去2000年で相当下がってないかぎりはね」

Qのモットーである「もっと広く考えよ」や、その謎かけのような調査指示は、現実に逆らって終末論的信仰が生き延びるのを助けている。Qからのパンくずの例をあげてみると……

2017年11月22日 16時52分24秒

3つの面なら、どんなかたちになるか?

もっと広く考えよ。
パンくずを読み返せ。
Q

2017年11月23日　22時21分46秒
どんなニュースが明かされたか。
アメリカの請負業者がどこで？
足から吊るされる
流出情報（ダンプ）を読み返せ。
なぜこれが関係するのか？
ニュースが地図の鍵を開ける。
もっと広く考えよ。
Q

＊6　Qアノンが信じる陰謀論のひとつに、世界中の権力者は人間とトカゲの混血だとする「トカゲ人間」説がある。

２０１７年11月24日　01時14分46秒
「死体が埋まっている場所」を誰が知っていよう。
地図はおまえの目の前にある。
読み返せ。
もっと広く考えよ。
ここで費やす時間の目的とは。
Q

陰謀論の起源はしばしば曖昧だ――ときにはジョークやたんなるおふざけから始まることもある。Qの初期のメッセージを集めた「Qの本」は、Qアノンが４チャン史上「もっとも長続きするＬＡＲＰ（ライブアクションＲＰＧ、別名悪ふざけ（プランク））」かもしれないと示唆している。(20)いくつかのメディアやウィキリークスもまた、Qアノンとは悪ふざけから始まったものが手に負えなくなったのだと推測する。(21)オンラインメディアのバズフィードは「Qアノンとはトランプ支持者に対する左派の悪ふざけの可能性がきわめて高い」と題した記事さえ掲載した。(22)ハッカー集団アノニマスは、彼らから排除された、0hour1と称するひとりのトロールの仕業であるとする。[23]

わずかなヒントはある。１９９０年代半ば、イタリアのボローニャで活動していた左派系リバタリアンのサイバー革命家と地下アーティストの集団が、１９８０年代にイングランド代表のサッカーチームでプレーしていた有名なストライカーにちなんで、通称「ルーサー・ブリセット・プロジェクト」を立ち上げた。[24] それ以降、ヨーロッパやアメリカ各地の何千人ものアーティストが、この「ルーサー・ブリセット」という名を使ってメディアでの悪ふざけや文化的破壊工作（サボタージュ）のイニシアティブを仕掛けた。実際、Qアノンは、１９９９年にルーサー・ブリセットのペンネームで出版された小説『Q』のプロットや言葉をいくつか引き合いに出している。

わたしはディスコード上の「気候の兵器化」「臓器摘出」「ペドゲート（小児性犯罪）」といったタスクフォースに加わってみた。「クリントンに結びつかないものなんてあるのかな？」とあるメンバーが尋ねる。調査は複数言語で、イギリス、スウェーデン、マケドニアから、アメリカ、ロシア、メキシコまで世界のあちこちでおこなわれている。

「わたしは何をすればいい？」とモデレーターのひとりに訊いてみる。

「このサーバーに加える報告書をつくってくれるかな。もっと多くの情報、とくにQに関連する最近の出来事で、過酷な真実を語っているのを読みたいんだ。体制（ステータスクオ）が認めようとしないやつもね。自分でとくに得意だと思う分野はある？」とマックスが返信する。彼も「Qヨーロッパ」「QNN（Qアノンの略語）」「ネームアンドシェイム作戦」[*7]「ミーム戦争」「フリーダムファイターズ」そのほかいくつかのグループのメンバーだ。「きみのような人材は情報を拡散するのに役に立つ。ここから僕のサーバーに入れるよ」。わたしはマックスについていき、「Qオフィス」に入る。マックスの説明では、すでにニュースチャンネルのボットが、ナチュラルニュース、サウスフロント、ノーアジェンダ、ゼロヘッジ、SGTリポートといった5つの情報源からのニュースを提供している。

「どのくらいの時間これに費やすべき？」と訊いてみる。

「役割にこれといった決まりはないよ。きみにはスキルがあるから、そのスキルを使えばいいだけ。どっちかっていうと僕は文書保管係（アーキビスト）のほうだから」

　Qアノンのアーカイブシステムはたいしたものだと認めざるをえない。Qアノンの信奉者は、どこかの政府の官僚よりもうまく組織されているのかもしれない。フェイクニュースやばかげたグラフィック、荒唐無稽な主張のアーカイブをわたしは次々にスクロールしてみる。すべてに通し番号がついていて、さまざまなセクションに分類されている。大半のチャンネルがほかの、もっと専門化したチャンネルにリンクされている——ただユーチューブの再生リストにつながるだけのものもあれば、選り抜きのツイッターアカウントや、ミーム戦争のリソースにつながるものまで。こうしたすべてのデータコレクション、そして延々と続く略語リストのあいだに、お薦めの音楽を投稿するリズムボットまで入っている。エルヴィス・プレスリー、ピンク・フロイド、ボブ・ディランは、なかでも彼らのお気に入り（ミュージック・ファブ）だ。

どこを見ても赤いXの印が目にとまるが、これは「自分たちは検閲されている」という意味だ。このシンボルはもともと「Unicode 6.0 絵文字監督委員会」（そう、絵文字にも監督委員会があるのだ）によって否認や警告を示すものとして承認されたのだが、オルトライトはこれを、フェイスブック、ツイッター、グーグルなどが始めたサイバーヘイト反対キャンペーンを非難するのに用いている。(25) Qアノンの世界では、大手テクノロジー企業はすべて、大規模な陰謀に加担しているのだ。

Qアノンのグループには高揚感が感じられる。ジョーは50代の男性で、10代の頃から「かなり覚醒」していたと断言する。「俺はここのみんなが大好きだし、この何やかやのどこに自分がぴったりはまるかはわからないけど、それでもわくわくしているよ」と書き込む。年がら年中あれこれリサーチしているという。「参加してみる気になったのは、語り合える仲間がついに見つかって、心底嬉しかったからさ。まったく職場でも家でも、周囲の誰も覚醒したいと思ってないんだぜ」

＊7　不正行為者の名前を公表すること。

「血統」というカテゴリーでは、アノンたちは疑わしいとおぼしき誰も彼もの祖先を調査する。中国の李（リ）一族からロックフェラー家、ケネディ家、クリントン家、ディズニーやマクドナルドの一族、さらには王室までも。「英国女王は預言者ムハンマドの子孫だ」とあるアノンが断言する。「彼女は43代目のひ孫だよ」。彼らは3つの一族が「新世界秩序（NWO）を掲げる世界的陰謀団」として、この世界を支配しているのだと信じて疑わない。それはサウード家、ロスチャイルド家、ソロス家だ。何世代にもわたって彼らは富を蓄積し、思いつくかぎりのありとあらゆる強大な政府や公的ないし民間機関をほぼ牛耳っているのだ。「彼らの詐欺行為から本当の意味で自分を守ってくれるのは、健全な潜在意識だけだ」とジョーが言い切る。「俺たちは連中にコントロールされている。（…）奴らは言葉を、ものの見方を、神の真理を歪めている（…）俺たちの遺産（ヘリテージ）を俺たちの目に見えなくしている。驚くほどの身体的・知的能力を俺らが発揮できることを、想像すらできなくしてるんだ」

アノンたちは、6つの報道企業が情報空間全体を支配しているに違いないと考える。ゼネラル・エレクトリック（GE）、ニューズ・コープ、ディズニー、バイアコム、タイム・ワーナー、そしてCBSだ。「毒を消費するのをやめるんだ。メディアは嘘をつくし、歪曲は現実を曇らせる。食品や水に入っている化学物質は心身に有害だ」とジョーが警告する。

何が俺たちにとってもっといいことなのだろう？　あいつらを蹴り上げることか？　それとも俺たち奴隷の金を、生き残るのに必要な道具、家族や自分の体に良い食べ物に使ったほうがましではないのか？（…）能力のある人間はたくさんいる。やる気があるのは誰か？　立ち上がれ。自らの物語のヒーローになるのだ。また会おう。名前に意味などあろうか、[*8] わがアノンよ？　価値ある者になれ。愛国者たちよ。

ジョーは、東部標準時の午前4時から一日をスタートさせようと提案する。それはアメリカでその日の放送が始まる時間だ。「僕らは必要なものを（証拠やソースなど）集めておいて、午前4時までにそれをすべてのMSM（主流メディア）に載せておかなくちゃならない」。彼らは日々のルーチンワークを次のステップからなる4時間のサイクルで計画している。①利用規約、②ニュース、③祈り、④禁止されたトピックを含むその日の投稿監視（モデレーション）ルール、⑤「プレゼンター」によるこの4時間で起きたことの要約。グループに入るには、詳細な役割説明を受けたうえで、スキル評価をもとに何かひとつ役割を担う必要がある。プレゼンターになってもいいし、プロデューサー、スケジューラー・メンター、レポーター・メンター、リサーチ・メンター、あるいはモデレーターにもなれる。

*8　シェイクスピア『ロミオとジュリエット』に出てくるジュリエットの台詞でもある。

「焼きたてほやほやの新しいＱマップだよ。どう思う？」と、見たこともないほど複雑なフローチャートをジョーがシェアする——これと比べたら、東京の地下鉄路線図のほうがまだシンプルでわかりやすい。矢印が一見なんの脈絡もない言葉どうしをつなげている。オバマとクリントンの矢印が、「ハンカチ」「ピザ」「クッキング・パーティ」といった言葉を指し、そこから「暗号言語」「奇妙な絵」さらに「悪魔崇拝」「人身売買」へとつながっている。

子どもの頃、わたしは連想ゲームが大好きだった。訓練すれば、頭のなかで瞬時に次のイメージが浮かぶようなアイディアを思いつける。つながりが風変わりであればあるほど、思考の連鎖がありえないものであればあるほど、ストーリーが底抜けに愉快なものになる。けれど、これがただの空想上のお遊びにすぎないことは、いつだって承知していたものだ。

「なかなかいいね！」とやっとのことで答えたが、この「世界的に組織された腐敗ネットワークの地図」のあまりの細かさと複雑さに、まだすっかり見とれている。アノンたちはＣＩＡとＭＩ６を、ロスチャイルド家、バチカン宮殿、フェイスブック、ハリウッド、ナチ、イルミナティ、はてはエイリアンとまで結びつけ、世界戦争や気候変動、テロ攻撃だけでなく、ワクチン接種や小児性愛、人喰いの慣習までも説明する術（すべ）を見いだした。今日の政治情勢について、なんだっていちばん単純明快な説明を選ぶのか。こんなふうに複雑極まりないものを選ぶことだってできるのに、というわけだ。

陰謀論は筋など通ってなくてもかまわないし、信者たちはまったく相反する主張を信じていることすらある。たとえば調査によれば、ダイアナ元妃の死は自作自演だったと信じる人びとは、同時に、彼女が殺されたと考える傾向がより強いことがわかった。同じ調査から、２０１１年にアメリカの特殊部隊がアボタバードの自宅を急襲したとき、ビンラディンはすでに死亡していたと考える人びとは、彼がまだ生きているに違いないと信じる可能性がより高いこともわかった。(26)こうした人びとは、心理学者が「陰謀論的思考傾向」と呼ぶものを持っている。人はある陰謀論を信じるなら、また別の陰謀論も、たとえそれがたがいに矛盾していても信じる可能性が高いという。(27)

教育年数が少ないほど、人は陰謀論を信じやすくなる。あるテーマについてほとんど何も知らなければ、自分の知識や判断をとことん信じる可能性が高い。それは「ダニング＝クルーガー効果」または「バカの山」と呼ばれている。(28)（非）論理的な推論は当然ながら延々と続けられるし、陰謀論は尽きることがない。陰謀論についての陰謀論までもが存在する。スイス系ドイツ人の歴史家ダニエル・ガンサーにとって「陰謀論者（コンスピラシー・セオリスト）」とは、ＣＩＡが捏造した「政治的な鬨（とき）の声」だという。オーストリア出身の哲学者カール・ポパーが１９４０年にこの言葉を用いたのはＣＩＡが創設される7年前だったことを考えれば、これはありえない話だが。(29)

8チャンでは、ユーザーが神官に問うがごとくQに質問できる。(30)


南極における最大の秘密は何か？

株式市場は暴落するか？

ボリス・ジョンソンは信頼できるか？　メイは良いのか悪いのか？？？

タイムトラベルは可能か？

マラーは味方か？

ミシェル・オバマは男性か？

Qとわたしは同時に口を閉じるだろう。　ZOGないしマルクスはどちらも負けるのか？


またなかには、ひとり歩きした陰謀論に苛立つアノンもいる。(31)


地球平面論者を黙らせてくれよ、Q。地球は平らなのかい？

ノー。Q。

JFKジュニアはまだ生きてるのか？

ノー。Q。

Qアノンの成功は厄介だ。Qアノンは4チャンと8チャンの周縁における陰謀論から突然変異し、トランプ支持者の集会はもとより主流のソーシャルメディアのチャンネルをも征服する大衆運動になっている。2018年だけでも、戦略対話研究所のソーシャルメディア監視担当者は、ツイッター、ユーチューブ、もろもろのブログ、さらにはレディット、4チャンなどのフォーラムで、「Qアノン」という言葉が3000万回近く使用されたことを発見した。ユーチューブではQアノンの動画がしばしば数十万回視聴され、自称「パン職人（ベイカー）」が数万人は存在し、アメリカとヨーロッパのほぼ全土に分派が存在する。Qアノンのフォロワーはレディットの掲示板r/The_Donaldという、オルトライトお気に入りの交流スポットとかなり重複していることを、影響力のある21世紀のニュースサイト「Vox（ヴォックス）」のデータ解析が示している。2018年8月、有力なQアノンの陰謀論者マイケル・レブロンが、大統領執務室でトランプと面会した写真がソーシャルメディアに流れて物議を醸した。[32]

女優のロザンヌ・バーやレッドソックスの元ピッチャー、カート・シリングのような有名人（セレブ）ですら、時流に乗ってその拡散にひと役買った。[33] あるときなど、ユーチューブで「トム・ハンクス」と検索すると、最初にQアノンの動画が出てくることもあった。[34] ユーチューブの検索ボックスに「についての真実（ザ・トゥルース・アバウト）」と打ち込むと、バーチャルな嘘の宇宙を探検できる。

そこではスウェーデンはシャリーア〔イスラム法〕ゾーンだらけで、ワクチンは癌を引き起こし、ユダヤ人の銀行家が世界を乗っ取ろうと企んでいる。何年ものあいだ、アレックス・ジョーンズのような政治的扇動家たちが、このプラットフォームを使って嘘を意図的に拡散してきた。陰謀論を撒きちらす世界でも有名なプラットフォーム「インフォウォーズ」のホストを務めるジョーンズは、毎月のサイト訪問者1000万人に向けて、2012年のサンディフック小学校銃乱射事件は作り話で、完全に「でっち上げ」の「〔銃反対派による〕内部の犯行」だと繰り返し語っていた。2018年に彼は、この発砲事件で殺された20人の子どものひとりで当時6歳だったノアの両親、レニー・ポズナーとヴェロニク・デ・ラ・ローザから名誉毀損で訴えられている。ジョーンズの主張のせいで、ふたりはヘイトキャンペーンの標的になり、7度の引っ越しを余儀なくされていた[35]。

あらゆる悪の根源を説明するために、やみくもに集めた「証拠」から自らの宇宙をつくる秘密のコミュニティに入るのは、正直、不愉快ながらもスリルに満ちた体験だ。それはダン・ブラウンの小説のように、重要なパズルのピースをあれこれはめていくことに全神経を集中できる世界に逃げ込むことだ。どんな科学的な発見も無視できるし、確率は不要な変数とみなされる。そうなると、なんだってありうるし、証明できるものなど何ひとつなくなる。

大半のアノンたちが考える最初のステップとは、Qのグローバルネットワークを築き、「白ウサギを追いかける」よう、もっと多くの人間を説得することだ。オルトテックの宇宙全体が動員のために使われる。つまりQが8チャンにパンくずを残し、それからアノンたちが「パンを焼き」、ギャブやレディット、ディスコードのあちこちで計画を立てる。それだけでなく彼らはさらに、インスタグラム、ツイッター、フェイスブック、ユーチューブに流すためのバイラルなミームや動画を作成する。

「このグラフィックをきみのソーシャルメディアのネットワークでシェアしてもらえるかな？」と、この組織のイギリスの分派、Qブリタニアに所属するレイヴンが頼んでくる。Qブリタニアの目標は、「イギリスの人びとに、ネットワークをつくり、情報を共有し、アーカイブし、僕たちの国を取り戻す方法を見つける場所を与えること」だとわたしは教わる。管理人たちの説明によれば……

重点的に取り組むべきは、腐敗を明るみに出し、人びとを覚醒させるために使用できる情報を暴露することだ。Qがやがてイギリスに進出することは間違いない。そのときには、われわれ皆が衝撃的な覚醒を体験し、苦い事実を受け入れることになるだろう。

さまざまな陰謀論を結びつけることには実用的な面がある。インターネットの隅々から陰謀論者をひとつにまとめて、この運動の勢力範囲をさらに拡大できるのだ。Qアノンは自分たちの物語をさまざまな視聴者に合わせるために、イデオロギー的に（そして論理的にも）かなりの柔軟性を見せている。彼らは黄色いベストのデモを取り込み、強硬なブレグジットキャンペーンやトミー・ロビンソンの抗議活動を後押ししてきた。こうした運動に陰謀論的ナラティブを持ち込むことで、既存のネットワークにてこ入れし、その政治的方向性に影響を与えることができるのだ。

イギリスに参入して以来、アノンたちはブレグジットを支持する運動を積極的におこなっている。Qブリタニアのメンバーは、労働党の政治家（アンドリュー）アドニス卿のような残留派に対し、彼らは悪魔崇拝とつながっていて、人身売買に関与しているからEUとの国境を閉鎖したくないのだと非難した。イギリスの民間テレビネットワークITVとともに実施した調査から、わたしは#BrexitBetrayal（ブレグジットへの裏切り）や#StandUp4Brexit（ブレグジットのために闘おう）などのキャンペーンが、Qアノンや「大いなる覚醒」のハッシュタグとセットになっていることを発見した。(36)

ある調査から、ブレグジットとトランプに投票した者は、残留やヒラリー・クリントンに投票した者よりも、移民にまつわる陰謀論をはるかに信じやすいことがわかった。たとえば離脱に票を投じた者の30％が、「大いなる交代」の陰謀論を信じていたが、かたや残留に票を投じた者ではその割合は6%だった[37]。陰謀論者の決まったプロフィールというものはとくにないが、彼らはグローバリゼーションからマイナスの影響を受けたと感じる個人とかなりの割合で重複する傾向にある[38]。

1960年代、アメリカの歴史家リチャード・ホフスタッターは、「疑似保守」のレトリックに被害妄想的傾向が強く見られたのは、「過熱した誇張、疑念、陰謀論的幻想」が組み合わさったことによるものだと書いていた[39]。けれど今日の陰謀論は、インターネット以前の時代よりはるかにその数が多く、また広範に拡散している[40]。オンライン上のオルトライトの活動家は新たな「擬似保守」になっていると、ダービー大学の社会学者アンドリュー・ウィルソンが主張する。彼らは陰謀論をソーシャルメディアのハッシュタグ運動と組み合わせることで、過激主義の見方を主流に持ち込んでいる[41]。

陰謀論を拡散するオンラインの戦術は、かつてないほどクリエイティブなものになっている。「万人をレッドピリングすることについて——トゥルー・ライズ・Qアノンのメッセージを世に広めよう」とレイヴンがディスコードのグループに投稿する。「いま考えてたんだけど、世界中でいったい何人の人間がペリスコープ〔ツイッターの動画配信アプリ〕を使ってるのかな？　いまやっているような重要な会議のあいだ、僕たちの多くがペリスコープのアカウン

*9 ユーチューブ上のQアノンの動画再生リスト。

トを開いて、このディスカッションを世界中に流したらどうだろう——僕らからの急襲(レイド)って感じで」

アノンたちのなかには、Qのスローガンやデザインをあしらった名刺や商品をつくる者まで出てきた。「Qの名刺のテンプレートを入れておくフォルダが必要になるだろう」とレイヴンが書き込む。「ミームと似てるけど、名刺のフォーマットで、YT（ユーチューブ）上のトゥルー・ライズ・Qアノンか、ウェブサイトか、それともアノンたちにつながるハッシュタグとリンクさせておくんだ。いちばんデザインがいいのをひとつかふたつ選んで、それをビスタプリントで加工したらどうかな」

Qアノンはイギリスにだけ手を伸ばしているわけではない。ドイツやオランダ、フランス、スウェーデン、バルカン諸国、その他の国にも分派がある。オランダとヨーロッパの政治組織の隠し立てを暴露すると主張するプラットフォーム「ダッチリークス」の創設者は、このコミュニティが、トゥルー・ライズ・Qアノンを模したオランダ語のディスコードチャンネルをつくる着想を与えてくれたと感謝している。「このやり方で、僕らは情報を共有し、自分たちのネットワークを広げることができる」と彼は言う。「僕らは覚醒した人間を惹きつけるべく、ソーシャルプラットフォームの構築とそこでの宣伝を盛大におこなっている」

今日ほど過激主義の主体や運動が国際的なネットワークでつながったことはない。インターネット上のグローバルなフォーラムやミーティングハブのおかげで——その目的がロマンチックな出会いだろうと、集団での探偵ゲームだろうと——周縁のグループははるかに規模の大きなオンラインコミュニティに変貌できる。彼らの独自の売り（ユニークセリングプロポジション）とは、世界中の同好の士と絆を育めることにある。つながりの根拠となるものは、突飛な共通点であるかもしれない。たとえば、陰謀論を信じることや、白人種の絶滅とされるものを阻止したいと願うことなどがそれだ。ネットワークでつながったこうしたオンライン上のコミュニティは、急進化の入り口とアクセル、どちらの役目も果たすことができる。けれど何より重要なのは、地域的なムーヴメントを、国境を超えた影響をもたらすものに格上げできることだ。

　そうなれば、次はこうしたグローバルなネットワークを最大限に利用して、現実世界での動員に乗り出せる。

part

5

Mobilization

動員

第9章

ユナイト・ザ・ライト

——過激主義者が集うシャーロッツヴィルの集会

「白シャツにカーキのパンツ。透明のシールド、黒手袋、黒ヘルメット」。これが最終的に意見の一致を見たネオナチたちのドレスコードだ。MAGAの帽子を持ってくること。そうすれば、アンティファ[*1]が攻撃してきても、僕らがごく普通のトランプ支持者に見えるから」。「マッドディメンション」というユーザー名を使うジェイソン・ケスラーがわたしたちに勧める。彼は2017年8月11日と12日にシャーロッツヴィルで開かれる予定の白人ナショナリスト集会の主催者で、この集会の目的は、南部連合の軍人ロバート・E・リーの銅像撤去に抗議することにある。わたしは6月にアメリカ人に見える分身（アバター）を使って、ディスコード上の彼の非公開グループに加わった。インターネットの白人至上主義者の世界で、このイベントをめぐり熱い議論が交わされていると気づいたからだ。

ジェイソン・ケスラーがめざすのは、さまざまなサブコミュニティやそのほかの役に立つ協力者を結集させて、デジタル空間でのオルトライト運動に、魅力的なオフラインの顔を与えることだ。発表されたこのイベントのスピーカーには、白人至上主義の国家政策研究所所長、リチャード・スペンサー、反ユダヤのポッドキャスト「デイリー・ショア」のホスト、マイク・イノクといったオルトライトの有名人もいる。彼らはディスコードのこのグループでVIPの地位を与えられ、ネオナチ界でこのイベントを宣伝するのに利用されている。「リチャード・スペンサーに『わが闘争』にサインしてもらって、それを賞品として出すつもりだ」と幹事のひとりが書き込む。

なかば呆れつつ、なかば興味津々で、わたしは幹事たちの会話を注視する。それはシャトルサービスの情報や自動車の相乗りといった後方支援についての質問から、デモの戦術や「アンティファ・ウォッチ」と呼ばれるものまで多岐にわたる。デモ行進までの数週間の準備期間中、ディスコード上のこのグループのメンバーたちは、ノーマルで合法的に見せるための最善の戦略について話し合っている。彼ら全員がデイリー・ストーマーの創設者アンドリュー・アングリンの言葉に賛同する。「われわれは世間一般の心を掴みたいのだ。求めているのは普通(ノーマル)の人びとだ(1)」

ベインビョルンは、ファッションを通してノーマリゼーションする手法をもっとも熱心に

＊1　反ファシズム運動を展開するネットワーク。

提唱するひとりだ。プライベートのチャットルームに鉤十字や、ユダヤ人の赤ん坊が拷問されているミームを投稿し、「おまえたちにはガス室は使わない」との言葉も添えている。とはいえ公の場では良い印象を与えたいと考えているのだ。「見た目はとくに大事だし、北欧のレジスタンスはこれをちゃんとやっている。誰もが好き勝手な格好であらわれたりしたら、支離滅裂に見えるし、そこらへんの一般大衆と変わらなくなってしまう」と彼は言う。

主催者たちは、見た目がぱっとしない者は家にいるように勧めるほどだ。「ユナイト・ザ・ライト」の公式ルールには以下が含まれる。

見栄えをよくすること――自分が引き立つような服装をし、道化やLARP民みたいに見える格好はしないこと。きみたちがわれわれのムーヴメントを代表していることを忘れてはならない。もしも自分の外見に深刻な支障がある場合（病的に太っているとか、醜いなど――率直に言って）、どうか集会には来ないで、代わりに自分を磨く努力をしてほしい。

覆面やKKKの頭巾、ナチのシンボルはご法度だ。覆面の代わりにサングラスをかけて帽子をかぶり、銃やナイフや警棒をちらつかせる代わりに旗竿やサインポールやシールドだけを掲げるよう忠告される。「僕はシールドの美的感覚が好きなんだ。なんとなくだけど」とベインビョルンが書き込む。「世間の目には、僕らが自分たちを守っているだけだと映るだろう。すべて自分たちを守るためなのだと。あまり追いつめられないうちにね」。要は、銃を持ち出せばこの運動全体とその大義を危険にさらすことになるし、いまはまだ戦争をするときではない。「この急進的計画において、われわれがいかなる暴力的な考えを温めていようとも、ここで実行すべきものではない」とデイリー・ストーマーが戒める。「(…)この週末に革命を始めようとするなら、きみたちが予想する革命にはならないことは請け合おう。自分が戦士であることを証明したいのなら、まずは規律を守って行動することだ(2)」

ヒップで、誇り高く、無害に見えることが、オルトライト界では最優先される。というのも、現代的なシンボルやスタイルをとりいれることで、過去のイデオロギーを覆い隠して自分たちをリブランディングすることが、彼らの戦略の中心にあるからだ。自分たちを隠れファシストと呼ぶ者がいるのは、まさしくこの理由からだ。最近の調査では、極右組織はフェイスブック上での自分たちの視覚コミュニケーションを、現代の若者文化に徹底して適応させている。1980年代以降、極右は審美的に大きく変化している(3)。女性のイメージは、国民社会主義が理想とする昔ながらの服装をした母親のような古いステレオタイプのジェンダーロールではなく、現代の若者文化における「理想的なガールフレンド」に変わってきた。彼女たちが身にまとうのは、セクシーなミニスカートから、だぶだぶのパーカーやスケーターキャップまでなんでもありだし、たいていは欲張ったトレーニングスケジュールを組んで、インスタグラムにひんぱんに投稿している。(4)

極右が美意識にひどくこだわるのは、自分たちが合法的で、多くの主流の視聴者にとって魅力的に見えることを望んでいるからだ。ファッションやライフスタイルは極右運動にとって、その政治的イデオロギーに導くための入り口の役目を果たす。(5) 美しさをとことん重視するのは極右にかぎったことではない。オルトライトと同様、ＩＳＩＳもまた自分たちを、主流の考えに抵抗しつつも最先端の文化的基準にこだわる、クールなカウンターカルチャーやライフスタイルのブランドに見せようとしている。(6) 牽引力のあるブランドは大衆の心をとらえ、周囲に信者のコミュニティを築く。物語や信条、アイコン、儀式、特別な語彙はすべて、人びとのブランドへの愛着を生み出す重要な鍵となるのだ。(7)

こうした要素をすべて組み合わせて、ユナイト・ザ・ライトの主催者たちは「われわれvs彼ら」といったブランドを巧みに築いている。「われわれは恐れてなどいない。われわれを分断させはしない」と彼らのフェイスブックの公式ページが断言する。だがどう見ても不思議なのは、親シオニストの反ジハーディストと、反ユダヤの白人至上主義者がいったい全体どうして手を組むことになったのか？　そしてなぜここにきて超保守主義者と超リバタリアンが協力し合っているのか？　答えは、てこ入れ（レヴァレッジ）のためだ。これらの思想的に相反するオルトライトのサブコミュニティどうしは、トランプ支持のキャンペーンからすでにおたがいを知っている。それでも彼らが積極的な活動を現実世界に持ち込むのは、これが初めてのことだ。「歴史的な瞬間」と、オルトライトの人間のなかには呼ぶ者もいた(8)。

「言うまでもなく、こうしたグループの多くはそれぞれに違いがある」とオルトライトの活動家ハンター・ウォレスが書いている。それでも南部遺産保護活動家、オルトライト、白人ナショナリスト、反共産主義者、文化的排外主義者、トロール、愛国主義者がなぜ団結する必要があるのかを説明する。要は、オンラインならびにオフラインにおける彼らの共通の敵と対決すべく力を合わせることで、もっと強くなれるからだ。「右派は街頭で左派を脇に押しのけ、マス・ソーシャルメディアの場で政治的な公正さ（ポリティカル・コレクトネス）の呪いを解くことができる。オンライン空間から街頭に文化戦争＊2を引っ張り出し、この戦いに勝つことができるのだ(9)」。デイリー・ストーマーがこの発想を繰り返した。「われわれはあらゆる手を使って、できるかぎり多くの人間をこの集会に参加させなくてはならない。ここに来る誰彼と、どんな違いがあろうと関係ない。肝心なのは発言することだ(10)」

とはいえ、団結した右翼（ユナイテッド・ライト）の説得力あるブランドをつくろうとする主催者の努力をよそに、さまざまな極右コミュニティの思想上の違いが繰り返し浮上する。「分かれていることは美

＊2 保守対リベラルの価値観の衝突。

しい」と、この集団の白人分離主義者が書き込み、レインボーフラッグを投稿した。そこには「どの人種にも安全な場所が必要」と書いてある。「なんてこった。勘弁してくれ！」とある白人至上主義者が嚙みつく。「俺たちがレインボーフラッグを認めるのは、色がきっちり分かれているからだ」と別の誰かが答える。かたや文化的排外主義者や超リバタリアンのなかには、ヴァイス・メディアの共同創設者で極右のブイロガーに転向したギャビン・マキネスのように、この集会を白人のアイデンティティではなく言論の自由にまつわるものにリフレームするよう、主催者側に説得を試みる者もいる。

この多種多様なサブカルチャーを取り込むために、イベントの主催者は、イデオロギーの異なるさまざまな視聴者に合わせて自分たちのメッセージをカスタマイズしたキャンペーンを用意する。フェイスブック、ツイッター、4チャン、レディット、さらに極右のウェブサイトやフォーラムで、このイベントを猛烈に宣伝はするものの、プロパガンダの口調はプラットフォームに応じて変えている。主流派寄りの視聴者に届けられるメッセージは、アイデンティティ、遺産（ヘリテージ）、言論の自由にまつわるものが多いが、もっと過激なサイド向けの広告材料では、白人が交代させられるといった物語（ナラティブ）や反ユダヤの陰謀論に重きを置いている。(11)

このデモを支持するツイートをした人びとの3分の1近くが、人種問題、とりわけ「反白人政策」や「白人のジェノサイド」とみられるものへの不満を訴える。またそれとほぼ等しい割合が、政治的左派、とりわけ反ファシスト（アンティファ）に対する不満を共有する。(12) アンティファの運動は1920年代から30年代にまでさかのぼるが、当時のメンバーはヨーロッパのファシストたちと闘っていた。1980年代以降、「アンチレイシスト・アクション」などのアンティファの組織は、ときに攻撃的な手段を用いて極右活動家と対決している。昨今の白人至上主義運動の復興とともに、アンティファもまた過去数年でその抵抗活動にいちだんと力を入れている。(13) オンライン上のシャーロッツヴィル支持者が発したその他の不満は、言論の自由の侵害、南部の遺産の喪失、既得権益層（エスタブリッシュメント）に対する怒りと結びついたものだ。(14)

けれど、これは氷山の一角にすぎないし、真の問題はどこかよそにあることも少なくない。

「コンボ、きみが最後にデートしてからどのくらいたった？」とニケフォロスが尋ねる。

「4年かな」とコンボが答える。

「まさか、冗談だろ？」

コンボは高校でガールフレンドをかばったためにいじめられ、友だちを失った。それから大学1年のときに、それまで彼女がずっと浮気していて、相手は「30歳のケモナー（ファーリー）＊3」だったと知った。「というわけで5年間、友だちがいない。それに4年間、デートもしてない」と認める。

＊3 動物キャラクター好きのおたく。

コンボは21歳。カリフォルニアの大学の最終学年だ。カリフォルニアを離れて、博士号をとろうかと考えている。「どのみち、僕がナチになって失うものなんて何もない」と彼は言う。

「ひゃあ。このグループにいる僕らのほとんどは将来が危ういってのに」とニューヨークのペーソスが書き込む。「博士号とってもおんなじだなんて僕は思わないね」

コンボの最後のデートも残念なものだった。「背が150センチ足らずのアジア系の女の子で、母親との関係についてずっとしゃべってんだ」と彼が書く。「2カ月前に会ってさ、彼女マジに僕と話したがってたけど、僕はハハハと笑って、こっちから電話するよ、って言ったんだ。けど彼女の番号なんて知らないのさ。超ウケるだろ!」

「しばらく商売女と遊んでみるとか?」とペーソスが提案する。

けれどコンボは、自分はセックスがそれほど好きではないと答える。「僕にとっては、すっごくモチベーションになるってほどでもないんだ」。それに自分には良い思い出があると言い、「だから、ふしだらな女なんかとヤッたらきっと何カ月も落ち込むよ」。オンラインの友だち数人がコンボを説得しにかかり、アルティメットフリスビーとか、男どうしの絆を強めるグループとか、代わりに何かのサークルに入ってみたらと勧めると、ついにコンボがキレた。「僕はばかじゃない。誰かとデートしたいと思えばできるんだ」

自分が孤独や不安を感じるのは、政治や文化、社会の傾向といった外的環境のせいだと考えだすと、それこそ厄介な問題が生じてくる。個人の苦悶が集団の苦悶になり、集団の確執が個人の確執になる。不満やトラウマを共有し合うと、個人のアイデンティティがしばしば集団のアイデンティティと融合しはじめる。(15)集団との一体感を覚えると、集団のイデオロギーや理想や名誉のために、自己犠牲的な行為を進んでやりたい気持ちになることもある。(16)こうして自爆テロリストが生まれるのだ――それがＩＳＩＳの殉教者だろうと、あるいはネオナチの銃撃犯だろうと同じことだ。

集会の予定日が近づくにつれて、わたしはデモに参加するためにアメリカに渡ろうかと考えた。けれど、持参予定の銃やライフルのタイプについて、多くのメンバーが知らせてくるのを見て、行くのはやめることにした。シールドだけとの方針に全員が従うつもりはなさそうだ。「銃を隠して携帯する許可証を持っているならかまわない。地元の法律をチェックして。まあヴァージニア州はこの点きわめて友好的だがね」とジェイソン・ケスラーが銃マニアを安心させる。

北アメリカ各地の白人至上主義者と極右支持者が参加を表明する。カナダやアメリカ西海岸から飛んでくる者までいる。デモに出られない者は誰もが献金するよう勧められる。(17)デイリー・ストーマーは世界中の２０００人を超える献金者から15万ドルを集めたと自慢げに宣言した。

２０１７年8月11日の夜、数百人のネオファシストがヴァージニア大学の構内に集まった。ディスコードはお祭りムードだ。周到に準備されたデモ行進は、主催者の狙いどおりの結果をもたらした。世界中の新聞が、ティキトーチ〔ポリネシア風たいまつ〕の薄明かりのなか行進する白人ナショナリストの誇らしげな顔を掲載し、シャーロッツヴィルのハッシュタグや写真がソーシャルメディアのトレンドになった。実際、この見世物はあまりに注目を集めたので、ティキトーチの製造元は白人ナショナリストと距離を置く必要を感じたほどだ。(18) 家族でのバーベキューやプールサイドのパーティ、ハワイ風レストランといった、その中核事業を失うのはご免だからだ。

翌朝、およそ５００人の抗議者が、いまでは「解放（エマンシペーション）パーク」と呼ばれるリー・パークに到着した。多くがナチのシンボルや半自動小銃を携帯している。伝統主義労働党、国民社会主義ムーヴメント、ヴァンガードアメリカ、アイデンティティ・エウロパ、オルトナイツ友愛会、クー・クラックス・クラン、そしてもろもろの極右武装集団――これらすべてが一堂に会するのは滅多に見られない光景だ。すべての抗議者が反ユダヤ主義を公言するわけではなく、隠れナチもいれば、親イスラエル派までいる。たとえばレベル・メディアから送られてきたフェイス・ゴールディ、アメリカの有力な極右ウェブサイト、ゲートウェイ・パンディットの元ホワイトハウス担当記者ルシアン・ウィントリッチのような反ジハーディストのコメンテーターたちも、この抗議行動に参加している。ソーシャルメディアでは、ヨーロッパのアイデンティタリアンやイギリスの極右インフルエンサーたちが、#UniteTheRightのキャンペーンを宣伝し、喝采を送っている。[19]

公式の集会は正午からスタートすることになっているが、午前11時にはヴァージニア州警察がこの集会は違法であると宣言し、公園からデモ参加者を排除しはじめた。シャーロッツヴィル市長が「市民の暴動、騒乱、けが人が出る可能性、公共および私有財産の破壊などの差し迫った脅威」があるとして非常事態を宣言した。

オンラインでもオフラインでも、緊張がいよいよ高まるのが感じられる。オルトライトのディスコードサーバーでは、激怒した参加者や傍観者（ウォッチャー）の一部が、警察や、デモに抗議する連中に反撃するよう参加者たちをけしかける。「俺たちはいったん撤退し、再び徒党を組んで、次はもっと有効な反撃を企ててやる」とある参加者が書き込む。「これはせいぜい、ささいなつまずきってところだ。間違いなくこれは揺るがない証拠なのだ。ユダヤ人は俺たちを恐れているし、俺たちこそが真の脅威だと承知している。俺たちはあきらめない。気を緩めるものか。勝利万歳！　人民万歳！」

わたしは白人至上主義のソーシャルメディア・インフルエンサーであるティム・ジオネット（別名ベイクド・アラスカ）のライブ配信にログインしてみる。数カ月前にこのネオナチの活動家は数万人の支持者に対し、シリーズもののコメディドラマ『親愛なる白人様』を放映した罰としてネットフリックスをボイコットするよう呼びかけていた。

わたしがライブ配信に参加してまもなく、ベイクド・アラスカは集会に行く途中、ひとりのデモ抗議者によって顔に催涙ガスをかけられた。観ているうちに、オンラインの視聴者たちがみるみる攻撃的になっていく。わたしがモニターしている大半のライブ配信チャットと同様、ますます多くの傍観者（ウォッチャー）がここにきて暴力に訴えるよう懇願している。警察やデモ抗議者と闘わない彼らを弱虫呼ばわりする者までいる。

たとえばこんなふうに。

くたばれお巡り（ファックコップス）、アンティファ、ニガー、ユダヤ野郎（カイクス）！

死ね、シットスキン〔黒人の蔑称〕

この悪党どもを止めるんだ

ニガーを全員焼き殺せ

もう一度吊るせ

これは戦争だ
アンティファに死を
敵の移動手段をつぶせ
アカとニガーは戦争したがってる、ならマジでさせてやろうじゃないか
あとをついてくるニガーを吊るせ
これじゃ手ぬるい
ニガーが勝ちそうだ、正直言って
そろそろきれいごとはやめて暴動を起こそうぜ、腰抜けども
クソ野郎が
これじゃ寝取られ町(カックスヴィル)だ
暴力には暴力をってときがある！　奴らをボコれ！
ニガーたちに死を
まだわからないのか、白人種の敵を殺すときがきたのだ
このオンナどもを轢くのにブルースブラザースを呼んでこい
アンティファを殺せ！

それからほんの少し経った午後1時45分頃、デモ参加者のひとりジェームズ・アレックス・フィールズが車のアクセルを踏んで、集会に抗議する群衆のなかに突っ込んだ。32歳の女性ヘザー・ヘイヤーが死亡し、19人が負傷した。ヘイヤーは自身のフェイスブックに「あなたが怒っていないなら、それは関心を持っていないからよ」と最後の公開の書き込みを残している。[20]

これはこの抗議のさなかのもっとも悲劇的な出来事だったが、暴力がエスカレートしたのはこのときだけではなかった。20歳の黒人男性、ディアンドレ・ハリスが白人至上主義者らに襲われ、頭部と背骨を負傷した。シャーロッツヴィルの駐車場で、金属パイプと棍棒を持った6人の男に袋叩きにされたのだ。[21] こうした事件がまざまざと教えてくれるのは、オンライン上の憎悪や暴力の扇動が、いかに速やかに現実世界の行動に転化されるかということだ。

自動車での襲撃のニュースが流れたあと、オルトライトのディスコードサーバーに戻ってみると、メンバーのあいだでさまざまな意見が飛び交っていた。「今日起きたことでブラックピルされてはいけない」と誰かが訴える。そして、「完全に敗北するまで敵はますます激しく何度でも反撃する」はずだと断言する。なかにはこの事件をジョークのタネにし、車の写真に「僕の新車、気に入った?」などと不愉快なコメントをつけてシェアする者もいる。

また、この攻撃を褒め称える者さえいる。「誰であれ、やつはヒーローだ。彼に敬礼するよ」と誰かが書き込む(22)。

シャーロッツヴィルの集会の直後に、グローバルなオルトライトの力は弱まった。この襲撃によって彼らのイメージは大きく損なわれ、この運動が平均的なアメリカ人に手を広げる力も減衰した。それから数週間のうちに、オルトライトのソーシャルメディアのアカウントやディスコードのサーバーの大半が閉鎖された。同時に、イデオロギーの異なるサブグループ間に亀裂が広がった。主流の極右インフルエンサーたちは、この運動全体に反感が向けられている原因は、オルトライトの過激すぎる発言のせいだと非難した。

そうは言ってもシャーロッツヴィルは、極右がオンラインで動員をおこなう先例になった。主催者と参加者は集会の共通の目的をかなえるために、イデオロギーや地理的な差を乗り越えた。以来、右派の隅々までを団結させる試みがヨーロッパ各地も含めて続いている。ザ・ライト・ウィング・ユナイテッド（ＲＷＵ）のサーバーはその一例だ。

わたしがＲＷＵに２０１８年に加わったときにいたメンバーは４００人だった。シャーロッツヴィルの一件から数カ月後に結成されたこの国際的な組織は、「保守派、伝統主義者、反左派組織を団結させて、分別のある、安全で効果的な活動を促すことが目的」だと触れ込んでいる。

そのプロトコルには、この組織の指針が概説されている。

われわれは全員が銃器の合法化に賛成する。われわれは民主主義に反対する声高で鼻持ちならないマイノリティに立ち向かわねばならないと考える。「ソーシャル・ジャスティス・ウォリアーズ（社会正義の戦士）」や共産主義者や「アンティファ」のような組織は、われわれの国を内側から破壊しようとしている。西洋の伝統主義が忘れられている。道徳的価値が置き去りにされ、現代の若者文化は短絡的で原始的な行動を促している。あなたがたの手を借りて、われわれは西側世界を偉大にした価値観の奪還に乗り出すことができる。リバタリアンやナショナリスト、無神論者やキリスト教徒が皆揃って団結した。ひとつの大きな家族として立ち上がり、左派にノーと言うときが来たのだ。

RWUメンバーの政治的な意見や目的についてもっと探ろうと、投票ルームに入ってみる。

女性に投票権を認めるべきか？
イエス８票　ノー23票
男性は自分より若い女性と結婚すべきか？

イエス28票、ノー5票
異人種混合社会は崩壊する運命にあるか？
イエス39票、ノー6票
自分の人種的遺産を誇りに思ってもよいか？
イエス67票、ノー2票

ＲＷＵはあらゆる意味で伝統主義的だ。中絶に反対し、ＬＧＢＴの権利に反対し、反イスラム、反社会主義、銃支持、そして多様性に反対だ。イギリスでは、ほとんどのメンバーがイギリス国民党の支持を表明している。「ＵＫＩＰ（イギリス独立党）はいいけど生ぬるい」と誰かが書き込む。続けて、現在の保守党（トーリーズ）は「トーリー」とか「保守」と呼ぶに値しないと断言する。「連中はそれとは程遠いね。少なくとも社会問題や移民については」

アメリカでのＲＷＵの方針はトランプを引き続き支持するが、ただし組織の基本計画を実行するうえで彼に頼りすぎてはならないとする。「トランプはわれわれを救うことはない。われわれを救えるのはわれわれだけだ。だが、トランプがしくじっても、目標を達成できなくても、彼を悪者扱いするべきではない」。彼らが見るに、いまどきの保守主義やナショナリストの考えは、トランプとあまりにも絡み合っている。「だからこそ、トランプの世間のイメージを支え、2020年（の選挙で）の勝利に力を貸すべく、できることはなんでもやるべきだ」

トランプが負けるか失脚すれば、ナショナリズムと保守は世の人びとの心を掴む戦いに負けると彼らは考える。だからこそ、彼らはナショナリズムと伝統主義をトランプから切り離す計画を立てている。それに、すべてがうまくいっても、トランプはホワイトハウスにあと6年しかいられない。「われわれにはそれより長く続く体制、トランプが失脚するか外部の誰かに追い出されても倒れることのない体制が必要だ。要するにわれわれの運動はトランプよりも大きなものだし、われわれの望むことのいくらかを達成するのにトランプを使えても、われわれの命運がすべてトランプにかかっていると考えるのは間違っている」

ＲＷＵがめざす社会のモデルは伝統主義的なものかもしれないが、そのための戦術は時代を先取りしている。

人間を遺伝的に変えるべきか？

イエス12票、ノー9票

インターネットは分散化すべきか？

イエス37票、ノー3票

あなたが使っているソーシャルメディアのプラットフォームはどれか？

フェイスブック27票

マインズ16票

ツイッター34票

ギャブ24票

インスタグラム35票

コンヴォ2票

レディット22票

インターネット、ソーシャルメディア、そしてテクノロジーの発明は、彼らの取り組みにとって大いに役立つとみられている。ミームのアーカイブを築き、ボットのアカウントをつくり、ソーシャルメディアを隅々まで——フェイスブックやユーチューブから、マインズ、レディット、ギャブ、テレグラム、トゥイッチにいたるまで——利用することで、オンラインの運動は、キャンペーンを開始し、街頭での抗議を計画すべく準備を整えているのだ。

ＲＷＵの日程表には、極右のイベントと、彼らが反撃したいと考える左派のイベントが載っている。２０１９年の1月だけでも、メルボルンのセント・キルダ・ビーチでの政治集会――これは参加者とそれに抗議する者たちとの暴力的な衝突に発展した――や、ワシントンＤＣで開催された「いのちの行進（マーチ・フォー・ライフ）」と「ウィメンズ・マーチ」がリストアップされている。(23)アメリカでの「保守政治活動協議会」、フィンランド、リトアニア、ベルギー、ポルトガルでの選挙ならびに欧州議会選挙にも、彼らは目をつけている。

集会に参加するときのＲＷＵの指針の多くは、ユナイト・ザ・ライトの主催者のそれと似通っている。

きみたちがどんなふうにあらわれるかは、きみたち自身の評判だけでなく、周囲の人間の評判にもかかわってくる。集会に来たきみたちの外見や行動が最低（シット）なら、仲間の誰も彼もの評判を落とすことになるし、きみ自身も相手にされなくなる。きみたちの外見と行動は大事なのだ。(24)

ＲＷＵの投票ルームに戻ってみると……

世間の評判が地に落ちたあとでも、政治的な組織や人物が再度挽回することは可能か？

イエス3票　ノー18票

シャーロッツヴィル以降、多くの極右団体が、公にアクセスできるチャンネルでナチのシンボルやファシストの言葉を使うことを控えている。フェイスブックが認めるに「白人ナショナリストのなかには、至上主義という言葉を注意して避けている者もいる」[25]。最近は、フェイスブックのつくったモデレーターのための訓練用スライドで、過激主義者の微妙な言い回しの見分け方を教えている。こうした傾向は、イスラム主義者が、「カリフ国（ヒラーファ）」や「不信仰（クフル）」「戦争の家（ダール・アル・ハルブ）」など、ジハーディストの監視リストに載っている引き金言葉（トリガーワード）を介して検出されるのを避けるやり方とよく似ている。

2019年5月の欧州議会選挙は、RWUの基本計画のとくに上位に位置づけられている。2019年の初め、彼らはインフルエンス・キャンペーンのための材料の準備にとりかかっている。

われわれは欧州懐疑主義やナショナリズムというトピックでミーム大会を開くことを決定した。この5月にヨーロッパでは欧州議会選挙があるため、欧州統合に懐疑的なミームをなるべくたくさん、広くシェアさせる必要がある。最高のOC「オリジナルコンテンツ」には賞金が用意されており、その額は大会にどれだけ多くのミームがエントリーするか、そしてそのクオリティの程度にかかっている。何か質問があれば私にDMしてくれ。ミームは#shitposting-and-memesではなく#activismで投稿し、私の名前をピンしてくれれば、私がそれを保存し評価する。1カ月を与えるので、最高のものを考えてほしい。成功を祈る。

ＲＷＵのメンバーには管理人やモデレーターから上級会員や準会員まで、それぞれ階級が与えられている。このコミュニティは「友愛的な団体、拡大家族のようなもの」であることを誇りにしている。メンバー全員が、降格や排斥などの罰を免れるためには、この戦い（バトル）に加わり、忠誠を示す必要がある。「きみのブラザーやシスターが、何かを心から必要としているなら、彼らのためにきみは自らを惜しみなく捧げなければならない」。キャンペーン担当部隊が魅力的なマーケティング材料を生み出せるように、管理人たちはジェンダーや年齢グループ別の好きな色のアンケート結果や、レイアウトやフォントの仕様についての心理学的助言をシェアしている。

ヨーロッパ各地で発生した政治的および経済的混乱は、悪意あるキャンペーン担当者たちにとって絶好のチャンスとみなされる。世界中の極右活動家らは、広がる怒りを自分たちの反乱に結集させようと、体制（ステータスクオ）に対する主流の抵抗運動の取り込みにかかっている。ＲＷＵのメンバーたちは黄色いベスト運動を、「ヨーロッパの春」と称するものを始める最初のステップとみなしている。この運動はもともと２０１７年11月にフランスでマクロン大統領による燃料税引き上げに反対した一連のデモから始まったものだが、政治的に右寄りの者も左寄りの者も街頭に押し寄せ、権威主義者と無政府主義者が肩をすり合わせた。このおよそありえない同盟をもたらしたのは、経済的な不満と政治的支配層への嫌悪だった。[26]

黄色いベスト運動は、初期の頃からすでにイスラム嫌悪、同性愛嫌悪、反ユダヤ主義の群衆を引きつけていた。[27] ２０１８年12月、この運動のポスターや落書きがマクロンを「ユダヤ人の尻軽女（ビッチ）」とか「ユダヤのクズ」と名指しし、世論調査によれば、抗議者のあいだでもっとも人気のある政党は、マリーヌ・ル・ペンの国民戦線〔現・国民連合〕だった。[28] ＲＷＵ、ヨーロピアン・ナショナル、Ｑアノンなどのオンライン上の極右組織が、他の地理的領域にこの運動を広める指揮をとっている。イギリスでは２０１９年1月、そこから派生した暴動によってデモ参加者がロンドン中心部の橋を封鎖し、議事堂の外で議員たちに嫌がらせ行為をはたらいた。[29] なかには反ムスリム組織「イングランド防衛同盟」や「オーディンの戦士たち」のバッジをつけている者もいた。カナダやヨーロッパ各地で、Ｑアノンの活動家が陰謀論をひとつまみ加え、抗議者たちは自分のベストにQのマークをつけている。「連中が戦争したいなら俺たちがくれてやろう。ほら、ファッキンな戦争をくれてやろうぜ」とロンドンの集会でひとりの抗議者が叫び、リーズでの抗議ではひとりの女性がナチ式敬礼をしたという。レディット上のオルトライトのトロールたちは、さっそく黄色いベスト運動の映像や画像をミームにし、主流のチャンネルにメッセージを拡散しようとした。

大規模な動員がいまでは数時間足らずで達成できる。それは2018年8月の日曜の早朝だった。ドイツ系キューバ人のダニエル・Hが、ドイツ・ザクセン州の都市ケムニッツの創立を祝うフェスティバルで刺殺された。その数時間後、逮捕された容疑者たちがイラクとシリアからの難民だったとわかると、移民に抗議するため、このケムニッツの古い街に国中から6000人が集まってきた。デモはすぐに暴動に発展した。極右の活動家らが移民を追いかけ、暴力を振るい、10人の抗議者がナチ式敬礼をしたとして起訴された[30]。抗議はさらに数日、そして数週間と続き、移民への暴力はドイツの他の地域にも広がった。最初の抗議から数日のうちに、ドイツ北東部で3人の男が20歳のシリア移民の男性を鉄の鎖で打ち据え重傷を負わせた[31]。

シャーロッツヴィルの集会と同様に、ケムニッツの抗議運動もさまざまな極右分子を団結させた。極右のポピュリスト政党プロ・ケムニッツやAfDの支持者が、過激なネオナチやフーリガンと並んで行進した。政治家やジャーナリストや左派活動家への攻撃を計画していた右派テロ組織レボリューション・ケムニッツのメンバーまでもが加わった。[32]

とはいえシャーロッツヴィルとは違って、ケムニッツの場合は事前に何カ月もかけて計画されたものではなかった。この抗議運動は、ニュース記事に対する思いつきの反応として起きたものだ。この運動の発生に先立つ、組織的な抗議の宣言や、街頭への動員を求めるあからさまな呼びかけもほとんどなかった。むしろ動員はもっぱらコンテンツに駆り立てられたものだった。刺殺事件の調査がまだおこなわれている最中に、極右のインフルエンサーたちが誤った情報を拡散し、同調者のあいだに憤怒を煽った。ワッツアップ、テレグラム、ディスコード上の多くの暗号化された極右グループが、殺害されたのは男性2人で、被害者らは女性たちを嫌がらせから守ろうとしたのだといった間違った話を吹聴した。極右ユーチューバーらがこうした偽情報を用いて、憶測にもとづく話をライブ配信でわめきちらした。アイデンティタリアンのラッパー、クリス・アレスが、ドイツのユーチューブで14時間にわたりトレンドの1位になった。[33]

スマートフォン時代は、ライブ配信やインスタントメッセージアプリを通じて新たなかたちの大規模な動員を生んでいる。ソーシャルメディア、とりわけダークソーシャルによって、急進的な行為者らはトリガーイベントをお手軽な動員の火種にすることができる。ドイツの反ファシスト組織アマデウ・アントニオ財団は、これを「憤怒のマネジメント」と呼んだ。(34)とはいえ反抗の意思をライブ配信できる機会を得たことが、ポジティブなかたちをとることもある。たとえばパリのシャルリー・エブドとバタクラン劇場のテロ攻撃のあとに起きた#jesuischarlies（わたしはシャルリ）や#noussommesunis（われわれは団結する）のデモ行進のように。スウェーデンの16歳の気候変動活動家グレタ・トゥーンベリが始めた#FridaysForFuture（未来のための金曜日）運動は、こうしたポジティブなオンライン動員のもうひとつの例だ。しかし、それらはまた、敵とみなしたものに対する、ヘイトに満ちた、ことによると暴力を伴う騒動につながることもありうるのだ。

グローバルな極右派の最終目標は、オンラインで若者たちを感化し、グローバリズムやリベラリズムに対する自分たちの「抵抗」に参加させることだ。そのために彼らは、コンピュータ通でソーシャルメディア通の、変化の担い手を集めた部隊を組織する。こうした若者たちはヨーロッパとアメリカの両方で、政治システムや権力構造をつくり変える劇的な転機をもたらしかねない。急進的な活動家の緩いネットワークは、ソーシャルメディア全域をまたにかけ、オンラインでの宣伝ツールを用いて大規模な抗議を仕掛けている。それは、シャーロッツヴィルのように周到に計画されたものだけでなく、ケムニッツのように自然発生的に即興で生まれたものにも当てはまるのだ。

第10章
シルト・ウント・シュヴェルト
——ネオナチの音楽フェスティバル

ドイツ東部、摂氏9度、雨。ポーランド国境に接するドイツの小さな街オストリッツで年に2回、ヨーロッパ最大のネオナチのロックフェスティバルが開かれる。その入場口の列に、たったいまわたしは並んでいる。これは今年2度目のフェスティバル「シルト・ウント・シュヴェルト」だ。この年の前半には、ヨーロッパ各地から1000人を超える白人至上主義者が、今年第1回目のこのネオナチのイベントに参加すべく集まっていた。それはヒトラーの誕生日である4月20日に開かれた。フェスティバルの名称は「盾と剣」という意味だ。

この11月の週末に開かれるフェスティバルのアジェンダは、政治討論、MMA（総合格闘技）、ロック——そして、そのすべてのテーマはナチである。いったいどれがいちばん始末に悪いのだろう。ドイツ国民民主党（NPD）の副代表を務める過激なネオナチのトルステン・ハイゼのような政治活動家のスピーチか、それとも最終的な人種戦争に備えて訓練に励む「カンプフ・デア・ニーベルンゲン」による興行試合や格闘技のレッスンか、それともアーリア人のサバイバルについて歌うバーニングヘイト、ペインフルライフ、テロアスフェーラといった国民社会主義（NS）バンドの演奏か……。

「まったく、もう1時間も待ってんのよ」隣の小柄な女性がとつぜん口を開く。緑色の瞳が、インラインに引いた黒のアイライナーでくっきりと縁取られ、両耳には2ユーロ硬貨くらいの大きな穴。「自分の名はジェーン」と教えてくれる。「テロアスフェーラに間に合うといいんだけど！　ひどく時間がかかるね」。しびれを切らしたように右の靴先で歩道をこすっている。スニーカーにはひときわ目立つ「N」の文字。彼女の前の人のシューズも、そのまた前の人のも同じ。見回すと、ずらりと並んだ数十個のNが目に入る。

「ニューバランス」はネオナチのお気に入りのシューズブランドになっていて、それはアメリカだけではない。ボストンを拠点とするこの会社は、外国企業に生産をアウトソーシングしていないアメリカで唯一のスニーカーブランドだ。ブランドの広報担当部長マシュー・ルブレトンが、トランプによって「物事が正しい方向に向かっていると私たちは感じています」と「ウォール・ストリート・ジャーナル」に語ると、ニューバランスの愛用者たちがトランプへの抗議のしるしにシューズを燃やす動画がソーシャルメディアに流れるといったことがあった。この機に乗じて白人至上主義運動は、このブランドをハイジャックしようとし、アンドリュー・アングリンがこのスニーカーは「白人の公式シューズ」だと宣言した。わたしがはいているアディダスの黒のスケートシューズだけが、この群衆からわたしを浮いた存在にしている唯一のアイテムだ。それ以外、黒のフルボディのジャンプスーツに黒の革ジャンでキメたわたしは、この場にすんなり溶け込めているはず。

列の先頭にいた男性が警察に付き添われてどこかに歩いていく。警察は道路の向こう側の広い駐車場にひとりずつ連れていっているようだ。「あそこであんなに長いこと何してるんだろう?」とジェーンに訊いてみる。

「尋問して武器とか持ってないか調べてんだ」と彼女の友人のオリが教えてくれる。オリは頭髪よりもひげのほうがたっぷり生えていて、ダークブルーのジーンズにウィンドブレーカーという服装だ。

「武器って?」と思わずわたしが訊き返す。

オリの明るい青色の瞳がわたしをちらっと見る。「ああ、そうさ。どこかの間抜けなガキどもが、前にナイフを持ち込んだことがあったからな」

「なんて、ばかなこと」とわたしが言う。

「まったくだよ、なかで必要になるとでも思ったのかね。ここには俺たちだけしかいないってのに。そもそも部外者は入れないんだ。アンティファも、ジャーナリストだって。まわりはみんな友だちだってのにさ」

「ルーマニア人やポーランド人は慣れてないんだよ」とジェーンが口をはさむ。ドイツのNSロックフェスティバルは白人至上主義団体にとって最大の国際的なネットワーキングイベントになっている。「血と名誉（ブラッド・アンド・オナー）」とか、その暴力的な一派「コンバット18」——殺害リストをつくって少人数のグループで動き、移民に向けて釘入り爆弾を使うようメンバーに指示する——といった禁じられた組織の過激な分子ですら、前回4月のイベントに顔を出している。[1]

「外国からもたくさん人が来るの？」とわたしが尋ねる。

「わんさかね」とジェーンが答える。「前にいる2人はぜったいドイツ人じゃないよ。たぶんイギリス人かな」。ふたりの交わす言葉はポーランド語のように聞こえたけれど、訂正はしないでおく。

「おい見ろよ、トルステンだ！」とオリが叫んで、列からちょうど連れていかれる背の高い中年男を指差した。ふたりの警察官に両腕をがっちりつかまれている。「俺の逮捕状を警察がまだ受けとってないことを祈るのみだ」と言うオリの声には、警察が自分のことを知っているかもしれないと半ば不安げながら、半ばわくわくした響きがある。

「あら？　あたしは心配なんかしてないよ。警察の追跡システムは遅いからね。アップデートするのに数週間はかかるよ」とジェーンが言う。それから「あんた、あんまり速く走れなかったっけ？」とふざけてオリにウィンクする。「つかまりそうになったら、あたしはたいてい走って逃げる。数週間前に連中があたしを尋問しようとしたんだ。何もしてないってのに。酔って通りのゴミ箱をけっとばしただけ。だから駆け出したんだ。まあ、そんなに酔っぱらってなかったからね」

「今度ばかりは違う。警察は俺を捕まえて、しょっぴいて、尋問やら何やらしたんだよ」とオリが言う。

「なんのために？」わたしは知りたくなる。

「傷害容疑」とオリが答えて、ニヤリと得意げに笑う。

「それって、何があったの？」とわたしが尋ねる。

「ええと、まあ、傷害容疑さ」そう言えばわかるだろう、とでもいうようにオリが繰り返す。

言葉が見つからず、わたしはただうなずく。ジェーンがけたたましく笑ったので、わたしはほっと息をついた。ジェーンが次の警察とのエピソードはご一緒にというふうに両手をひらりと返した瞬間、彼女の指関節に描かれたふたつの9と、その下のハートとダイヤのペアが目にとまった。ポーカーの一種テキサス・ホールデムの「ジャーマン・ヴァージン」[*1]だ。少なくとも「88」、あの「ハイル・ヒトラー」のイニシャルをあらわすネオナチお決まりの数字ではない。

前の通りに警察車両がさらに何台か到着する。ナンバープレートは全国各地のものだ。警察の装甲トラックも数台来ていて、特殊部隊も現場にいる。まあ、ちょっとは安心な気もするが。とはいえドイツ警察は極右の運動とつながりのあることで知られている。２０１１年、警察やシークレットサービスの人間が少なからず、テロ組織「国民社会主義地下組織」の支援ネットワークにかかわっていたことが発覚した。２０００年から２００７年にかけて、この組織は9人の移民と1人の女性警官を殺害し、爆弾攻撃を含めて合計40件を超える襲撃を計画していた(2)。

「まったくいやんなる。コンサートの初めを見逃したくなんかないよ。このために今日まる一日休みをとったのに」とジェーンがこぼす。彼女はドイツの大手自動車会社の組立ラインで働いている。臨時職員だから一日だけ休みをとるのもそう簡単にはいかないと彼女が言う。「でもとれたんだ。だからどうしてもなかに入らなくっちゃ！」

後ろに並んでいるのは20代の綺麗な女性で、長いブロンドの髪に、ジーンズと黒のトレンチコートという服装だ。ぱっと見て唯一普通じゃないのは、目が赤く血走っていることだ。その瞳のたたえる深い悲しみを見ているとなんだか辛くて、彼女のことが心配になってきたところで、彼女の連れがあらわれた。背の高いハンサムな青年で、その外見にもやはり目を引くものはない。

「あんた、ひとりなの？」とジェーンがいきなり訊いてくる。まるでそれまでちっとも気がつかなかったというふうに。

「ううん。ボーイフレンドがもうなかにいる。彼知らなかったの。ここで止まって待たされるなんて」

ジェーンはうなずくと、友人に振り返り「あたしたちはペアで入る？」と声をかけた。ふたりで一緒に入ろうと言われなかったことに、わたしはほっとする。警察には本名を名乗らなくちゃならないだろうから。

「こっちに来てください」。その瞬間、毅然とした声がわたしに命じる。ひとりの警官がわたしを駐車場に連れていくと、そこには数十人の警官が立っていて、その場に目を光らせている。「武器や危険物を身につけていませんか？」

わたしは首を横に振る。

「はい？」

「いいえ、何も持ってません」

「ＩＤをお持ちですか？」。警官にＩＤを手渡す。

＊1　2枚の9から成るポーカーハンド（カードの組み合わせ）。

「生年月日は？」

「1991年」とわたしが答える、「1991年7月24日です」

「けっこうです。ちょっとこれお借りしますよ」と言ってから、警官はわたしが震えているのに気がつき、こう言い添えた。「寒いなかお待たせしてすみませんが、ここではインターネットの調子が悪くてね」。ジェーンの言う通り、警察のシステムは最速スピードというわけではなさそうだ。

「わたしのこと、グーグル検索してるんですか？」ちょっとびくっとして警官に尋ねる。

「いいえ、ただあなたに逮捕状が出ていないかチェックしてるだけです」。わたしはうなずく。「この手のフェスティバルは初めてですか？」わたしがまたこくりとうなずく。警官はにっこり笑って、「そのようですね」

ついにわたしはフェスの会場内に入った。急に警官の姿が目につかなくなる。外のエリアをパトロールしている姿がちらほらと見えるだけだ。ジェーンの友人が言ったように、ここには「俺たちだけしかいない」のだ。

「メインのコンサートホールはどこですか？」と小テントのビールバーに腰掛けているふたりの中年男性に訊いてみた。

「きみバイエルン訛りがあるね」わたしの質問を無視して、ひとりが言う。「俺たちミュンヘンから来たんだ」

「わたしはオーストリア人ですけど」とわたしが答える。「ここにすわらない？」とその男が声をかける。「ここは南ドイツのコーナーだから」

「きみもこっちの人間だよな」と別の男が口をはさむ。それからふたりでげらげら笑いだした。80年前のナチによるオーストリア併合について、いまは口論を始めるタイミングじゃないとわたしは自分に言い聞かせる。知りたいのは、１９３８年よりもこの２０１８年について彼らがどう思っているかだから。

「どうしてミュンヘンからはるばるここまで来たんです？」と訊いてみる。

「テロアスフェーラさ」。これがおそらく今晩のハイライトになるのだろう。彼らの演奏が始まるのは午前1時。チロル出身のこのハードコアバンドは２０１３年に結成され、５年のうちにフェイスブックで８０００を超える「いいね」を集めている。ユーチューブにあげた公式のミュージックビデオは何万回も視聴されている。[3] このバンドは自分たちの音楽ジャンルを「反体制の野蛮なビートダウンデスメタル」と呼んでいる。

ふたりの南ドイツ人が交通渋滞や電車の遅れについて話すのに耳を傾けたあと、わたしは隣にいた女の子のほうに顔を向けた。少し前に彼女はこの男たちの輪に加わっていた。「あなたたちどこで知り合ったの？」。彼女がハンブルクから着いたばかりだとわかったので訊いてみた。

「去年のコンサートで。それ以来、このイベントのときは彼らと合流するんだ」。そしてハンバーガーをひと口かじってから、「あなたの名前は?」と訊いてきた。

「アンナ」ととっさに答える。

「ハンナだって?!」彼女が叫んだ。テントにいた数人がわたしたちをじろりと見る。ハンナはヘブライ語の名前で、アンナは一般的にそのクリスチャン版だ。

「ちがう、アンナよ」と努めて平静にわたしが答える。

「ジョークだってば」と言うと彼女が声をあげて笑った。「いい名前。ハンナなんて呼ばれたらあんまりだよね」

　ざっと250人のネオナチが、この閉鎖された敷地内にいる。十数人ほどの人たちと話してみてわかったのは、ここには政治目的で来た人もいれば、音楽や格闘技目当てで来た人もいるが、全員が共同体(コミュニティ)意識を共有していることだ。とはいえ、誰も彼もが白人という以外、参加者のバックグラウンドはさまざまで、年配者もいれば、見たところ18歳になるかならないかの若者もいる。社会的に恵まれない環境で、給料の低い日雇いの仕事に就いている者もいれば、高価なブランド品を身につけ、高い教育を受けたふうに見える者もいる。約2割が女性で、あとは男性だ。

周囲には、典型的なスキンヘッドらしき人たちもいる。頭を剃りあげ、ファシストのシンボルが自慢げに肌に刻まれていたり、Tシャツにプリントされていたり。そうかと思えば、ごく普通の外見で、地下鉄ですれ違っても気にもとめないような人たちもいる。数は少ないけれど、政治やビジネスで重要な役目を果たしていそうな人もいる。高級時計をして、髪をきちんと分け、小ぎれいな服装をした人たち。彼らがドイツ国民民主党（NPD）や右派党（ディー・レヒテ）のような極右政党の主要メンバーであることも少なくないのだ。どちらの政党もこのフェスティバルに演説者を送り込み、宣伝ビラを配っている。

グッズ売り場に立ち寄り、NSをテーマにしたTシャツのコレクションを近くで見ていると、売り子が戦艦の模型のようなものを棚からとってきた。「このドイツの戦艦はどう？」値札に120ユーロとある。

「うーん、いまはいらないかな」

彼が言うに、MとLサイズのTシャツはすでに売り切れだという。「この夏はMMAのシャツを買いたいって人が大勢いたからね――どうしちゃったのかな」と売り子が言う。

ほかにも「I Love HTLR」とか「Reconquista」とか「88 Crew」と描かれたTシャツが棚に積まれた店をいくつか通り過ぎる。なんとNSのシンボルつきの枕やベッドシーツまで売られている。

「さて、決まったかな?」振り向くと、ブロンドの髪にきれいにクシをいれた30代くらいの男性が棚の横に立っている。「きみの安っぽい革ジャンの代わりに、このパーカーをお薦めするよ」。見た目も口ぶりも、まるで学士課程の経営管理学の授業でわたしの隣にすわっていたような人間だ。とはいえ、このパトリック・シュルーダーはドイツでは有名なネオナチで、2015年にはナチ式敬礼をして有罪判決を受けている。(4) NPDの支部リーダーで、2008年に自ら立ち上げた極右のファッションブランドAnsgar AryanのCEOでもある。2016年に彼の衣料品のオンラインショップは46万ユーロの収益をあげている。(5) このブランドのTシャツはAfDの活動家たちまで着用している。(6)

「そうね、なら——」とわたしが言いかける。

「おっと、明日また来るなんて言わないでよ。明日はもうないかもしれないから」彼がそばに来て、カタログをさっと手渡す。「これどうぞ。ほら、女性用のシャツはここ」と少し低めのテーブルを指差す。そして「このテーブルの姿勢は、ジェンダー平等に対する僕の姿勢のあらわれだよ」と付け加える。一瞬、オチがあるのかなと待ってみるが、そんなものはないのだとすぐに気がついた。そこでわたしはその「ガールズコーナー」の棚のほうへ移動する。

どうやら今日のパトリック・シュルーダーは「感じのいいナチ」の姿勢を家に置いてきた

ようだ。ネオナチの仲間内で彼はイメージコンサルタントとして有名で、「感じのいいネオナチ」になるにはどうしたらいいか教えるセミナーを同胞たちのために開いている。「見た目をよくするには訓練が必要だ。服装だけじゃなくて、自分が与える印象についても」(7)。シュルーダー自身もステレオタイプの白人至上主義者にならないよう懸命に努めている。彼のブランドAnsgar Aryanは「ニップスター」のカテゴリーに入っている。

極右のファッションブランドは、法的なグレーゾーンでビジネスをすることで生計を立てている。ドイツでNSのシンボルを禁じる法律の裏をかくために、Ansgar Aryanのようなブランドは、ほんの少し修整を加えたバージョンを用いて、似たように見えて法には触れない新たなシンボルを考案する。というわけでシュルーダーのようなネオナチのビジネスマンは、訴えられないよう暗号や略語、ジョークを好んで使っている。Ansgar Aryanでとくに人気のTシャツは「HKN KRZ」と描かれたもので、これはハーケンクロイツ（Hakenkreuzドイツ語で鉤十字を意味する）をあらわしている。「まあ一線を越えるんですよ」とシュルーダーはこのTシャツをつくった理由を、シュピーゲルTVのインタビューで悪びれずに語っている。「それがラッパーのすること、ブランドのすること、左派だってすることです。挑戦したいと思うなら誰だってやることですよ。それだけの話。若者を『触発する（トリガー）』ためです」(8)

「触発」と言う言葉、また風刺や逸脱を用いて過激なイデオロギーを害のないものに見せること、こうした一切がアメリカのオルトライトとかなり似通ったものに聞こえる。それどころか、シュルーダーがインスピレーションの源泉とするものにはリチャード・スペンサーも入っていて、彼のオンラインラジオ局FSN TV（FSNは「自由、社会主義、国民主義」をあらわす）にもスペンサーがたびたび登場する。シュルーダーのツイッタープロフィールは、背景に「ユナイト・ザ・ライト」運動のバナーを掲げている。(9)「僕たちの目標は、僕たちの政治的姿勢をソフトに、気軽に、楽しみながら紹介することです」と日曜のあるライブ配信でシュルーダーは語っている。彼のインフルエンス・キャンペーンの第一のターゲットは若年層で、だからこそ彼の主要なツールは若者文化、つまり音楽やファッションなのだ。(10)「若者の心を掴みたいなら、第二次世界大戦について語っても意味はありません。だったら『シンプソンズ』の最新エピソードか何かについて話したほうがいいんです。そのほうがずっと効果的ですよ」とシュピーゲルTVで語っている。(11)

「これなんかどう?」シュルーダーが「Keine Gnade（容赦するな）」と書かれた女性用のトップスを指差した。

「遠慮しとく」

わたしの返事に見るからに落胆して、シュルーダーが数歩後ずさりする。それから

「Defend Europe（ヨーロッパを守れ）」のTシャツを着た男性と握手をかわしてから、またわたしに振り返る。「なら、ヒントがほしいな。きみどこから来たの?」。わたしがオーストリア人だとわかると、「そいつはいいね、そっちにはマルティン・ゼルナーがいるもの。彼は最高だよ」

「彼のこと知ってるの?」

「ああ、何度か会ったことがある。一緒にビールを飲んだ」。わたしは彼をまじまじと見る。

「そうだね、ここで大きな声で言っちゃまずいかな。世間はジェネレーション・アイデンティティに賛成してないからね。けど彼らのやり方は好きさ。確実に影響を与えるための、いかにも筋の通ったことをしてると思うよ」

後ろでは、身なりの良い男たちの一団がビールを飲んでいる。「俺も選挙でAfDを手伝った」と誰かが言うのが聞こえる。

「そいつはいい」と別の誰かが答える。「NPDに投票したって無駄だよ、無駄。連中には見込みがない。だがAfDなら大いにチャンスがある」

屋内の大きなコンサートホールに入っていくと、MMAの試合の真っ最中だった。黒ずくめにつるつる頭の男がふたり、ステージで呻き声をあげ、数十人の観客がそれを見て歓声をあげている。ラウンドが終わるたびにファイターたちがそれぞれのコーナーに戻ると、アナウンサーがフロアに出てきて、ボクシングクラブに入会して戦い方を習うよう観客に熱心に勧めている。「ドイツ人なら健康で丈夫な体を持ち、武器の使い方を知っておくことが肝心です」と彼が言う。「この点でも私たちは皆さんをサポートできます。連絡をお待ちしています——それにドイツ全体にネットワークがありますから——部屋に必要なものを揃えたいとか、そういったご要望がございましたら」

そう言いながら、司会者が混雑した部屋をぐるりと見回す。どうやらみんながみんな自分の空き時間をすべてジムやMMAのトレーニング講座に費やしているふうには思えない。「だらだらするのはやめて体を鍛えたほうがいいですよ。ボクシングクラブに通えないなら、自分用にインドアの設備をレンタルするか、もっといいのは路上でトレーニングすることです」。彼は文化戦争は不可避で、差し迫ったものと考えている。「準備は早ければ早いほどいいのです」と断言する。「結局のところ戦うほかに選択肢などないでしょうから、すぐにでも始めるべきです」

MMAの組織「カンプフ・デア・ニーベルンゲン」もまた、現在の支配的なシステムやそのリベラルな民主主義と闘う必要があることをほのめかしている。その綱領にはこう書いてある。

国中で起きる大半の「戦闘の夜」にアスリートが参加するかどうかは、リベラルな民主主義の基本秩序に対して表明したその信条いかんにかかっている。しかし、カンプフ・デア・ニーベルンゲンは、このリベラルの秩序を邪悪な政治システムの一部とみなすのではなく、これをオルタナティブのシステムの基本要素とし、主流のものにしたいと考える(12)。

カンプフ・デア・ニーベルンゲンはドイツ国内で極右の政治サークルやサッカーのフーリガン界と密接なつながりがあるだけでなく、国外でも強力な支援ネットワークを築いている(13)。流暢なドイツ語を話し、ヨーゼフ・ゲッベルスの額入り写真を寝室に飾っていたこともあるロシアのフーリガン、デニス・「ニキーチン」・カプースチンは、自らの極右ブランド「ホワイト・レックス」で彼らを後援している(14)。カプースチンはモスクワを拠点とし、もともとはヴォロネジ、リペツク、ノヴォロシースクのようなロシアの都市でイベントを主催していたが、2013年以降、ヨーロッパ全土に広がる国民社会主義のフーリガン戦闘員からなるネットワークを築き、イタリア、フランス、ハンガリー、ドイツ、ギリシャでトーナメントや武器訓練キャンプのスポンサーを務めている。

ニキーチンも前回のシルト・ウント・シュヴェルトのフェスティバルに参加していた。今日もここに来ているだろうかと、わたしは気になりだした。「2yt4u」（きみには白すぎる（トゥーホワイトフォーユー））が彼のブランドのモットーで、このブランドはTシャツのほかに斧やナイフも販売している。彼のオンラインショップやMMAのイベントは、ソーシャルメディアで大々的に宣伝され、そこで彼はイギリスや大陸ヨーロッパなどで戦闘訓練を受けたいと願うサッカーファンに積極的に接触している。ユーチューブの解説動画[15]からフェイスブックでのイベント告知にいたるまで、コンテンツはフーリガン・コミュニティの部族主義的な考えや好戦気質にアピールするようカスタマイズされている[16]。

今夜ここに来ているのは、フーリガンからMMAの闘士に転身した人ばかりではない。その夜、わたしはルーマニアから来たタトゥーアーティストとたまたま言葉を交わした。「タトゥーを入れたいなら、明日また来ないといけないよ。今夜はもうおしまいだ」。ロシアから来た彼の友人が、すぐ隣で睨むような目でわたしを見ている。このルーマニア人は、ここに来たのは2度目だと言う。「4月にもここに来た。でも正直言って、僕の来る場所じゃない」。彼はわたしの視線を避けているようだ。

「ならどうしてここに?」と訊いてみる。ここに来て初めて頭のネジが全部は飛んでない人間に会った気がする。

「仕事だからさ」

「ここにいたのか!」ちょうどそのとき、背の高い男が大声をあげ、わたしに向かって近づいてきた。わたしは縮みあがり、走って逃げだそうとした瞬間、何かが軽く背中をかすめた。「あっ、マイケル！」すぐ背後で女の叫ぶ声が、わたしの耳を貫いた。振り返ると、さっき列の後ろに並んでいた悲しげな瞳のブロンド女性がそこにいた。「あそこで警察に連れてかれちゃったかと思った」と言いながら彼に歩み寄る。わたしは安堵の溜め息をついた。

メインホールにまた戻ると、フェヒール・トールヴィンが演奏していた。ブダペスト出身のこの極右ハードコアバンドは1995年から活動している。歌詞のひと言も、メロディの一節も、わたしにはまったく理解不能だけれど、ヘビーなドラムの音ですら控えめに聴こえるほど大迫力の攻めのシャウトを観客は楽しんでいるようだ。隣のカップルが一心不乱に踊っている。女は警帽をかぶり、男のAnsgar Aryanのジーンズに尻をこすりつけている。NSロックでどう踊ったらいいかさっぱりわからず、わたしは棒立ちのまま周囲をぐるりと見回した。

「迷子になったみたいな顔だね。きみひとり？」両肩にびっしりタトゥーの入った首の太い男が、わたしの耳元で怒鳴った。見たところMMAをずいぶんとやっていそうな風貌だ。両眼に戦闘への飢えのようなものすら浮かべている。

「えっと、いえ、ここにはボーイフレンドと来たの」とわたしが答える。「でも喧嘩しちゃって。1時間も外で置き去りにされてたから」

軽く言葉を交わしたあとに、自分はＮＰＤのメンバーだがＡｆＤに投票するのだと彼がわたしに話す。「いろいろ考えてもそれが唯一の正しい選択肢だからさ。ＮＰＤには実際、政権をとれる見込みなんてないからな」。ネオナチのあいだでは、こうした考えも珍しくないのだと、わたしは納得しはじめる。「どのみち俺たちはみんな救いようもないのさ。政治が何かを変えるにはもう手遅れだ」。そう言うと、わたしの腕をぐいと掴んだ。彼が着ているのはホワイト・レックスのＴシャツだ。

「それどう言う意味？　何が起きるっていうの？」それが知りたい。

男はわたしの顔から数ミリのところまで近づいている。「俺たちは混血人種になっちまうんだ」

「そうなんだ」とわたし。「あとどのくらいで？」

男がわたしをまじまじと見る。終末論的未来が訪れるまでの明確なスケジュールを訊かれるなんて、思ってもみなかったというふうに。「5年か、長くて10年かな」とようやく男が答える。「だがずっと前から計画はされている」

何も知らないふりをわたしはどこまで通せるだろうか。「誰が計画したの？」

甘かった。父親然とした男の態度がいきなり食ってかかるような苛立ちに変わる。「なんでそんなバカみたいなことばかり訊いてくるんだ？」。両眼が糸のように細くなる。「答えを知らないふりしてんだな。こんなわかりきったこと質問しやがって」

わたしは下を向く。ちょっと怖くなってきた。「わたし初めてで、この……えっと……こういうとこ」と口ごもる。

男はいったん気を鎮めると、こんどは一言ひとこと、間をあけて、まるで先生が生徒に簡単な計算を教えるみたいに説明しはじめた。「俺たちは、みんな、わかってんだよ。誰が計画したかってことをさ。いいか？　コールとゴルバチョフだ」。1990年7月、西ドイツの首相ヘルムート・コールがモスクワに出向いてソヴィエトの指導者ミハイル・ゴルバチョフと会談し、20世紀の歴史におけるもっとも重要な取り決めのひとつを結んだ。ドイツの再統合だ。

「あんた、歳いくつだ？」わたしを数秒見つめて、男が尋ねる。

「23」とわたしは躊躇なく答える。

「なら、あんたはすべてを見るだろうよ。俺は45だけど、俺だってこれを生き延びなきゃならねえだろうな」。そう言うと、わたしの腕をぐいと引っ張って自分の顔に近づけた。ビールの匂いが鼻腔を突く。男が腕を回してわたしの両肩をがっちり掴む。「ひとりで通りに出たらだめだ、わかるか？」。耳に男の息がかかる。「これからは女が外にいたら危ないからな」。そんなことよりも……と心のなかでわたしは思う。いまここにいたほうが、わたし危ない気がする。

もう充分だ。「これから出るよ」。立ち入り禁止のフェス会場の外で待つ友人にメッセージを打つと、わたしは黙ってその場を離れた。まだ心臓がばくばくする。トラッドワイフたちの誘惑には簡単に負けそうになったけど、オストリッツのフェス会場にいる人たちの仲間のふりをすることほどしんどいものはない。リアルな世界でネオナチに会っても、わたしは実際の彼らを身近に感じたりはしなかった。反ユダヤのジョークで大笑いし、白人至上主義のロックで踊るなんてわたしには無理だ。同じ人間として彼らとつながること、自分たちの歴史に対する彼らの無知に目をつぶること、あるいは彼らの世界観をほんの1ミリすら理解するのもわたしには難しい。

ここにきてはっきりわかってきたのはただひとつ、オンライン空間が彼らの動員の仕方に革命をもたらしていることだ。急進的な行為者のコア集団が、大規模な抗議活動やイベントを計画し、資金調達し、宣伝することがすこぶる容易になっている。彼らはネオナチのファンにグッズやヒップスター向けの衣服をオンラインで販売し、自分たちの活動資金を集めるのに暗号通貨でクラウドソーシングしている。彼らの強引なアウトリーチ・キャンペーンが触手を伸ばすのは、極右（レヒト）ロックやシンセウェイヴのミュージックシーンから、総合格闘技のコミュニティにいたるまで、インターネットのさまざまなサブカルチャーだ。そして彼らのイベントのライブ配信や現地レポート、カスタマイズされた広告が主流に届くあいだにも、暗号化されたチャットルームの人目につかない一角で、つねに兵站の準備がされている。そこはまた往々にして、敵とみなすものへの攻撃が計画される場所でもある。

part

6

Attack

攻撃

第11章 ブラックハット
――ISISとネオナチのハッカーに弟子入り

大半の人と同じく、わたしもブラックハットのハッキング・コースとはどういうものか見当もつかなかった――人生でしたいことの上位に、悪質な目的での違法ハッキングがランクインしたことはない。そういうわけで、2017年の秋に初めて親ISISのハッキング組織「ムスリム・テック」に加わったとき、わたしはほぼ未経験の状態だった。

ベイイとマヘッドが新入りの指南役を務めてくれる。ふたりはまず「きほんのき」を教えることから始める。「きみたちの最初の目標は、デジタルシステムにおける脆弱性の見つけ方を学ぶことだ」とベイイが「ハッキング入門講座（101）」の授業で説明する。授業のほとんどは英語でおこなわれるが、ときどき管理人や他のメンバーがドイツ語やフランス語、イタリア語に切り替えることもある。わたしの印象ではベイイとマヘッドはドイツ人だが、どちらも自分のアイデンティティを隠すのがうまく、テレグラムの秘密のチャットグループに参加するざっと100人の生徒の前であっても、それは同じだ。メンバーのほとんどはヨーロッパにいるようだが、VPN、プロキシサーバー、トーアを使ってすべてのデジタルフットプリントを消している。

グループ内の知識と能力のレベルにはかなりの幅がある。コンピュータに相当精通した若者(キッズ)もいれば、わたしみたいにまったくの素人もいる。「あなたがたのうえに平和を(サラーム・アレイクム)」は、新メンバーがグループに入るたびに届く歓迎のインスタントメッセージだ。「あなたがたのうえにも平和がありますように、兄弟よ(アレイクム・アッサラーム・ヤー・アヒー)」と入ったばかりの新人が笑顔の絵文字をつけて答える。「あなたたちはアラビア語ができるの?」と新人が尋ねる。「兄弟(アヒー)、イスラミックテックはボットです!　あなたのメッセージには返信しません」と別のユーザーが冷ややかに答えて(笑)(LOL)を誘う。

推薦図書のトップに来るのは、『楽しみながら役に立つ　Shodanでサーチング』。インドのセキュリティ・コンサルタント、サジャール・ヴェルマがサイバーセキュリティ専門家の訓練用に執筆したガイドブックだ。ショダン(Shodan)とは「ハッカーのためのグーグル」として定評があり、これを使えばインターネットに接続されたどんなものでも探すことができる――ルーターやウェブサイト、プリンターから、防犯カメラや信号機、さらにはガソリンスタンドや電力網、そして原子力発電所にいたるまで。その地理位置情報フィルターによってユーザーは、特定の地理的位置にあるアイテムを検索できる。たとえばニューヨークのウェブカメラ、フランスの田園地方の風力発電所、あるいはアイスランドのビットコイン・サーバーまで探索できる。２０１８年２月、ハッカーたちはJenkinsサーバー[*1]を利用して暗号通貨モネロを大量に採掘し、２年もしないうちに３００万USドルを稼いだことが発覚した[(1)]。

「それからこれを見て」。ベイイがハッキングレッスンを続けて、デフォルトパスワードのデータベースをシェアする。「きみたちには練習が必要だ。さあ、試しにやってみて」。すぐにわかったのだが、ユーザーネーム「Admin」とパスワード「１２３４」は、わたしが思っていたよりはるかにありがちだった。個人用のデバイスでも、公開アプリでも、自分のユーザーネームやパスワードをデフォルト設定のままにしている人がおそろしくたくさんいるということだ。

マヘッドはわたしたちをテストするのが大好きだ。「きみたちがちゃんと聞いていたか確認しよう。きみたちはこのサイトの管理人になれるかな？」と言うと、カリフォルニアのある不動産会社のウェブサイトのリンクを共有する。「さあ、あとコンテストがもうひとつ！ここでどうやって管理人（アドミン）になれるでしょう？」。こっちはインドのマテランにある人気リゾート地のサイトだ。わたしもトライしてみようかなとも思ったが、いくら調査のためとはいえ、ＩＳＩＳの指導のもとにウェブサイトをハッキングするのはさすがにやりすぎだろう。「次は何を学びたい？」マヘッドが簡単な投票をおこない、デバイスのハッキングから自分のオンラインのアイデンティティを難読化させることまで次の選択肢を与えてくれる。メンバーのなかには、まあ、ずいぶんと具体的な質問をしてくる者までいる。「パキスタンのラホールにある地元のポルノサイトをハッキングしたいんだけど」とひとりが書き込む。「誰か手伝ってくれないかな？」

驚くかもしれないが、インターネットのポルノはジハーディスト運動の成功に重要な役割を果たした。１９９５年にワールド・ワイド・ウェブが誕生してから、アルカイダの勧誘係は何千人もの青年たちに、おのれの性的な罪深さに対する贖罪とそれについての指針を与えた。彼らが言うに、無料のポルノを視聴するのは、西側の有害な価値観にいかに人生を堕落させられているかを示す、ほんの一例だ。「Pornhub.comを観ている青年男子１００人のうち、ひとりかふたりは彼らの仲間に引き入れることができたようだ」と元ＣＩＡのエージェント、マルコム・ナンスとサイバーセキュリティ専門家のクリス・サンプソンが『ハッキング ＩＳＩＳ』で書いている。(2) サイバー・リテラシーは、こうした若いメンバーがジハーディ

＊1　Jenkinsサーバーとは、Javaで書かれた、オープンソースのソフトウェア開発を自動化するためのサーバーのこと。〔原注〕

スト組織にもたらしたありがたい副産物だったし、皮肉なことに、それは往々にして彼らがインターネットのポルノやオンラインゲームにやみつきになっていたおかげだった。(3)

「オーケー、デバイスをハッキングするテクニックをもっと知りたい人もいるんだね」とマヘッドが書き込む。「ＳＱＬインジェクション」はもっともよく使われるハッキングテクニックのひとつだ、と彼が説明する。あるコードをシステムに注入（インジェクト）することで、データベースのサーバーを操作することが可能になる。それによって、データを盗んで編集したり、データベースを破壊したりできるのだ。われらが教育係はデータベースのスクリーンショットを共有し、システムから次のようなユーザーの個人情報や財務情報を流出させることができると説明する。

- フルネーム
- 住所
- Ｅメールアドレス
- ペイメントカードの番号（ＰＡＮ）
- 有効期限
- カードのセキュリティコード（ＣＶＶ）

それから数日経った2017年11月のある凍えるような冷たい朝。最新のニュースをチェックしようと「インターナショナル・ビジネス・タイムズ」を開いた瞬間、ラップトップのキーボードにわたしは思わずコーヒーをこぼしてしまった。「親ＩＳＩＳのハッカーがアメリカの学校８００校のサイトをハイジャック　サダム・フセインの写真と『アイ・ラブ・イスラミック・ステート』のメッセージを貼り付ける」との見出しが目に飛び込んできたのだ。アリゾナ州トゥーソン、コネチカット州ニュータウン、ヴァージニア州グロスター郡、ニュージャージー州ブルームフィールドの学校のウェブサイトが被害に遭ったという。「チーム・システムＤＺ」という名で動いている親ＩＳＩＳ組織が、このサイバー攻撃をおこなったと名乗り出た。記事によれば、「ＦＢＩはこのハッキングを誰が仕掛けたのか究明中である」という。(4)

公式の声明では、被害に遭ったウェブサイトのホスト「スクールデスク（SchoolDesk）」が、この攻撃はＳＱＬインジェクションの可能性があると推測した。

わが社の技術スタッフが発見したところでは、スクールデスクのウェブサイトのひとつでルートに小さなファイルが注入され、およそ８００の学校や学区のウェブサイトが、アラビア語の音声メッセージと正体不明の文書、そしてサダム・フセインの写真を含むユーチューブ動画を埋め込んだページに自動転送（リダイレクト）された。

数日後、カナダのプリンス・アルバート警察のウェブサイトも同じ組織に同様にハッキングされた。その朝、警察のサイトを開くと、ＩＳＩＳの旗と「チーム・システムＤＺがハッキングした。アイ・ラブ・イスラミック・ステート」と書かれたメッセージがあらわれたのだ。[5]

ムスリム・テックの組織に戻ってみると、ベイイがブルームフィールド学校区でハッキングされたウェブサイトの写真を共有している。このサイトではＩＳＩＳの勧誘ビデオが何時間も延々と流れていた。「ハッキングされるサイトはまだ出てくるよ☺☺」とベイイが書き込む。「次は学校じゃなくて発電所だとしたら?」とマヘッドが続ける。「不信仰の地（ダール・アル・クフル）すべてに闇が広がるのだ」。それからドイツの電力会社シュタットヴェルケ・ボルケンのＳＳＬサーバー証明書*2を共有する。

このグループをもはや観察・調査するだけですますわけにはいかない。わたしはＦＢＩに連絡し、ムスリム・テックで観察したことをまとめたメモを送った。この学校のハッキングはいわゆる「旗取りゲーム」の一例で、それほど高度なものではなかったが、それでも充分に悪質なものであり、公的機関の運営を中断させ、民間企業に深刻な財政負担をかけ、世界的な注目を集め、そして何より数千世帯の家族を恐怖に陥れた。ＩＳＩＳにハッキングされたばかりの学校に子どもを通わせるのは、さぞかし不安なことだろう。

「イスラム国は確実なサイバー攻撃能力を備えた最初の過激主義組織だ」と２０１５年にサイバーセキュリティ企業エフセキュアの最高研究責任者（チーフリサーチオフィサー）を務めるミッコ・ヒッポネンが警告した。[6] アルカイダはハッカー集団アノニマス、すなわちハッカーやトロールの緩いコミュニティからアラブ系のメンバーを集めようとしてはいたが、高度なスキルセットは開発できないままだった。筋金入りのハッカーたちは、「ＡＱエレクトロニック・ジハード機関（Tanzim Al Qaedat al-Jihad al-Electroniya）」や「聖戦ハッカーチーム（Team Al-Hackers Al-Mujahidin）」のことを、せいぜい「サイバー落書き」するだけの素人（アマチュア）集団にすぎないと片づけていた。[7]

２０１８年にヘルツリーヤの国際テロ対策研究所（ＩＣＴ）のサイバー部門が、イスラム主義のサイバーテロリストがその能力を向上させ、ハッカーたちを雇っていると警告した。再編成されたユナイテッド・サイバー・カリフ国（ＵＣＣ）のハッカー組織は、女性のハッカー集団も訓練していた。この組織は最初にソーシャルネットワークのアカウントを狙って

＊２　端末とサーバー間の通話の暗号化や、サイトの運営者の証明などに使われる電子証明書。

から、教育機関や重要なインフラに対するサイバー攻撃を開始した(8)。

テロリズムが厄介なのは、たんに実際のスキルだけにとどまらないところだ。どれほどのことができると思われ、どれほどの恐怖を植えつけられるかも問題なのだ。2018年12月にマヘッドが「『偽旗』作戦について、つまり、僕らがいかにメディアをトロールしたか！」を発表した。「僕らは愚かな不信仰者(カーフィル)たちのメディアに復讐すると決めた。そのために『スーパースキャン』という有名なツールを加工して、恐ろしい魔法の『ジハーディスト用サイバー兵器』につくり変えたのだ。そしたら期待したとおり、おバカないつものトロールたちが、僕らの話を真に受けたのさ」

ハッキングとトローリングの組み合わせはISISの十八番(おはこ)というわけではない。2016年3月、全米の大学構内のプリンターが突如、鉤十字の描かれたビラを印刷しはじめた。カリフォルニア大学からプリンストン大学まで、学生たちが目にしたビラにはこう書いてあった。

白人たちよ、ユダヤ人がきみたちの国を大量の移民と退廃によって破壊していることにうんざりしているだろう？　デイリー・ストーマーにアクセスしてグローバルな白人至上主義のための闘いに加わろう。

「プリンターからこんなものが出てくるなんて信じられない。プリンターをインターネットからもっと切り離す必要があるのは明らかだ。#racist #garbage」とカナダのヴィクトリア大学の研究者、エド・ウィービーがツイートした。

このハッキングを仕掛けた男、アンドリュー・アウレンハイマーは、ハンドル名のウィーヴ（Weev）で知られているが、自分は「正真正銘の世界的悪名を誇るハッカーでトロール」だと自己紹介する。ショダンを使ってアメリカの大学構内の保護されていないデバイスを見つけだしたのだが、そのやり方はISISのハッカーとやや似ている。「偽旗」作戦やDoS攻撃[*3]はジハーディストに人気なだけではない。オルトライトのお気に入りの戦術でもある。こうしたハッキング活動のほとんどはアノニマスが開拓し、実践してきた。そんな彼らのモットーはシンプルなものだった。つまり、どんなルールも存在せず、その目標とは、敵を出し抜き（アウトシンク）、裏をかき（アウトウィット）、ハッキングで上を行く（アウトハック）ことだ。ますます多くのアノニマスのメンバーが政治化し、二極化し、急進化するにつれ、ある者はジハーディストになり、またある者は白人ナショナリズムに向かった。

＊3　DoS（denial of service）攻撃とは、攻撃目標のサイトやサーバーに大量のデータや不正データを送りつけシステムをダウンさせるサイバー攻撃の一種。

ウィーヴはブログ投稿「ハッカーはなぜナショナリストになるべきか」で、ハッキングコミュニティに右翼活動家と同盟を結ぶよう呼びかけている。彼の動画やポッドキャストシリーズiProphetは一時期、毎週数万人の視聴者を集めていた。２００９年７月に投稿された最初のエピソード「いまは亡きセレブたち」で、彼はエド・マクマホン〔アメリカのテレビ司会者〕、ファラ・フォーセット、マイケル・ジャクソンの死を祝っていた。「神は不満の意を示すために、セレブたち、メディアのユダヤ人が珍重するセレブたちを葬り去る」と主張する。しかし、彼が「絶滅」させたいと願う唯一の存在はセレブだけではない。ウィーヴは「誰も彼もをインターネットから切り離したいのだ」とも言ったとされる。「ブロガーはゴミだ。連中を葬り去るべきだ。ブログ投稿は、バカの一団に参加意識という幻想を抱かせている……奴らを焼却炉（オーヴン）に送るべきだ！」

２００９年にウィーヴはアマゾンをハッキングし、一時的にオンラインショップからゲイとレズビアンの恋愛小説をすべて削除し、この会社の株価を10億ドルも下落させた。このブラックハット・ハッカーは、ゲイとレズビアンをテーマにした書籍を洗いざらい見つけだせるスクリプトを書いたと語っている。そして通常はウェブサイトに広告を挿入するのに使われる、目に見えないiFrameを使って、アマゾンのウェブサイトの苦情処理システムを悪用（エクスプロイト）したのだという。ウィーヴいわく、それにより「膨大な数の訪問者が、本人の知らないうちにゲイやレズビアン関連のアイテムを不適切だと報告することになった」。ツイッター上ではこの事件の直後に、#amazonfail（アマゾンの負け）キャンペーンが始まり、ボイコットの呼びかけに火がついた(9)。

1年後、彼と彼の会社ゴッツィー・セキュリティは、もっと深刻なハッキングにも関与した。ウィーヴは米通信大手AT&Tのサーバーのセキュリティの抜け穴を利用して、十数万人にのぼるiPadユーザーの個人情報を入手した。そして元ニューヨーク市長マイケル・ブルームバーグや元大統領首席補佐官のラーム・エマニュエルをはじめとする、夥（おびただ）しい数の名の知れた企業経営者や公人のメールアドレスを、アメリカのブログ・メディア「ゴーカー」の記者に渡した(10)。そして、今度ばかりはウィーヴも窮地に陥った。FBIが彼の捜査令状を発行し、まもなくアーカンソー州の自宅で彼を逮捕したのだ。現場ではコカインやLSD、エクスタシー、スケジュールⅡとⅢに分類される薬物も見つかっている。

結局ウィーヴには個人情報の窃盗とハッキングの罪で有罪判決が出て、3年半の禁固刑が言いわたされた(11)。2013年の判決が出る前日、彼はレディットに「僕が後悔しているのは、データセットをゴーカーに流す前に、親切にもAT&Tに修正のチャンスをくれてやったことだ。次はそんなに親切にはしないだろう(12)」と投稿した。その1年後、控訴審により判決が覆されたあとに釈放されると、ウィーヴはデイリー・ストーマーの最高技術責任者（チーフテクノロジーオフィサー）になった。

彼が書いた記事のタイトルは「牢屋で僕が学んだこと」。そこでは鉤十字のタトゥーを入れた自分の裸の胸まで見せていた[13]。

結局ウィーヴは、ウクライナと国境を接する、モルドバ共和国内のロシアが支援する分離地域トランスニストリアに移り住むことになる。彼自身はこの筋書きに別の解釈を加えている。

FBIからテロ行為の罪をかぶせられ、僕は永久に職を失った。でも僕は黙ってはいられず、ZOGをあいかわらず突っついていた。そしたら合法的な僕の政治的スピーチに対して報復を受け、2011年の6月に、僕はさらわれてよその法域に連れていかれ、コンピュータ犯罪の罪をきせられた。金もかかるし人生もめちゃくちゃにされた上訴を経て、刑務所から抜け出したあと、僕は政治難民としてアメリカから逃亡し、クラウドファンディングで支援を受ける人種問題専門のブロガーになった[14]。

それから締め出しが始まったと彼は言う[15]。2014年に彼のアカウントは、クラウドソーシング・プラットフォーム「ペイトリオン」から停止を受けた最初のアカウントになった。それからまもなく、彼のグラティペイも閉鎖された。自分の銀行口座も、ペイパルや数十の仲介サービスも失ったと訴える。「連中は僕の一切の収入源を断つためにやれるかぎりのことをやった」と彼は言う。[16] わたしも参加した彼のライブ配信AMA（何でも訊いて）では、自分のことを「世界でいちばん検閲される男」だと語っていた。

どこにいようとこのハッカーは、派手なスタントを続け、資金を集める新たな道を探し続けた。しばらくのあいだウィーヴはオルトライトのクラウドソーシング・サイト「ヘイトリオン」で資金を調達し、自分の活動を「ファシストの論争、トロール、ハッキング、詩の朗読（笑）」と宣伝した。2018年までに、49人の後援者が平均532USドルの支援をしていた。つまり、このプラットフォームだけで彼は約2万5000USドルを稼いだことになる。[17] 2017年の終わり近くにデイリー・ストーマーがその.comのドメインを失うと、このハッカーは、シャーロッツヴィルの集会を主催したクリストファー・キャントウェルがホストを務めるポッドキャストで、シャーロッツヴィルの状況が死者を出すほどエスカレートした責任は「ユダヤ人」にあるのだと非難した。「僕らが穏やかに盾突くのすら許してくれないなら、僕らに唯一残された道はおまえたちを殺害することだ。おまえたちの子どもを殺すこと。おまえたちの家族を皆殺しにすることだ」。さらには犠牲者のヘザー・ヘイヤーの葬儀にナチたちを送り込むことまで計画し、次のように投稿した。

僕が望むのは、自分が死ぬまでに、［ユダヤ人が］僕の祖国の土の上で苦悩のどん底で叫ぶさまを見たいだけだ（…）僕は富などいらない。権力もいらない。ただ望むのは、連中の娘たちが連中の目の前で死ぬまで拷問されること、そして泣き叫ぶ奴らの顔に笑って唾を吐きかけることだけだ。

とはいえウィーヴは、どうしようもないほど打ちのめされた孤独な人間のようにも見える。2018年1月には、毎日アメリカを恋しく思うと書き込んでいた。請求書の支払いはできるし、女性もナンパできるが、ロシア語ではさっぱり会話できないし、誰かと直接話したくて仕方ないと訴えている。「毎日クソみたいに辛い」と彼は言う。「動画では、ちっともこたえてないふりをしてるけど、それは若者のために僕が強くてくじけない姿を見せる義務があるから。サウンドバイト[*4]の動画を大半の人が観ているし、僕が絶望だらけの亡命生活を送っていて、惨めな奴だなんて子どもたちに思ってほしくない。まあ、現にそのとおりだし、それがいまの僕だ。クソさびしくて、まったく嫌になる[(18)]」

わたしはウィーヴのことを、彼の動機やインスピレーションがどこから来るのかをもっと知りたいと思った。2018年9月にインターネットの奥底からようやく彼のメールアドレスを見つけだすと、わたしはメッセージを打ちはじめた。「ハイ、ウィーヴ」それから手を止める。ちょっと場違いだろうか。ネオナチのハッカーに、いったいなんて呼びかけたらいいのだろう？　それにジャーナリストっぽく感じさせないためには、どんなふうに書けばいいのか？　自分の分身（アバター）でよくやることだが、わたしは半分真実（ハーフ・トゥルース）でいくことにした。つまりメッセージのだいたい1語おきに本当のことを入れるのだ。

> わたしはフランス南部に住む愛国主義の活動家で、カウンターカルチャーや違法行為、言論の自由についての本を執筆しているところです。あなたのブログをずっとフォローしています。あなたにインタビューできればと思うのですが、ディスコードかヴァイバーで音声チャットしていただけませんか？

有名人の名前を出すとうまくいくことも多いから、こう付け足しておいた。

> わたしはユーチューバーのニコライ・アレクサンダーと連絡をとりあっています。フランスでレコンキスタ・ゲルマニカと似た組織を立ち上げたいと思っているので（もうご存知かもしれませんが）。

＊4　ニュース番組などで短く引用される言葉や映像。

ウィーヴは自分をだまして居場所を突き止めようとする人間――ジャーナリストや諜報部員、人種差別に反対する活動家など――には慣れっこだ。だから、わたしが彼を追跡したがっていると疑うのも無理はない。それにこっちの地理情報を突き止めようとされても正直困る。だから彼から次のような返事が来たときには胸をなでおろした。「きみと喜んで通信したいけど、あいにく秘匿化された音声会話をするのに良い方法がないし、IP電話アプリ上で足がつきかねないルートをインターネット上の誰かに教えることはできない」。IP電話アプリ（VoIP）とは、インターネット上での音声コミュニケーションやマルチメディア・コミュニケーションに使用するテクノロジーだ。2016年にモンタナ州のあるユダヤ人女性に彼がボイスメールを残したときも、そのリスクを考えていたのだろうか、とふと思う。ウィーヴは彼女のことを「くそユダ売女」と呼んで、「ここはもうトランプのアメリカなんだぞ」と教えをたれたのだ。(19) ウィーヴはメールをこう締めくくっている。「何か質問があれば喜んでお答えしますよ」

最初にもっとよく知りたいと思ったのは、トローリングやハッキングについての彼の意見だ。こうした戦術を強力な政治的ツールと考えているのか、それともただ愉快だからとか、ただ退屈だからといった理由でこうした芸当(トリック)をやっているのか？　驚いたのは、彼がメタ政治やカウンターカルチャーには関心がないと語ったことだ。自分のしていることがうまくいっているのかどうかすら気にかけないという。「ただし、どんな定量化できる基準においても、僕や僕のチームがしていることは明らかにうまくいっている——きみの場合はわからないけど」。彼はただ「インターネットでユダ野郎(カイクス)を怒らせて、ニガージョークを飛ばして大いに楽しんでいる。関心があるのはそれだけだ」と付け加える。たとえ政治的になんの影響も与えなくてもいいのだろうか？「なんの役にも立たなくったって、やっぱりやるだろうね」

それでも彼は、友人のアンドリュー・アングリンに連絡をとるよう勧めてくれた。アングリンは「アリンスキーを読むのが大好き」だし、「個人としてとんでもなく成功しているから」。ソウル・アリンスキーは、アメリカのコミュニティ・オーガニゼーションの基礎をつくった人物だ。『急進派のルール』の著者であり、オバマやヒラリー・クリントンの選挙キャンペーンにインスピレーションを与え、ヒラリーは彼をテーマに卒業論文を書いている。この左寄りの20世紀のイデオローグは、長いこと政治的右派に嫌われていたが、オルトライトの運動家たちが彼の戦術を採用しはじめ、ひょっとしたら現代の政治的左派よりも効果的に使っているかもしれない(20)。

ウィーヴは自分にどうにもできないことをあれこれ予測したりはしないが、それでもドナルド・Ｊ・トランプの勝利やその成功が続くほうに賭けたのは良い決断だったとわたしに語る。「ビットコインでそれこそひと儲けできたから」。彼はビジネスの大半をビットコインでおこない、一部はモネロでおこなっていると説明するが、モネロのほうが彼に言わせれば技術的な面で優れているという。ビットコインと比べて透明性が低く、取引を追跡できないからだ。「いまはまだ使っている人が少ないけど、将来は変わってくると思う」

続けてウィーヴが説明するに、自分は過去のカウンターカルチャー運動からとくに触発されているわけではなく、カウンターカルチャーを生み出そうというつもりもない。「僕がやろうとしてるのは主流のカルチャーを変えることだ」。彼は次のように信じている。「過去の独裁者たちがどうやって権力の座に就いたのかを学ぶことに何より意味がある。多変量テスト[*5]や選択モデリングのようなマーケティング広告業界の定量的テクニックを学ぶこともそうだ」

自分に大きな影響を与えたムーヴメントとは、彼の話では、すべてハッキングの世界に由来するものだという。アノニマス黎明期の「プレＳＪＷ／ＣＩＡサブバージョン」、フラック・ハイ・カウンシル、ゴブルズ、ＧＮＡＡ、ｂ４ｂ０、バンタウンからおそらく大いに影響を受けた。ただし、これらを理解するには、かなりの専門家になって、メモリ破損系のエクスプロイトを理解できるようになる必要があると釘を刺す。これはソフトウェアのメモリのコンテンツを変更できるようにするハッキングテクニックのことだ。それからこう付け加える。「それに80年代後半から90年代前半にかけてのインターネット論争（ポレミクス）も僕にはかなり役に立ったと言えるけど、これを勉強する必要があるとは思わない。現代のもののほうがはるかに参考になるし、技術的に進んでいる」

ハッキングの仕方を学ぶことに関心があるのだが、勉強の秘訣（こつ）はあるかと訊いてみる。この質問をするのはどう見てもわたしが初めてではなさそうだ。ウィーヴの説明によれば、1990年代のハッキングカルチャーやハッキングの全盛期、フリーソフトウェアのムーヴメントを深く理解する術（すべ）はない。こうしたコミュニティはどれもすでに存在しないからだ。それにこれらにまつわる記録のほとんどが、専門的な内容のものだと彼は言う。ウィーヴいわく、ちゃんとしたハッカーになるのは困難な道のりだし、大半の人間にとって10年以上は全力で取り組む必要がある。「気まぐれでできるほど楽なものじゃないよ」

入門編として、ハッカーがまず獲得すべきスキルを彼がリストアップしてくれた。

・C言語[*6]を習得する。

＊5　ウェブページ上で複数の要素の組み合わせをテストし、最良の結果が得られる組み合わせを特定する手法。

・x86アセンブリ言語[*7]をほんの少し習得する。最初は凄腕(グレート)になる必要はないが、いったい何がどうなっているのかくらいは知っておく必要がある。

・エリクソンが書いた『HACKING：美しき策望　脆弱性攻撃の理論と実際』に最後まで取り組む[21]。

・JavaScriptを習得する。

・大規模なエクスプロイト[*8]のアーカイブをひと通りさらう。1990年代から始める。エクスプロイトに目を通し、どのような仕組みになっているかを理解する。時計の針を先に進めて現代に戻り、新たなエクスプロイトの手法に徐々に慣れていく。

・x86アセンブリ言語にかなり熟達してから、IDA ProとOllyDbgを習得する。

上記の技術的スキルを習得するのとは別に、ハッキングだけでは解決できないセキュリティの境界をかいくぐるための、さまざまな侵入および偽造テクニックを学ぶことも勧める。

・将来一緒に働く人たちとたがいに折り合いをつけて作業するのに役立つような仕事に就くこと。すなわちシステム管理(シスアド)やヘルプデスクのスタッフなど。またシスアドとして雇われるだけで、たいていは企業について何でも覗くことができる。うまいこと何度かシステムの仕事に就ければ、ゼロデイ[*9]は必要ないし、あらゆるもののキーを手にいれることができる。

・債権回収業界でスキップトレーサー[*10]の仕事に就ければ、個人をドキシングする能力を劇的に向上させてくれるデータセットにアクセスできるだろう。

・よく使われるオープンソース製品の目立つバグの修正や期待される特徴についてGitプル[*11]をリクエストすることにより、もっと有能なプログラマーになる。開発の仕事をゲットすること。

・ランダムに選んだ制限エリアに入り込み、ランダムに選んだカスタマーサポートラインに電話をかけ、機密の顧客情報を提供するよう巧みに説得する。これはとてつ

---

*6　C言語とは、よく知られるさまざまなアプリケーション——ウィンドウズのオペレーティングシステムからオラクルのデータベースまで——を書くために使われる、機種に依存しない多目的のプログラミング言語。〔原註〕

*7　x86アセンブリ言語とは、タイムセンシティブなアプリケーションと精密なソフトウェアシステムのために使用されるプログラミング言語。〔原註〕

*8　セキュリティ上の脆弱性を利用してコンピュータを攻撃するために使用されるツールや手法。

*9　ゼロデイとは、ソフトウェアベンダーが知らない、もしくは対処していないソフトウェアの脆弱性を悪用するサイバー攻撃。〔原註〕

*10　スキップトレーサーとは、個人の地理位置情報を確認し追跡することをおもな仕事とする人のこと。〔原註〕

*11　Gitプルとは、リモートリポジトリのコンテンツをダウンロードし、変更を反映するために使われるコマンド。〔原註〕

もなく役に立つスキルだ。

・あらかじめ入る許可を得ている建物の鍵をピッキングしてなかに入れるようにする(捕まってもリスクが少ない条件のもと、鍵のかかったドアから押し入り、セキュリティをかいくぐれるかどうか実際にフィールドテストできる)

・ひんぱんに認証情報の偽造をおこなう。画像処理して印刷するだけだ。

・詩、とくに19世紀のものや、かなり古い叙事詩、エッダやサガ[*12]を読む。奇妙に思うだろうが、言葉で人を操ることについての深い理解を得ることができる。

・同じ理由から、多変量テストがおこなわれる広告業界で原稿整理や校閲の仕事に就くことも役に立つ。催眠術や勧誘電話でのセールスを学ぶとか、その手のあらゆることもしかりだ。

専門的なスキルは個人で学んだり実践したりできるが、その次の一連の推奨テクニックは、責任を分担し、テクニックや成功を共有できるハッカーチームがいなくては実行するのは不可能だ。高度なメモリ破損系エクスプロイトのようなハッキング攻撃には、複数の人間が必要だとウィーヴは言う。この場合に攻撃者はコンピュータのメモリ空間にあるバグを悪用(エクスプロイト)し、プログラムを書き換えるか、完全に支配したりもする。「だからほかの人間と絆を結び、ハッカーチームをつくることが重要なんだ」とウィーヴが締めくくる。「本気でクールなことをやるなら、協力して動いてくれるさまざまな人間が必要だ。たとえば、きみのチームのたったひとりでもスキップトレーサーの職に就けたなら、チームの全員が、警察や金融業界に限定されたアキュリントのような超ヤバいデータベースにアクセスできるようになる」

GenKnoxxは2000年代の初めからハッキングの世界を知っている。初めて彼女に会ったのは2017年1月、ワシントンDCのとあるタイレストランの店の奥だ。このときほどわたしは自分のジェンダーバイアスに気づかされたことはない。信じられない思いでわたしは目の前の女性を見つめていた。ブラウンのショートヘアの女性が、地下の隠れたバーでカクテルを飲みながらわたしを待っていた。つまり彼女が、1年にわたってわたしにハッキングやサイバーセキュリティについて概要を説明し、ISISのテレグラムのリンクを送ってくれた人物なのか？「あなたが何をするにしても、わたしのリアルなアイデンティティをバーチャルのそれとリンクさせないでね」というのが、最初に彼女に言われたことのひとつだ。アメリカ政府内での彼女の日中の仕事は、模倣品の調査という退屈としか言いようのないものだが、夜の仕事はもっと刺激に満ちていた。

＊12　エッダは、アイスランドに伝わる北欧神話や英雄伝説の歌謡の集成。サガは、中世北欧の英雄物語。

「わたしの正体を知ったら、ISISはきっとわたしを殺したいと思うよ」。それから半年後、ロンドンのヴィクトリア駅近くの小さなパブで会った彼女がそう言った。彼女はちょうど5度目のデフコン――毎年ラスベガスで開かれる世界最大のハッカー大会――から戻ったばかりだ。白のパーカー姿に黒のネイル、紫のバッグには小さなゴリラが揺れている。2018年8月にユナイテッド・サイバー・カリフ国は、ISISのプロパガンダ用サイト数件とソーシャルメディアチャンネルを削除するキャンペーンを仕掛けたアノニマスのハッカーたちを殺害すると誓った。このインターネットのジハーディストたちは、アノニマスのマスクをオレンジ色のつなぎの上に画像加工して貼り付けた。ISISのこの定番の囚人服は、グアンタナモ収容所の収容者の服を摸したものだ[22]。

その数時間後、カムデンの混雑したパブ「ブラック・ハート」で、わたしはGenKnoxxとデフコン参加者の一団とすわっていた。「今週末、デイリー・ストーマーをqwnする方法を見つけてやるぞ」と、仕事が終わったあとの喧しいおしゃべりのなか、誰かがひときわ大声で叫ぶ。わたしたちはロックの生演奏が始まるのを待っている。qwningとはゲーム用語で誰かを負かしたり、恥をかかせたりするという意味だ。彼ら全員がたがいにハンドルネームで呼び合う理由がわたしにもわかってきた。

トローリングと同様に、ハッキングもまたその本質は悪いものではない。ハッキングとは、たんに「設備やプロセスに異例の、もしくは即興の変更」を加えるという意味にすぎない。(23)たとえばフランスのハッキングコミュニティ「ル・ループ」やサンフランシスコを拠点とするセキュリティネットワーク「ハッカーワン」のホワイトハット・ハッカーたちは、システムをテストし「倫理的ハック」をおこなっている。ハッキングはたんなる行動とは違う。それはいわば姿勢や態度であって、自分たちのまわりのありとあらゆるものに疑問を投げかけることだ。「どんなものもハッキングできるし、あらゆるものをハッキングすべきなのだが、それはあらゆるものに改良が可能だからだ」とサンフランシスコを拠点とする有名なハッカーで発明家のミッチ・アルトマンが言う。「テックだけでなく、食べ物やアートや工芸、音楽、写真、動画、ソフトウェア、科学、そして僕たち自身も、それから社会もハッキングできるし、地球だってハッキングできる。この地球は間違いなく改良がいくらか必要だ(24)」

「世界のハッキングコミュニティは小さな世界なんだ」とGenKnoxxがわたしに語る。彼女によれば、重要なインフラをハッキングするのに必要な能力を持った有能なハッカーは、世界で200人くらいしかいないという。「そのうち恐ろしく危険なのはたった20人ちょっとかな……誰にも防げないようなことができるのは」。彼女が続ける。「誰にも読めないほど速いスピードでコードを書くんだ。誰の話かっていうと、6歳のときからコンピュータの前にすわってるキッズたちのこと」。そう言って、GenKnoxxはビールをひとくち飲んでから、携帯をアンロックする。画面が明るくなると、また話を続ける。「連中はただ見てるの。どんなウェブサイトもプログラムもなんだって引っ張り出せてスクロールダウンして……それもすばやく……それであなたが見てる間に彼らの目がぐるりと一周して抜け穴を見つけて、はい、それでおしまい」

韓国は一流のハッカーを訓練していると彼女は言う。北朝鮮も同じことをしているが、それほどうまくはいっていない。中国はかなり進んでいて、ロシアも頑張っているが同じレベルには達していない。イスラエルは防衛面ではるかに優れている。もっともレジリエンスの高いシステムと最先端の保護メカニズムを備えている。とはいえ最高の防衛システムですらハッキングを完全に防ぐことはできない。「重要なインフラのまわりに壁をつくればそれでよしと、みんな思ってる場合が多いけどね」とGenKnoxxが言う。彼女はサイバーセキュリティ対策を一枚の壁より複数の岩にたとえる。積み上げた岩と岩のあいだには、つねに隙間があるものだ。岩の山の周囲を歩いて、その中心にある貴重なものを手に入れるには、しかるべき設備が必要だし、そこにたどりつく道を知っておく必要がある。とはいえ、理論上は誰でも入ることができる。「サイバーセキュリティや情報セキュリティを１００％保証するなんてできないよ」。イスラエルですらその点は認めている。

イスラエルの都市ラーナナの郊外にある世界屈指のサイバーセキュリティ企業「サイバー

ビット」の本社に入っていくと、ヨーロッパ・中東・北アフリカ担当部長が次のように説明してくれる。「サイバー攻撃を発見するまでの平均時間は206日です。それから攻撃を封じるまでに、平均で69日と380万USドルがかかります」。ヨカイ・コレムはサイバービットに入る前はイスラエル軍諜報部の将校だった。「サイバー攻撃から身を守りたいなら、堅牢なインフラこそが唯一のもっとも重要なファクターなのです」と彼が教えてくれる。「国家主体のほうが、テロリストのような非国家主体よりもはるかに危険です」と彼は言う。「もちろん、非国家主体が国家主体に支援されている場合は別ですが」。また国家に支援された非国家のハッカーは、かつてないほどの独創性を発揮している。2018年7月、ハマスがイスラエル国防軍（IDF）の兵士数百人を狙って偽のマッチングアプリをつくった。このアプリには、盗んだ若い女性のプロフィールに悪意あるソフトウェアが仕込まれていた。イスラエルの諜報部隊がこのハニートラップ、通称「ブロークン・ハート」作戦が成功するのを防いだのだが、それでもこのアプリの存在自体が、個人情報の盗難やハッキングによる新たな脅威を露呈させた。(25)

ここ数年で、スキルはかなり低いが、与える影響は大きい多種多様なハッキングが発生した。それにより、いかに簡単にインフラの脆弱性を悪用できるかが実証された。2015年に起きたドイツ連邦議会の大規模なハッキング(26)に続いて、2016年のアメリカ大統領選の選挙期間中、ヒラリー・クリントンの選挙対策本部長ジョン・ポデスタの電子メールがハッキングされ、(27)さらに2017年のフランス大統領選の前にマクロンのデータがリークされた。(28)2017年の「ワナクライ（WannaCry）」によるフィッシング事件では、比較的シンプルなこのマルウェアのクリプトワームを用いて世界中で23万台のコンピュータが攻撃された。とくに目立ったターゲットは、イギリスの国民保健サービス（NHS）などの国の公共サービスから、ドイツの鉄道事業者ドイチェ・バーンやロシアの政府省庁、さらにフランスの自動車会社ルノーやアメリカの物流企業フェデックスなど世界的な大企業にまで及んでいた。(29)皮肉なことに、ワナクライの拡散を止めた（そのためにそのウェブのドメインをただ登録しただけの）22歳のマーカス・ハッチンスが、その数カ月後にデフコン大会から帰る飛行機のなかで逮捕された。彼の容疑は、また別のマスハッキングをおこなう「クロノス」というバンキングトロイをつくったというものだった。(30)2019年4月に彼はこのマルウェアを制作し流通させた罪を認めたが、これは10年以下の禁固刑になりかねないものだ。(31)

さまざまな種類のサイバー攻撃のなかでも、セキュリティの専門家がもっとも懸念するのが、有害物質を大量に製造・貯蔵、あるいは輸送する化学業界などの産業インフラに対する攻撃だ。(32)「数十のウェブサイトを同時にダウンさせるだけで、大変なことになるよ」と

GenKnoxxが言う。次のステップは、通信を傍受し、データを抜きとり、監視カメラや投票システムをハッキングすることーー昨今ならティーンエージャーでもできることだ。世界最大のハッキングイベント「デフコン」に参加したエメット・ブリュワーは、フロリダ州の投票サイトのレプリカを10分以内にハッキングするのに成功した当時、まだ11歳だった。2018年8月の時点で、彼のほかにもアメリカ大統領選挙のウェブサイトを模したものにハッキングできた8歳から16歳までのキッズが約30人いた。(33)

昨今では、政治的な動機によるハッキングがますますひんぱんに起きている。2019年1月4日、ドイツの国家サイバー防衛センター所長が、わたしのオフィスに電話をかけてきた。「やあ、ハッキングについて何か新しい情報があるかな？」。ハッカーがひんぱんに訪れるディスコードチャンネルの最新のスクリーンショットやメッセージをわたしが転送する。ハッカーたちの身元を特定する捜査が急ピッチで進んでおり、犯人たちを逮捕すべくますます圧力がかかっている。それから数時間以内に、ハッキングの大事件が世界でトップニュースになった。「ハッカーがメルケルほか政治家のデータを出力(ダンプ)。ドイツで一大リーク発生」とブルームバーグが報じる。(34)「ドイツの政治家が大規模なデータ攻撃の標的に」とBBCの見出しが告げる。(35)いまは金曜日の午後。どうやらわたしは週末の予定をキャンセルしたほうがよさそうだ。

２０１８年11月、エーファ・フォン・アンゲルンが同僚からの電話をとると、きみからおかしなメールが届いているよ、と告げられた。それからまもなく、フェイスブック、インスタグラム、スナップチャット、ピンタレストで自分のパスワードが変更されたとプッシュ通知が次々に届いた。気にはなったが、ザクセン＝アンハルト州で左翼党の地元議員を務める彼女は、女性に対する暴力についてのパネルディスカッションをちょうど始めるところだった。パネルが終了したあと、彼女は自分のソーシャルメディアのどのアカウントにも一切ログインできなくなっていた。フェイスブックのアカウントは反移民のメッセージをフォロワーに向けて投稿しはじめ、アマゾンのアカウントは彼女のクレジットカード情報を使って、すでにいくつか買い物を済ませていた。反ファシストの手引書に薬物検査キット、それからプラスチック製のペニスまで……。

フォン・アンゲルンは、このハッカー、ヨハネス・Sの最初の犠牲者ではなかった。彼は、わたしが監視していた極右のハッキングとトローリングのコミュニティのメンバーだとあとでわかった。１年にわたってドイツのソーシャルメディアのインフルエンサー数人のアカウントが不正にアクセスされていたのだ。彼らに共通するのは、難民支援や極右のインターネット文化への批判を表明していたことだ。とはいえ、このハッカーはソーシャルメディアでのいちばん派手なクーデターを12月までとっておいた。クリスマスイブまでのあいだ、窓の扉をひとつずつ開けていく降臨節（アドベント）カレンダー方式で、毎日、自分の政敵をひとりずつ選んで個人情報をリークしはじめたのだ。クリスマスが近づくにつれて、ますます世に知られた人物が被害者になっていく。最初の頃の窓には、左寄りのユーチューバーや活動家、ジャーナリストの個人情報や文書が入っていて、最後のほうの窓は、メルケルやドイツの大統領フランク＝ヴァルター・シュタインマイヤーといった著名な政治家のためにとっておかれた。議員のなかには、ニュースを読んで初めて自分のアカウントがハッキングされたことに気づいた者もいた。合計すると、少なくとも９９３人の元政治家および現職の政治家、８０００通の電子メール、３万５０００件の動画や画像がこのリークの被害に遭った。

　このハッキングはドイツの当局や政治関係者に警鐘を鳴らすことになった。なかには、国家の有力な政策決定者やジャーナリストに多大な影響を与えるサイバー攻撃を20歳そこそこの若者が実行できたことに仰天する者もいた。とはいえ、それは高度なテクニックすら必要としないものだった。たいていの場合ハッカーがすべきはただ、脆弱なパスワードなどのセキュリティの抜け穴をエクスプロイトすることだけだ。ターゲットの防御がかたいときは、身内や友人のアカウントをハッキングすることでプライベートの会話にアクセスした。たとえば、緑の党の党首ロベルト・ハーベックのメッセージがリークされたのは、妻のフェイスブックのアカウントがハッキングされたあとのことだ。このハッカーはさらに二要素認証で保護されたアカウントを奪取することにも成功した。ツイッターや電話会社のカスタマーサービスに電話して、アカウントを無効にさせるか、または二要素認証コードを手に入れるかしたのだ。

より優れたサイバー防御システムの導入を怠った政策決定者、そしてこうした攻撃を予見できなかったセキュリティ機関のどちらにも責任がある。２０１５年5月にドイツ連邦議会がロシアのサイバースパイ集団ＡＰＴ28、別名「ファンシー・ベア」からハッキングされ、議会のＩＴシステムがいかに脆弱であるかが明らかになった。このときハッカーたちは、トロイの木馬に感染した「ＵＮ（国連）」のものに見せかけたリンクを送り、議員16人の機密文書がすべて入ったハードドライブやメールボックスにアクセスしたのだ。[36]

今回盗まれたデータは政治的にさほどデリケートなものではなかったが、きわめて個人的なものではあった。被害者にとって、クレジットカードの請求書やプライベートの会話、家族の写真を自分でコントロールできなくなるのは、屈辱的で恐ろしい経験だった。さらに、このハッキングは個人的なダメージを与えただけにとどまらず、民主主義そのものに対する攻撃でもあった。ドイツの司法相カタリナ・バーリーはこの事件を、この国の民主主義や制度への信頼を損ねることが目的の「きわめて深刻な攻撃」であると語った。この事件は、資金もフォロワーも限られたたったひとりの学生でも、いかに予想だにしない力を自分の寝室から敵に振るえるかをまざまざと見せつけた。サイバー兵器は周縁（フリンジ）のプレーヤーに、たとえ財源も人的資源もなかろうと、政治プロセスや事業活動を麻痺させるか破壊させ、国全体を恐怖に陥れる力を与えたのだ。

匿名性によって、誰もが誰に対してもトロール行為をおこなえるようになり、少数の人間が多数をいともたやすく脅迫できるようになった。その力を振るうためには金持ちである必要もなければ、影響力も、高い教育も必要ない。ただインターネットに接続するだけでいいのだ。トローリングとテロの境界が曖昧になるにつれ、ロシア人や反ジハーディストがＩＳＩＳになりすますことも、ＩＳＩＳがハッキングを偽造することも可能になっている。実際のハッキングがどれほど深刻なものかにかかわらず、ダメージは長引くものになりかねない。イデオロギーに触発されたちょっとしたいたずらでも、集団心理に影響を及ぼすおそれがある。即興の変更に何より脆弱なのは、インフラではなくわたしたちの頭のなかなのだ。

わたしたちの日々の生活に最高の恩恵を与えてくれる新たなテクノロジーが、わたしたちを最大のリスクにさらしてもいることはほぼ間違いない。重要なインフラとの結びつきに自らが依存しているからこそ、わたしたちはサイバー攻撃にとりわけ脆弱になっているのだ。通りに街灯もなく、電車も走っておらず、いつだって期待どおりにお金が出てくるＡＴＭや、データを安全に保存してくれるコンピュータに頼ることのできない世界は、思ったほど遠いものでもなさそうだ。

過去には、ジハーディストや極右のハッカーがもたらしたダメージは物的および金銭的な損失に限られていた。だがごく最近、政治制度へのハッキングはその先を行っている。こうしたハッキングが引き起こすのは金銭的な損失だけではない。もっと心配なのは、信頼が失われること、政治家や議員はもとより、民主主義のプロセスそのものに対する信頼が失われることだ。また過去のハッキングは数百万ドルや数百万件のファイルの喪失につながりかねないものだったが、未来のハッキングで失われるおそれがあるのは数百万人の命だ。テロリストが引き続きサイバースキルをグレードアップしていけば、発電所や自動運転車を標的とした、さらに高度なハッキングのリスクが現実のものとなる。

ただしいまのところ、わたしたちが心配すべきはハイブリッドの脅威、すなわちサイバー空間と現実世界のテロが合わさったものだ。

第12章 ゲーミフィケーションされたテロリズム

——ニュージーランド銃乱射事件の背後にあるサブカルチャー

心臓が早鐘を打つ。気分が悪くなってわたしはオフィスの外に出た。人びとが銃弾の雨に撃たれてばたばたと倒れる様子がまだ目に焼きつき、半自動小銃の銃声がまだ耳に残っている。ニュージーランドのクライストチャーチで起きたモスク襲撃のライブ配信なんて観るべきではなかった。

「出生率だ。出生率、出生率のせいだ」と、28歳の銃撃犯が残した通称マニフェスト「大いなる交代」は始まる。彼の言葉はいかにもおなじみのものだ。わたしも1000回は目にしている。ヨーロッパのアイデンティタリアンからアメリカのオルトライトまで、そして8チャンの掲示板からディスコードのプライベートなチャットルームまで。ジェネレーション・アイデンティティに身元を隠して接触したときのことが、どうにも頭にひっかかった。この組織は「大いなる交代」の陰謀論をもっとも声高に支持しているのだ。

それから数日のうちに、このテロリストがジェネレーション・アイデンティティのマルティン・ゼルナーとフランスのアイデンティタリアンに献金していたとわかり、治安当局がアイデンティタリアン運動と彼の関係について調査に乗り出した。[1]　マルティン・ゼルナーとアイデンティタリアンは、自分たちは暴力を支持しないとわたしに繰り返し語っていた。それでもわたしは自分に問わずにはいられなかった。「大いなる交代」の陰謀論がこうした暴力事件を引き起こすのも時間の問題ではなかったのか。

「大いなる交代」という説は、暴力を誘発するイデオロギー、いわゆる「危機の物語（ナラティブ）」の4つの特徴すべてを併せ持っている。その4つとは、陰謀、ディストピア、不純、そして存続の危機だ。[2]　この発想はつまり、ヨーロッパの人びとは人種的・文化的に異なる移民に置き換えられつつあるが（不純）、それは政府、テック企業、メディア機関のグローバルエリートやその共謀者の陰謀によるもので（陰謀）、その結果、社会が徐々に腐敗し（ディストピア）、ついには白人種の絶滅にいたる（存続の危機）というものだ。

インターネットで見つかるオープンソース情報をすべて集めて、ブレントン・タラントが急進化した経緯を調べはじめたわたしは、悲しみと苛立ち、罪悪感の入り混じったものを感じていた。この襲撃は防げたのではないだろうか？　数日前にタラントは、自分が使うつもりの銃の写真をツイッターにあげていた。写真とともに自分のロールモデルの名もあげていたが、そこには21世紀のもっとも残虐な極右テロリストの名もあった。たとえば２０１１年に77人を殺害したノルウェーのアンネシュ・ベーリング・ブレイヴィク、２０１７年にケベックシティのモスクで発砲事件を起こしたカナダ人のアレクサンドル・ビソネットなど。ツイッターはこの情報を検知せず、治安当局もしかりだった。画像のみの投稿は、テキストベースのあらゆる検出システムを逃れたからだ。

タラントが8チャンで襲撃を宣言したとき、多くのユーザーは――彼のオンラインの友人数人を含めて――彼が本気なのかわからなかった。フェイスブックのライブ配信が始まってからも、8チャンの投稿者たちは、この襲撃がただの悪ふざけなのか、それとも本物の事件なのか判断できないようだった。「これってLARPだよね?」と誰かが尋ねる。「ＬＡＲＰじゃないよ。実際に起きてることだ」と誰かが答える。ライブ配信を始める前にタラントはこう言った。「ピューディパイのチャンネルに登録しよう」。ピューディパイはスウェーデンのゲーマーコメンテーター、そして世界で2番目に人気のユーチューバーだ。それからタラントが「リムーブ・ケバブ」という曲を流す。これはユーゴスラビア紛争時代のセルビア人による反ムスリムのプロパガンダソングで、いまや白人至上主義者のミームになっている。

このクライストチャーチの襲撃はトローリングとテロの境界を曖昧にした。最初から最後まで、このテロは、特定の視聴者、つまり8チャンのシットポスターたちを楽しませるために周到に練られた見世物（ショー）だった。タラントがマニフェストと称するものには、オンラインの過激主義ネットワークを調査中に幾度となく見かけたジョークや言葉、イデオロギーがちりばめられている。「さあ、みんな、そろそろクソカキコ（シットポスト）なんかやめて、リアルな世界でやってることを投稿しようぜ」と彼は8チャンで宣言する。「俺は侵略者たちへの攻撃を実行し、その様子をフェイスブックからライブ配信するつもりだ」

彼が銃撃をライブ配信したのは、極右のトローリングコミュニティ内の仲間意識を呼び起こそうとしたからで、仲間の拍手や称賛、尊敬を得たいと願ってのことだった。犯人のこの最後のメッセージには、兄弟愛や友情のようなものがうかがえる。「長い道のりだった。おまえらがいくらホモ野郎（ファゴット）で能無しで腐り切ってたって、みんな一流のやつらだし、これ以上望めないほど最高の仲間だ」。それから自分の視聴者に、このマニフェストとライブ配信を拡散し、ミームやシットポスティングのコンテンツをつくるよう呼びかけた。「この襲撃を俺が生き延びられないとしたら、グッドバイ、神の御恵みを、ヴァルハラ[*1]でまた会おう！」

クライストチャーチの事件が起きたのは、わたしがこの本の最後の仕上げにとりかかっているときだった。執筆の最終段階で、自分のテーマにとって重要かつ事態を揺るがすようなことが起きた場合、本の重要部分について再考し、ときには書き直す必要が生じるのもよくあることだ。だがこのニュージーランドでの襲撃事件は、ここ数年かけて本書の執筆のために観察してきたありとあらゆることが行き着くところまで行っただけのように、わたしには感じられた。それはオルトテックの新たなエコシステムに広がる暴力の扇動に続いて当然ながら起きること。すなわち、これまでの章で説明してきた有害なオンラインカルチャーが、現実世界ではっきりと表に出てきたということだ。

もちろん、極右のイデオロギーに攻撃を誘発する危険があるのは、いまに始まったことではない。ブレイヴィクからビソネットまで、似たような発想がテロを引き起こすのを、ここ十数年でわたしたちは目の当たりにしてきた。ところが、政策決定者や治安当局は一様にこうした脅威を過小評価し、その資源をもっぱらジハーディストによる攻撃を防ぐのに投じてきた。だが今日の統計を見るだけで、極右の脅威は一目瞭然だ。2018年にイギリス政府による急進化予防プログラム「チャンネル」は、イスラム過激主義者とほぼ同数の極右の過激主義者について対応を委ねられた(3)。ドイツには現在、1万2700人もの潜在的な暴力的極右過激主義者がいると、内務省の最新の報告が伝えている(4)。アメリカでは、2018年に起きた過激思想に関連した殺人のすべてが、少なくともひとつの右派過激主義組織とつながっていることがわかった(5)。

けれどもクライストチャーチの事件がこれまでと違っていたのは、ゲーミフィケーション

*1　戦死した英雄の霊が招かれ祀られる、北欧神話の最高神オーディンの殿堂。

がエスカレートしたことだ。ゲームの要素をテロに応用したこと、遊びと恐怖の交差するところで暴力が用いられたことだ。ゲーミフィケーション——ゲームの要素をゲームと関係のない製品やサービスや活動に加えること——はかなり斬新な発想だ。1910年に初めてケロッグが朝食用シリアルの箱におまけとして小さなおもちゃを入れると、このアイディアはたちまち大成功をおさめた。1950年代になると、従業員のやる気を引き出すためのゲーミフィケーションが生まれた。社会学者のドナルド・F・ロイは、隠しておいたバナナを工場の労働者が探し出すという毎日のルーチンゲームが、いかに仕事への満足度と生産性の向上につながるかを実証してみせた。シリアル購入を促すケロッグによるゲーミフィケーションから100年が経ち、いまや新入社員や顧客、投票者を引きつけて離さぬためにゲーミフィケーションを利用しない雇用主やマーケティング代理店、政治組織はめったにないはずだ。今日では、ほとんど何もかもがゲーミフィケーションされている。そして、そこにはテロリズムも含まれる。(6) ISISは自分たちのプロパガンダをいち早くゲーミフィケーションした過激主義組織のひとつだ。彼らはゲーム「コール オブ デューティ」の広告にジハードの兵士たちを加工ソフトで貼り付け、独自のビデオゲームを新兵勧誘用に作成した。そしてそこからさらにエスカレートしている。

クライストチャーチのライブ配信はすぐにバイラル化した。フェイスブックは事件から24

時間以内にアップロードされた150万件の動画を削除しなければならなかった(7)。このテロリストを「聖タラント」と呼んだり、「侵略者と戦う十字軍戦士（インヴェーダー・クルセイダー）」と呼んだりして称えるミームが、過激主義者のオンラインのエコーチェンバーを席巻した。極右のゲーマーやユーチューバー、無責任な同調者たちは、この襲撃を「ビクトリーロイヤル」*2と呼んで支持した。なかにはライブ配信されたタラントの動画をシューティングゲームのように加工して、彼が誰かを撃つたびにスコアと弾薬の数を表示させたゲーマーまでいた。

エンサイクロペディア・ドラマティカ*3でわたしが見つけたブレントン・タラントについての書き込みは、次の言葉で始まっていた。「侵略者は死すべし。今年はシットでサエない年になると誰もが考えていたまさにこのとき、新たなチャレンジャーあらわる」(8)。この記事はタラントをこう呼んでいる。「マスターチーフ*4、ブレントン・ハリソン・タラント卐、別名キウイ・ケバブ・キラー」「そもそもそこにいることが疑問だった汚いムスリムを排除する役目を買って出た、現実世界（IRL）の英雄、JC・デントン*5・オージートロール」

それからわたしは「ブレントネッツ」と称するものが登場する動画にも出くわした。この

＊2　ゲーム「フォートナイト」で最後まで生き残り優勝すること。
＊3　インターネット文化を記述するウィキサイト。
＊4　シューティングゲーム「HALO」シリーズの主人公の名前。
＊5　シューティングゲーム「デウスエクス」の主人公の名前。

未成年の少女たちは、ブレントン・タラントへの称賛を口にする。彼と結婚したいとカメラに向かって話す少女までいる。これまで暴力やテロを風刺しようとする試みを数多く見てきたけれど、これはさすがに理解を超えていた。正直、わたしにはこれをどう判断すべきかもわからない。

ミームを使った反抗や政治的な逸脱を文化的表現のひとつのかたちとみなす過激主義者や超リバタリアンは、インターネットは真面目な場所であるべきだとの考えをひどく嫌っている。匿名や偽名のウェブサイトを現実世界の市場と同じく規制すべきとの提案を、彼らはあざ笑う。おそらく彼らにとってインターネットはこれまでも、そしてこれからもずっと遊び場なのだろう。

けれどクライストチャーチ事件のあと、極右のプラットフォームのメンバーのなかには、多くの人にとって人種主義（レイシズム）のミームが、ただのいきすぎたジョークではないことに気づいた者もいるらしい。事件から数日のうちに、トローリングの目的で参加していた者と、人種戦争を本気で支持する者とを隔てる線がはっきりしてきたのを、わたしはリアルタイムで目にしている。模倣行為をけしかけようとする者がいる一方、この事件が起きたのは、自分たちのオンラインコミュニティの有害な環境のせいだと考える者もいるのだ。

クライストチャーチは、いわゆる「デジタル二元論」、つまりオンラインとオフラインの世界は別ものであるとの発想をいまだ信じる者の目を覚まさせた。この言葉は2011年にブログ「サイボーゴロジー（Cyborgology）」の創設者、ネイサン・ユルゲンソンがつくったもので、すぐにソーシャルメディア研究者の使う用語になった。とはいえこうした襲撃が、オンライン上にある急進化の温床で、ソーシャルテクノロジーの力学によって触発されたものであることから、デジタル二元論が危険な誤謬であることがますますもって証明されている。

オンライン界とオフライン界のギャップを位置情報付加（ジオタギング）や顔認識、オープンソース・インテリジェンス（OSINT）などの機能によって埋めることは、あらゆる政府や民間企業、デジタル市民にとっても役に立っている。けれどドキシングやテロ行為のライブ配信などの現象は、このオンとオフの新たな統合に伴う危険を露呈する。クライストチャーチは、インターネットが現実世界とは別の場所であるとの発想に明らかに挑戦を突きつけた。これはバーチャルな世界を、拡張された現実ではなく、堕落した現実に変えてしまったのだ。

ディスコード上の極右集団JFGワールドに入ってみると、マリアと呼ばれる女性が、「わたしのメンタルヘルスがめちゃくちゃになるから」自分は脱退すると宣言していた。別のユーザーは自分の考えをシェアしはじめた。「僕にはさっぱりわからないが……そもそもあんたらは、なんだって死んだ人間をジョークの種になんかするんだよ」。さらに続ける。

「自分は暖かい家でぬくぬくとコンピュータの前にすわってられるから、こんな恐ろしいことでも平気で冗談にできるんだろ？　あんたら最低な奴らだよ。自分の大切な人が不幸な目に遭うなんて、それだけでじゅうぶん辛いことじゃないのか？　いったいそれのどこが面白いんだ？」

シットポスティングの危険性を初めてイギリス内務省の過激派対策部門に説明したとき、わたしはちょっとばかばかしい気分でもあった。インターネット上にミームを投稿するトロールについて政府の役人たちに警告するのは、なんだか間の抜けたことに思えたのだ。２０１７年にトランプが就任して、彼らの影響が広く知られるようになったあとでも、まだそう感じていた。けれどその2年後、ロンドンのニュージーランド高等弁務官事務所で、カナダ、イギリス、オーストラリアのセキュリティ責任者や情報アナリスト、外交官に状況説明（ブリーフィング）したときには、その脅威をわたしは身の毛もよだつほど現実のものとして感じていた。

部屋にいた誰もが模倣攻撃について懸念していた。タラントがマニフェストと呼ぶものは、メディアを自分に都合よく使って、世間の注目を最大限に集めることが目的だった。ジャーナリストから見れば、それはすぐにアップできるインタビュー記事に近いものだった。けれど彼の極右の同調者仲間にとっては、それは指示マニュアルとダークなスタンダップコメディの原稿を一緒くたにしたようなものだ。彼の狙いは、自分の名前がほかの大物テロリストたちと並んで語られるような英雄になることだった。これは「人びとを触発する（インスピレーショナル）テロリズム」だ。「ニューヨーク・タイムズ」のある分析によれば、２０１１年以降に起きた極右のテロ事件の少なくとも３分の１は、類似の事件に触発されたものであることが明らかになっている(9)。

事件から数日のうちに、極右の活動家がテレグラムや画像掲示板で、タラントのいう「マニフェスト」の翻訳を共有しているのをわたしは見かけていた。８チャンの匿名の投稿にはこう書いてある。「すでに３つの言語に訳されてるよ。フランス語、ブルガリア語、ロシア語。それにドイツ語とオランダ語の翻訳も進行中だ。これらをできるだけあちこちに拡散してほしい。この世界に必要なのは、ブレントン・タラントがマニフェストのなかに熾（おこ）した炎なのだから(10)」

それから数週間後の２０１９年４月、ジョン・アーネストという19歳のアメリカ人が、カリフォルニア州南部の都市パウウェイのユダヤ教礼拝所（シナゴーグ）で銃を乱射した。女性ひとりが殺害され、礼拝に来ていたほか３人が負傷した。クライストチャーチが「僕のきっかけ」だったと、８チャンに彼が残していたライブ配信のリンク付き公開状に書いてあった。この投稿が周縁（フリンジ）の画像掲示板に載ると、情報機関にとって時間との闘いが始まった。ＦＢＩは、カリフォルニア州南部で襲撃がこれから起きることを、発砲が始まる5分前に察知した。しかし、ヒントはいくつかあっても、時間内にこの男を特定するには充分でなかった。[11]

パウウェイのシナゴーグを銃撃した男は、自分がヨーロッパ系であることに執着し、MAtRのメンバーやWASPラブのシングルたちのように、自分の遺伝的遺産について事細かに説明していた。彼は画像掲示板のトローリング文化から生まれた人物で、レコンキスタ・ゲルマニカやQアノンのメンバーのように「ミームマジック」の積極的な支持者だった。「俺は1年と半年、こっそり読んでいただけだけど、ここで学んだことはお金には代えられない」と書いてから、8チャンのシットポスター仲間に感謝し、8チャンのインフォグラフィックなレッドピルのスレッドを褒め称えた。彼はシャーロッツヴィルの抗議者やオストリッツのネオナチと同じく、「グローバルなユダヤ人エリートたち」が白人種に取って代わろうと企てていると信じていた。

アーネストの過去の投稿から、わたしは極右のテロリスト、ロバート・バウアーズのことも思い出した。バウアーズは、2018年10月にピッツバーグのシナゴーグで安息日（シャバット）の朝の礼拝がおこなわれているなかで11人を殺害した。

襲撃にかかる前に、バウアーズは次のような書き込みをシェアしていた。

白人のジェノサイドを進めるのに必要なときだけ白人のふりをするカイクが、またお出ましだ。ユダヤ人はひどく野蛮なやつらだ。連中を抹殺するのに遅すぎることはない。ますます多くの羊たちが連中の真の意図、そして(((連中)))[*6]の正体に気づくにつれて、それが実行されるだろう。サタンのシナゴーグとその卑劣な子孫はまもなくこの世から消え去るだろう。

パウウェイの乱射事件から数カ月後、こんどは21歳のパトリック・クルシアスがテキサス州エルパソのウォルマートで銃撃事件を起こし、22人を殺害した。犯行の少し前に、このテロリストは8チャンに投稿し、「ヒスパニックによるテキサスの侵略」を非難し、人種分離を呼びかけていた[(12)]。さらに2019年の秋、27歳の極右過激主義者シュテファン・バリエがドイツの都市ハレで別の銃撃事件を起こしたが、これもお決まりのパターンをなぞったものだった。自分の襲撃の様子をライブ配信し、8チャンの内輪言葉を使い、「大いなる交代」の陰謀論に触れていた。2016年から17年にかけて、ISISの報道官アブ・ムハンマド・アル・アドナニが西側を標的とした「一匹狼型のテロ」を呼びかけたあとに、ジハーディストによる襲撃事件が連続して起きたのと同様に、2018年から19年にかけて、極右側でも

＊6　三重括弧は、ユダヤ人とわかっているか、それらしき姓という意味でオルトライトが用いるもの。

模倣したかたちのテロがあらわれた。エルパソでの単独の銃撃事件から2週間のうちに、二十数人を超える人間が、類似の銃乱射事件を実行する計画を立てた容疑で逮捕された[13]。

現代の極右テロリスト――ロバート・バウアーズからブレントン・タラント、ジョン・アーネスト、パトリック・クルシアス、シュテファン・バリエにいたるまで――は全員が同じいくつかのオンラインコミュニティをひんぱんに訪れていたが、そこでは「白人のジェノサイド」や、「虐殺」の呼びかけなど暴力をけしかける言葉が跋扈(ばっこ)している[14]。調査によれば、反ユダヤの陰謀論を信じることは、現実世界でユダヤ人に敵意を向ける強力な兆候であることがわかっている[15]。

ネットワーク・コンテイジョン研究所と名誉毀損防止同盟が共同してオルトテックのプラットフォーム上の1億件のコメントを分析した結果、トランプの当選以降、ギャブや4チャンの掲示板/pol/のようなプラットフォームで反ユダヤの誹謗中傷が倍増したことがわかった。また2016年以降、Nワード*7もはるかにひんぱんに使われている[16]。

ジョン・アーネストが残した文書から、彼がタラントと同様に、そして本書で紹介した他の多くの極右過激主義者と同様に、革命が迫っていると信じていたことがわかる。「俺たちは革命の初期段階にいる。俺たちには殉教者が必要だ。きみたちに扶養する子どもがいて捕まりたくないのなら、ただ標的を襲って、それから普段の生活にこっそり戻ればいい。これを読んでいるアノン一人ひとりが攻撃をおこなう必要がある。奴らは俺たちを見つけられない。俺たちを捕まえられない。俺たちは大勢いるし、奴らよりも賢いからな」と彼は書いていた。

バウアーズ、タラント、アーネスト、クルシアス、バリエの全員が、テロ攻撃と銃乱射を企て、「不可避の人種戦争」を加速すべきだとの考えに与(くみ)していた。内戦の口火を切るためには、すでに社会に存在する分断をエスカレートさせ、同じことをするよう他の者にも勧めねばならないと信じているのだ。タラントは、「歴史の振り子にはずみをつけ、西側社会をもっと動揺させ、二極化させる」ことが自分の望みだと書いていた。この発想は「加速主義」あるいは「シージ・ポスティング」と呼ばれるものだ。[17] アメリカのネオナチ、ジェームズ・メイソンの文章を集めた『シージ（*Siege*）』という本が、暴力を是とするよう多くの白人ナショナリストを感化している。2015年に設立されたアメリカのオルトライトのテロ組織「アトムヴァッフェン（ドイツ語で「核兵器」の意味）師団」は、この本をバイブルとしている組織のひとつだ。

わたしがテレグラムを覗いてみると、こうした考えを支持するグループが数十もある。たとえば、1200人を超えるメンバーがいる非公開のテレグラムグループ「ライト・ウィング・テラー・センター」の管理人が、クライストチャーチの銃撃犯についてこう書いている。

＊7　公の場で用いることがはばかられる「N」で始まる言葉。黒人に対する差別表現「nigger」などを指す。

この青年の存在は、これから起きることの予兆である。2015年にディラン・ルーフが白人に対する悪意と虐待にうんざりし、腹に据えかねて暴力に訴えると決め、数人の黒人を殺害した。ルーフの行動は、朝早くに起こされた人間の愚痴のようなものだ。それは原始的で本能的なものだ。それに比べてタラントの行動は、充分に自覚的な、まったく違うレベルのものだ。

さらにこう続ける。

いまわれわれは、今後10年か15年続く終末の始まりにいる。最終的な崩壊への大いなるクレッシェンドがすでに始まり、この雪崩を止めることはとうていできない。ひとつだけ平和的な解決策があるが、それはただちにリミグレーションさせること。だが、エリートたちがそんなことはしないのは皆承知している。だからわれわれがやるのだ。(…)戦士たちが招集され、その呼びかけに耳を貸すものがついに出てきている。こうした出来事に向き合うひとりの白人として、私にただ言えるのは、そうしたことが起きていることに安堵しているということだけだ。われらの敵が死すべき運命にあることを私は忘れていないし、そのことで胸のつかえが随分と軽くなっている。イギリスでレイプされ、フランスで命を落とし、スウェーデンやドイツで踏みにじられた白人の娘たちのために、ついに報復と復讐がなされるのだ。ささやかなる正義が、失われた白人のためになされるのだ。

テロ攻撃のための指南書を見つけるのは驚くほど簡単だ。2018年に8チャンでアノニマスのアカウントが、とあるマニュアルを共有したが、それは『アルカイダ訓練マニュアル』、そしてブラジルの軍事独裁政権と戦った20世紀のマルクス・レーニン主義の活動家カルロス・マリゲーラの書いた『都市ゲリラ教程』の2冊からの「不快な情報を除去（サニタイズ）」された抜粋集だ。このマニュアルには「爆弾製造入門」が含まれており、そこには「応用化学」と「爆弾の燃料」についての概論がついていた。ほかにわたしが見つけたのは、テロ行為、武装宣伝工作、囚人の解放、処刑、誘拐ならびに都市ゲリラ戦の他の形態についての指示書である。

露骨に暴力的な極右は、インターネットの周縁にとどまり続けている。それでも、行動せよとの彼らの呼びかけの土台となるイデオロギーや言語は、とっくのとうに主流に届いている。過激主義の専門家J・M・バーガーの推定では、アメリカのオルトライトを支援するツイッターアカウントは10万を超えるという。(18) 戦略対話研究所（ISD）でわたしたちが

２０１９年にジェネレーション・アイデンティティ・ヨーロッパについて一斉調査を行なった結果、ＧＩのツイッター公式アカウントには合計で7万人前後のフォロワーがいて、フェイスブックには1万１０００人のメンバー、テレグラムには3万人のメンバー、ユーチューブには14万人の登録者がいることが特定できた。[19]「大いなる交代」やリミグレーションなどの極右の過激思想にまつわるツイートの量は、過去7年で大幅に増えている。[20]

　過激主義の新たな傾向を監視している研究者たちはクライストチャーチの事件後に衝撃を受けてはいたが、心底驚いた者はひとりもいない。この襲撃は、わたしたちが警告していたすべての要素を兼ね備えていたのだ。オルトテックのプラットフォームが世界的に急進化の温床になっていること。アイデンティタリアンの陰謀論が民族的文化的マイノリティに対する憎悪と暴力を煽っていること。ソーシャルメディアのライブ配信機能がテロ行為をバイラル化すること。ゲーミフィケーションとインターネット文化が「お手製（ＤＩＹ）」のテロリズムと結びついていること。そしてテロリストを煽る思想を政治家たちが主流に乗せていること。

　欧州議会選挙の候補者のニュースフィードをスクロールしているうちにわかってきたのは、この脅威がはらむ政治的な側面をもはや無視はできないことだ。オンライン上で若者の歓心を買おうと極右のポピュリスト政治家は、ますますオンラインのサブカルチャーの発想に媚を売り、彼らの陰謀論やミーム、内輪のジョークをとりあげ、利用している。[21]ＩＳＤでの分析からわかったのは、「大いなる交代」論にまつわる英語のツイッターの会話で、そのもっとも影響力ある10人のなかにドナルド・トランプが入っていたことだ。
議席を持つか、政府を率いる立場にいる極右ポピュリストたちが、クライストチャーチやパウウェイの銃撃犯を駆り立てたイデオロギーをノーマライズし、合法化し、拡散するうえで重要な役目を果たしている。２０１９年だけで、ヨーロッパ全土の主要な極右ポピュリストの政治家たちが、暗に、もしくはあからさまに「大いなる交代」論に言及しているのをわたしたちは目にしている。多くが関連する言葉や陰謀論を自身の選挙運動で採用している。たとえばムスリムがヨーロッパを侵略し、この大陸を「イスラム化」および「アラブ化」し、「ユーラビア」と称するものに変えようとしているといった考えをだ。(22)

２０１９年４月、オーストリアの元副首相H・C・シュトラーヒェが、「大いなる交代に対する戦いを続ける」ことを誓った。(23)ベルギーの極右ポピュリスト政党フラームス・ベランフから欧州議会選挙に立候補し、最有力候補となった26歳のドリス・ファン・ランゲンホーヴェは、「われわれは交代させられつつある」とソーシャルメディアに繰り返し書き込んでいた。(24)どちらの政治家も２０１９年の欧州議会選挙で議席を獲得した。オーストリア自由党のH・C・シュトラーヒェは、この国でもっとも広く読まれる新聞「クローネン・ツァイトゥング」を、選挙を支援してくれた見返りにロシアのオリガルヒに売却することを申し出たとして大規模なスキャンダルを巻き起こしたし、ファン・ランゲンホーヴェのほうも、ディスコードで彼の組織が運営していたとされる、露骨に人種差別的で反ユダヤ主義のチャットグループが露見したのだが、それにもかかわらず当選したのだ。(25) 一方で、「大いなる交代」という陰謀論の創始者であるフランス人のルノー・カミュは、支持者のひとりが鉤十字とともにポーズをとっている写真が流出すると、欧州議会選挙への立候補を辞退した。(26)

クライストチャーチ事件の翌日、ドナルド・トランプはタラントがしたのと同じように、移民を「侵略者」に等しいものとみなした。(27) ハンガリーの極右の首相オルバーン・ヴィクトルは、難民を「ムスリムの侵略者」と呼び、イタリアの元副首相マッテオ・サルヴィーニは、自分が「移民の侵略を止めた」と吹聴する。スペインでは、アンダルシア州の極右政党VOXの党首フランシスコ・セラーノが次のようにツイートした。「難民と一緒に入ってくるのは、ヨーロッパ侵略を何年も計画しているイスラム主義の過激派だ」(28)。ベルリンのAfDは、選挙ポスターに陰謀論をとりあげたほどだ。そこではこう謳っていた。「ヨーロッパの歴史から学ぶこと(…)そうすればヨーロッパはユーラビアにならずにすむだろう」(29)

暴力を煽るイデオロギーをノーマライズすることは、過激主義を予防するうえで新たな問いを投げかける。たとえばツイッターは、ヘイトにまみれた、あるいは陰謀論を謳うプロパガンダを削除するべきなのか。たとえそれが民主的に選ばれた政治家のものだとしても?

こうしたコンテンツがアメリカ合衆国の大統領やイタリアの副首相の公式アカウントから投稿されている場合でも？

わたしたちは過激主義の新たな時代に足を踏み入れている。かつて周縁にいたものが、いまでは堂々と主流の仲間入りをしている。過激右派のスローガンが公式の選挙ポスターや選挙公約に入り込んでいる。政治に無関心だったインターネットのサブカルチャーが政治的なものに変わり、かたや政治空間がオンラインコミュニティの一風変わった文化的要素をとりいれている。遊びと悪意が手を組んだことで、無害な悪ふざけと立件可能な犯罪との区別が一層難しくなっている。言論の自由とヘイトクライムのあいだのどこで線引きをするのか。市民ジャーナリズムと情報戦争とのあいだは？　トローリングとテロとのあいだは？　これらはたんに法的な問いではない。民主主義のアイデンティティの根幹にかかわる問いなのだ。わたしたちはどこまでリバタリアンになりたいのか、もしくはどこまで権威主義者になりたいのか。そしてどこまで行ってもかまわないのか――財政的、道徳的、政治的には？　過度に検閲すれば何が起きるのか。政治システム全体に対するその反動は、どれほどの弊害をもたらすのだろうか。

そして同様に、何も行動しない場合、わたしたちはどれほどの犠牲を払うことになるのか。

part

7

Is the Future Dark?

未来は暗いか？

第13章 最初はすべてうまくいっていた

カリフォルニア州北部の小さな街パロアルトのウェブスターストリートをそぞろ歩くと、広々としたバルコニーのあるヴィクトリア朝様式のレンガ造りの家や、彫刻のような階段に異国情緒のある木々をあしらった独創的なかたちの複式家屋が並んでいる。これらの建物を見ていると、シリコンバレーの中心では創造性とお金にほぼ限りがないことがうかがえる。名門スタンフォード大学のあるパロアルトは、今日の新たなメディアや現代の通信テクノロジーの生みの親たちの住まい（ホーム）でもある。アップルの創業者スティーヴ・ジョブズがかつて暮らした家は、グーグルの共同創業者ラリー・ペイジや、フェイスブックのＣＥＯ、マーク・ザッカーバーグの家からほんの数百メートルのところにある。

フェイスブックの本社があるメンロパークは、ここから車で5分ちょっとだ。立ち入り禁止の敷地内に足を踏み入れたとたん、感覚がオーバーロードして頭が麻痺してくる。お腹が空いてる？　それなら本場のタイカレーか、アメリカのハンバーガー、珍しいアイスクリームのどれかを選んで。退屈してる？　それならコンピュータゲームのアーケードに寄ってクラッシュ・バンディクーをプレイしよう。なんだか体が凝ってるって？　それならマッサージを受けるか、ヨガのコースに入るか、それともあなたがどんな不摂生をしているか作業療法士に説明してもらおう。ガソリンが切れた？　それならガソリンスタンドまで行かなくてもだいじょうぶ。フェイスブックでは移動式燃料タンクが、あなたのところまで来てくれる。この会社の従業員の特権にはまるで終わりがないかのようだ。この敷地から出ようという気にはそうそうならないに違いない。このフェイスブックの泡の外で食事をしたり、新しい友人をつくったりしたいとも。

このメンロアヴェニューでは、世界各国のアクセントが飛び交い、にこやかな顔という顔が集まって、アイスクリームを片手に陽気なおしゃべりに興じている。この会社が提供するのは、幸せな家族や美味しい食事、絵のような風景の写真以外のどんなものでもない気がしてくる。過激主義者がそのインフラを使ってユーザーを洗脳し、冷酷非道な考えを拡散し、暴力を呼びかけているなんて異次元の話に思えてくる。けれどフェイスブックなどの大手テック企業は、ここにきて自分たちのプラットフォームが人びとの頭と心をハッキングすべく計画的に利用されていることに、ますます気づきはじめている。

フェイスブックは、個人データの漏洩やターゲットを絞った情報操作からユーザーを保護するのを怠っていた。ツイッターは偽のプロフィールやボットネット[*1]がそのプラットフォームで始めた偽情報拡散キャンペーンに目をつむり、ユーチューブは暴力を煽る過激思想のコンテンツと闘うのをしぶっていた。ケンブリッジ・アナリティカのスキャンダルやソーシャルメディアに触発されたテロ攻撃は、現実世界の民主主義を支える柱を揺さぶる、多くのバーチャルな地震の一例なのだ。

サイバーイノベーションは、過激主義者のグローバルネットワークを生み出した。彼らはデジタルネイティブの新世代を急進化させようと、国境を超えて日増しに協力し合っている。「2020年のジハードはどのようなものになるか」と2005年にアブ・ムサブ・アル＝スリに尋ねたら、驚くほど正確な答えを教えてくれただろう。「リーダー不在」――すなわち「組織はない、あるのはただ原理だけ」であり、「とくにインターネットを介した秘密の手段を用いる」というのが、このアルカイダとつながりのある元軍人が、ジハーディストの戦略について1600ページのマニュアルで語ったことだった。[(1)] それから15年、つまりiPhone 10世代を経て、インターネットは過激主義者の緩いネットワークどうしを結びつけている。彼らにとっての唯一のつながりは、共通の敵がいるということだけだ。

これら過激主義のネットワークは、「ならず者の新興企業（スタートアップ）」のように機能する。さまざまなイデオロギーがひしめく広大な市場のなかで、彼らは小さなニッチの市場を占有し、忠実な支持者の数も無視できるほどに少ない。彼らの狙いは新天地に手を伸ばし、従来は入り込めなかった視聴者の心を摑むことだ。こうしたネットワークは、テクノロジーを早々と採用し、ソーシャルメディア、ビッグデータ、「ブラックボックス」アルゴリズム、フィンテック、人工知能が提供する新たなチャンスを活用する。斬新な手法を使って同調者を急進化させ、主流派に影響を振るい、敵を脅迫することで、急進化とテロの性質を変化させている。彼らはまた、この世界の権力構造、情報エコシステム、民主主義のプロセスをも定義し直すかもしれない。

今日では、急進化キャンペーンから身を守れるインターネットユーザーなどいないし、他国からの干渉に無縁でいられる選挙も存在しない。自分のベッドルームでゲーム「フォートナイト」をプレイしているアメリカの少年が、それとは知らずにロシアのプロパガンダの工作員になっていたり、マレーシアのティーンエージャーが、イラクのISIS戦闘員を助ける地元の通信員に抜擢されたり、「南ドイツ新聞」の記事についてコメントしたドイツのフェイスブックユーザーが、大規模なトロール攻撃の標的にされたりしかねない。インターネットは、食品を買ったり、請求書の支払いをしたり、パーティの招待状を送ったりなど日

＊1　特殊なマルウェアに感染して遠隔操作されたコンピュータのネットワーク。

常の面倒ごとをスピーディに処理してくれるが、それと同じくらい犯罪活動を加速させている。ものの数分で、個人データを盗んだり、偽の情報を流したり、他のユーザーを脅迫したりもできるのだ。

次の数年で、新たに出てきたＡＩツール――「ディープフェイク」と呼ばれるもの――が過激主義のオンラインキャンペーンをさらに専門的で高度なものにするおそれがある。ＡＩは新聞記事や本を書き[2]、存在しない人間の写真を作成し[3]、リアルタイムで顔の画像を操作することもできる[4]。こうしたテクノロジーは、でっち上げの記事を生み、ソーシャルボット[*2]をつくり、画像を修整し会話を編集するのに利用できるだろう。２０１９年の初めに非営利団体「オープンＡＩ」が、「テキストツールのためのディープフェイク」を公開しないことに決めたが、それはこの団体の研究者がその悪用を恐れたからだ[5]。

こうした高度なＡＩのツールがなくても、コンピュータ通の過激主義者によるキャンペーンの影響を、すでにわたしたちは目の当たりにしている。それは政治的および社会的な断片化を悪化させ、ヨーロッパやアメリカ全土でポピュリストの躍進を加速させている。彼らが思い描く社会・文化・統治のモデルを追求するうえで、過激主義者はパラドクスの詰まったパンドラの箱を開けてしまった。伝統的な力関係への回帰を女性のエンパワメントとして喧伝し、ナショナリストの基本計画を推進すべく国境を超えたネットワークを築き、反リベラルな考えを拡散すべく徹底したテクノリベラリズムを要求する。それどころか彼らの未来像には、矛盾したもの、あるいは彼らのお気に入りの作家ジョージ・オーウェルが「二重思考（ダブルシンク）」と呼んだものが跋扈している。

彼らは平和を守るために人種戦争の準備をする。
彼らは真実を見つけるために偽の情報を収集する。
彼らはミソジニーを奨励するために女性の権利を利用する。
彼らは敵を黙らせるために言論の自由を悪用する。
彼らは反グローバリストの発想を広めるためにグローバルコミュニティを構築する。
彼らは反社会的行動を促すために社会的なつながりに投資する。
彼らは反現代的な目標を達成するために現代のテクノロジーを使用する。

結局のところ、人種や性別や宗教が人間の権利や特権を決定し、誰かの命が他者の命よりも重かった、そんな遠い過去に戻ったとしたならば、20世紀を生きた世代が21世紀の子どもたちに授けた最大の贈り物を帳消しにすることになる。伝統主義のイデオロギーと最先端の

＊2　ソーシャルメディア上で動作するボット。

テクノロジー、すなわち心理学的操作からソーシャルモニタリングや遺伝子検査までが組み合わさることで、過去の世紀に成し遂げた市民権という功績が脅かされるばかりか、まったく新しいかたちの独裁体制までもが誕生しかねない。こうした有害なハイブリッドがあらわれることが、真にディストピア的な社会への道を拓くおそれがある。

けれどディストピアでは往々にしてあることだが、それはどれも最初はユートピア的な考えから始まっていた。

フェイスブックが2004年にその一歩を踏み出したのは「人びとをつなげる」ためだった。それは絆を結び、集団に帰属する新たな手法を切りひらいた。ところがそれによって、人びとを分断することにもなってしまった。その構造は、ユーザーの部族的思考を強化するものだ。それは集団をたがいに競わせる、「われわれ vs 彼ら」という枠組みをつくり出す。うわべだけのつながりを生み、仲間に属していない者を排除し、差別し、非難し、ときに罰しろとまでけしかける。「個人の狂気はかなり稀なものである。――しかし集団、党派、民族、時代となると、狂っているのがつねなのだ」とフリードリヒ・ニーチェが『善悪の彼岸』に書いている(6)。

部族主義は人間の根源にあるものだ。その力学には政治的な色もなければイデオロギー的な方向もない。とはいえ往々にして、民族、性、文化、あるいは宗教を隔てる境界――わたしたちのアイデンティティのもっとも深い層――に沿って分断が起きる傾向にある。(7) そしてソーシャルメディアは、こうした境界を際立たせたいと考える周縁の集団に、彼らの部族を無理やり押し上げるための武器を授けてくれる。その結果は不穏なものだが、それはまた予想のつくものでもある。「アメリカの部族主義がトランプをホワイトハウスに送り込んだ」とアメリカを拠点とする部族主義の専門家、エイミー・チュアは考える。つまり彼女いわく、都会の沿岸部のエリートと地方の労働者階層との対立だ。(8) ブレグジットの投票結果は「価値観による部族化」に原因がある、とイギリスの編集者でジャーナリストのデヴィッド・グッドハートは主張する。これは、国際人でリベラルな「どこにも属さない者（ノーウェア）」と、地元に根を張った保守派の「どこかに属する者（サムウェア）」との対立である。(9) それを「価値観による部族主義」と呼ぼうと、「アイデンティティ・ポリティクス」と呼ぼうと、どちらにせよデジタル時代はこの現象を著しく悪化させている。

　やや直感に反しているようだが、ソーシャルメディア上に多様なイデオロギー的背景を持つ友人が多くいたとしても、あなたがオンラインの部族主義から守られるわけではない。実際はその逆だ。フェイスブックの最大のパラドクスのひとつは、友人の数が多ければ多いほど、あなたの見るコンテンツの多様性が失われることだ。理由は、フェイスブックのフィルターがますます多くの情報を得ることになり、あなたが「いいね」したりクリックやシェアしたりする投稿をもとに、あなたの思想傾向、トピックの好み、ユーモアの感覚の微妙な違いを学習するからだ。

テック企業は自分たちのプラットフォーム上に、こうした二極化の力学が働いていることを百も承知だ。しかしながら、何年ものあいだシリコンバレーの起業家たちは、問題を解決する代わりに、DCやロンドン、パリの政治家をなだめようと努力してきた。ユーチューブの親会社でもあるグーグルは、2017年におよそ1800万USドルをロビー活動に使っていた――これは他のどの会社よりも多い額だ。[10] フェイスブックの数字もそれと大差はない。この企業は同年にロビー活動への投資を32％増やしている。だが、説得にこれほどの労を費やしたにもかかわらず、ヨーロッパの多くの政府が、サイバー空間にさらに厳しい規制を導入しはじめている。ただし、それは自分たちに責任が及ぶのを避けるためという面もある。

メイ、メルケル、マクロンは、オンラインの過激主義に立ち向かうべく、さらに緊密に協力し合った。イギリスとフランスでの規制の試みはまだ初期段階だが、ドイツは2017年にいち早く、バーチャル世界の過激思想のコンテンツを罰することにした。この議論を呼ぶ「ネットワーク執行法」（NetzDG）は、アクティブユーザーが200万人を超えるウェブサイトに対し、テロのプロパガンダやヘイトスピーチのコンテンツを24時間以内に削除するよう要求するものだ。[11] これをインターネットを浄化するための前途有望なモデルとして歓迎した者もいれば、「他国にとっての危険な見本になる」と非難した者もいた[12]。懸念されるのは、中国やトルコなどのあまり民主主義的でない国が、政敵の検閲を正当化するために反ヘイト法を利用しかねないことだ。

政治的圧力が強まるのに呼応して、フェイスブック、マイクロソフト、グーグル、ツイッターは、有害なコンテンツを自動で削除する人工知能メカニズムを開発している。たとえば、これらの企業はテロリストの持つマテリアルのハッシュ値――動画や画像のデジタル指紋――を収集するデータベースを作成した。あるアカウントが、データベースのなかでフラグの立ったコンテンツをシェアすると、ユーザーがそれを見る前に削除されるのだ[13]。

ＡＩ主導のテクノロジーのおかげで、ソーシャルメディア企業は児童ポルノや成人ヌード、ＩＳＩＳ関連のテロリズムのプロパガンダに分類されるコンテンツを自動削除しやすくなっている。とはいえこのメカニズムは、完璧にはほど遠いものだ。ヘイトスピーチや過激思想は文脈から判断するほかないものも少なくないため、ＡＩもなかなか特定できない。有害なコンテンツが、それを報じるＢＢＣのレポーターによってシェアされたり、それと闘う活動家によって、あるいはそれを揶揄する風刺家によってシェアされたりしても、機械にはおそらく見当もつかない。場合によっては、侮辱や脅迫の言葉でも、誰かを標的としたものではなく自分自身に向けられたものということもありうる。

極右のマテリアルを提供する会社に高い罰金を課せば、疑わしいコンテンツの削除を促すインセンティブになるだろう(14)。しかし、ここでひとつ問題がある。オンラインコンテンツを取り締まるための公共政策が、過度の検閲とセットになることはないのだろうか。イギリスを拠点とする、言論の自由を擁護する組織「アーティクル19」は、曖昧な法的概念と過剰な制裁が、乱用や過度の検閲につながりかねないことを警告する(15)。

また別の問題もある。過激主義者は厳しい法律に対して驚くほどレジリエンスが高い。彼らがインフラの抜け穴や法の裏をかく方法を見つけるのもよくあることだ。なかには、画像コンテンツのピクセルを変更し、それによってハッシュ値を歪めることで検出を回避するグループもある。キーワードにもとづいて削除されないようにするために、暗号を用いる場合もある。また、露骨に過激な発言、あるいは暴力を触発する発言を続けたい者は、オルトテックの空間に移動する。したがって大手のプラットフォームだけを規制し、過激主義者にとって安全な小さな避難所を放置しておくような政策では充分でないだろう。そうした政策は、わたしたちが相手にするのはプラットフォームを超えた脅威であるという現実を無視している。

「わたしたちはパズルの一部しか見ていないのです」とフェイスブックでヨーロッパ・中東・アフリカの反テロ・反過激主義担当マネージャーを務めるエリン・サルトマンが、同社のロンドンオフィスでわたしに語った。「フェイスブックは二次的なプラットフォームとして使われていますーーキャンペーンはどこかよそで計画されていることも少なくありません。フェイスブックでキャンペーンを始める前に過激主義者が使用するかもしれない別のプラットフォームが100以上もあるのです。テレグラムはそのひとつにすぎません」。サルトマン自身もハンガリーの極右組織に潜入し、数年間、反過激主義プログラムの最前線で働いてきた。フェイスブックが何と対決しているのか彼女にはわかっている。「わたしたちは方針を変えていますが、相手も戦術を変えているのです」

フェイスブックでは夥しい数の従業員が、このいたちごっこに従事している。彼らはいじめや侮辱的なユーモアや過激思想から、暴力的な集団、個人情報の盗難、ハッキングまで、ありとあらゆるものを扱う。テロリストのコンテンツに集中するスタッフだけで300人を超えている。写真や動画の高度なマッチング技術が、非合法で有害な可能性のある画像や動画にフラグを立て、それをさらに人間のチェックチームが判断する。けれど注意を要するこうしたコンテンツは何百万件もあり、それもつねに単刀直入なものとはかぎらない。グレーゾーンに入ったとたんに、ひと筋縄ではいかなくなるのだ。「たとえば、嘘は違法ではありません」とサルトマンが言う。「ただし誰かを誹謗中傷する意図がある場合は、違法になります。ですが自分の嘘や陰謀論を本気で信じていたとしたら、法を破ったことにはなりません」。ヘイトにまみれたコンテンツも同じように判断が難しい。違法であるか否かの境界は曖昧なことも多いのだ。フェイスブックは、あるコンテンツをヘイトスピーチまたは名誉毀損として法的に分類していいか、あるいは自社の基準に違反しているかを判断するのに、半ダースの弁護士に相談することも珍しくない。

こうした事例から、政府と企業がデジタル空間をコントロールし、そこで力を振るい続けようとする場合の限界もあらわになる。さらには、インターネットの所有と管理についての問いを提起し、インターネット市民の安全と自由との衝突すらも呼び起こす。政治的影響力を振るううえで、合法な手段と非合法な手段の違いとは何なのか？　プラットフォームが意見を操作するとはいえ、そもそもその戦術自体が目的のひとつでもある場合、わたしたちはどう対処したらいいのか？　従来のセキュリティの閾値には達していないとしても、民主主義のシステムに影響を及ぼすようなものにどう対応すべきなのか？　そしてつねに過激主義者に後れをとらずにすむにはどうすればいいのか？

結局のところ、削除方針はおしなべて過激主義の問題の根っこを治療するものではなく、その症状を緩和するだけだ。これはコンテンツとか集団を相手にした闘いではない。テクノロジーが明るみに出した、人間の性質における闇の面（ダークサイド）との闘いなのだ。「私たちの電話やコンピュータは、私たちの性格、私たちの関心、私たちのアイデンティティの映し鏡になって

いる」と2014年に当時のFBI長官ジェームズ・コミーが語っている。(16)

フェイスブックとユーチューブが利益をあげる方式とは、人間の関心や注目を集めて、それを売ることにかかっている。そのアルゴリズムは人間の心理にアピールするようプログラムされており、だからこそ、わたしたちの心の奥底にある欲望や興味を映し出す鏡以外の何ものでもないのだ。正直言ってわたしたちは、古代ローマで剣闘士が敵にトドメを刺すのを眺めて面白がったり、中世イングランドで裏切り者が吊るされ、引きずられ、四つ裂きにされるのを見て楽しんだりする人びととたいして違いはない。「血が流れるほどトップニュースになる」というのは、2000年前と同様、今日でも真実だ。わたしたちの心を揺さぶり、興味を掻き立て、夢中にさせる場面は、依然として過激で、しばしば暴力的なものであることが多いのだ。

わたしたちは無意識のうちに過激なコンテンツを好むものだ。だからこそ過激主義やヘイトスピーチと闘うことに本気で関心を持つ政治家は少ないし、民間企業にいたってはもっと少ない。政治家とは投票者の要求に応え、戦略的に価値あることよりも政治的に有益なことを優先する。かたやテック企業は自分たちのビジネスモデルの奴隷だ。そのモデルは広告収入に大きく依存しており、つまりはわたしたちの消費行動に牛耳られている。

あなたの業績を評価するおもな指標のひとつが、あなたのプラットフォームにおける毎月のユーザー数だとしたら、ボットや偽アカウントを削除するインセンティブをあなたはほとんど持たないはずだ——とくに、それらがどうやらアクティブユーザーのかなりの割合を占めているとわかっている場合には。また、業績評価の別の指標が、おもにこうしたユーザーがあなたのプラットフォームに費やす時間である場合、ユーザーの関心を引きつける過激思想のコンテンツを削除することは——それがどんなに過激で不愉快なものであっても——あくまでもビジネスの視点からすれば、ほとんど理屈に合わないことだ。推奨アルゴリズムはそのプラットフォームで大半の時間を過ごす人びとによって訓練されてゆくため、過度に熱心なユーザー（何かの依存者や陰謀論者、過激主義者）は、他のユーザーが目にするものに、不釣り合いなほど大きな影響を与えている。

ソーシャルテクノロジーにおける今日の社会工学的問題の多くは悪循環に陥っている。孤独や依存、部族主義がピークに達しつつあることは、新たなテクノロジーの発生する源であり、かつ発生した結果でもある。ソーシャルメディアのバブル、ゲーミフィケーションされたデート、セルフィー大会や没入型ビデオゲームの世界は、こうした要因を育むと同時に、こうした要因によって育まれてもいる。つながりがますますバーチャルなものになり、交流がますますゲーミフィケーションされ、コミュニケーションがますますうわべだけのものになるにつれ、人びとはかつてないほど孤独で依存的で部族的になっている。それによって人びとはますますソーシャルメディアやマッチングアプリ、ビデオゲームに時間を費やすようになる。

過激主義組織はテクノロジーを早くから採用しているだけではない。テクノロジーが社会に生み出す弱点もまた早くから利用している。ライブアクションロールプレイから、ライブ配信される動員やゲーミフィケーションされたテロリズムにいたるまで、バーチャルの過激主義コミュニティはそのメンバーに新たなかたちの娯楽や気晴らし、インスタントな自己承認、瞬間的な自尊心の高揚を提供する。過激主義者たちの使うテクノロジーが個々の人間に与えているのは、テクノロジーが人びとから奪ったもの、すなわち帰属意識、自信、そしてアイデンティティだ。あるいは、幻想としてのそれらかもしれないが。

結局のところ、そもそもテクノロジーと社会は絡み合っていることから、それぞれに対して別個に取り組んだところで、おそらく失敗するのがおちだろう。テクノロジーの進歩は社会的に孤立した状態では起きないし、社会的な発展もまたテクノロジーの影響なしには起こりえない。高度なテクノロジーを用いる、ハイパーソーシャルな過激主義運動に立ち向かうためには、社会やテクノロジーのどちらかだけを非難しても追いつかない。社会に焦点を絞った解決策、あるいはテクノロジーを重視した解決策だけを探しても間に合わない。むしろわたしたちには、このふたつの相互作用を理解し、そこに影響を与えることが必要なのだ。

つまり、最新のテクノロジーイノベーションが社会としてのわたしたちとどうかかわっているのか、そして、わたしたちの時代精神(ツァイトガイスト)や弱点や欲求がそこにどう映し出されているのかを。

第14章 2025年の10の予測

過激主義者にこのまま先を越されないようにするために、目まぐるしく変化する環境のなか、わたしたちは今後の動向についてもっと精度の高い予測を立てる必要がある。目標とすべきは、場当たり的な防御や対症療法的な戦略に頼り切るのではなく、考えられるあらゆる未来のシナリオに備え、計画を練ることだ。わたしたちが問うべきは、たとえば今後数年のうちにこの問題がどのように展開するのか、テロリズムと過激主義がもたらす今後の脅威はどんなものになるのか、といったことだ。政治の展開、社会の変化、テクノロジーの進歩という力学が重なる環境で、動向の予測はかつてないほど難しくなっている。こうした問いの答えを見つけるために、わたしは世界をリードする反過激主義の専門家10人に助言を求めた。彼ら全員に同じ質問をしてみた――「今後5年間で起きる、過激主義による次の大きな脅威とは、どんなものになると思いますか?」と。答えは（おそらく案の定）多種多様なものだった。これから先は、彼らがわたしに語ってくれたことである。

非従来型の動員

極右テロの専門家でドイツ急進化・脱急進化研究所（GIRDS）の所長を務めるダニエル・ケーラーは、わたしたちが目にするのはおそらく「集団間およびイデオロギー間の従来の境界がますます消えていくこと」だと主張する。オンラインでの新たなかたちのコミュニケーション手段や問題ベースの動員が可能になったことにより、過激主義者は正式に組織を立ち上げなくとも、より柔軟なやり方で組織化できるようになっている。さらにケーラーが警戒するのは「環境保護などの多様な新たなテーマを掲げた動員によって、組織的犯罪と似た身近な脅威が発生すること、また非従来型の環境から集められた者たちが暴力的な環境に取り込まれること」だという。

「お手製（DIY）」のテロリズム

アメリカを拠点とするサイバーテロの専門家で『ハッキングISIS』の共著者クリス・

サンプソンは、チャットサイトやアプリを使って、「ＤＩＹ」のテロリズムや模倣襲撃のような一匹狼的行動が奨励されることを、次の大きな脅威と考える。これは遠隔訓練の拡大というかたちをとるかもしれず、ＩＳＩＳが暗号化されたチャンネルで爆弾の作り方を教える動画やＰＤＦマニュアルを共有したやり方と似たものになるかもしれない。「遠隔での教育により、距離の制限など気にせずに影響力を拡大できるようになるだろう」。さらにサンプソンは、襲撃のライブ配信とフラッシュモブの呼びかけとが結びつくことで、破壊的な影響が生じかねないと推測する。

不満と過激主義そのものの悪用

国際戦略研究所で多国間脅威・政治危機部門の責任者を務める、イギリス秘密情報部の元副長官ナイジェル・インクスターは、「深刻な暴力を引き起こしてきたこれまでの不満が消えることはまずなさそうだ」と警告するが、それが今後どのようなかたちで表出するかはなんとも言えないという。インクスターによれば、設計や管理が行き届かない密集した都会の環境が過激主義の温床になる可能性があるという。さらに「国民国家がその非対称の力を振るおうと、過激主義の大義を悪用することも考えられる」とも語る。そうなると、過激主義と反過激主義、両者間の応酬が延々と続く悪循環に陥りかねない。

国家主導のテロリズム

同様の予想を立てるのは、ジョージア州立大学のコミュニケーション学教授で、自爆テロと女性過激主義者を専門に研究するミア・ブルームだ。このカナダ人の学者が考える、2025年に予想される最大の脅威となるテロリズムは、国家によりもたらされるものだという。そうした国家は、宗教・アイデンティティ・民族性・性的指向・支持政党にもとづき自国民にきわめて抑圧的な政策をおこなう。ブルームによれば、国家が何らかの反政府イデオロギーを締め出すことができないとわかると、暴力的な手段に訴えかねないという。この傾向はすでに中国のような場所で見受けられ、そこでは政府がテロ対策という名目でウイグル人を再教育キャンプと称するものに収容している。

主流化した国家支援のテロリズム

アメリカのジャーナリストで、「ニューヨーク・タイムズ」のベストセラーになった『イスラム国──グローバル・ジハード「国家」の進化と拡大』の共著者マイケル・ワイスは、極右のナショナリスト組織が凶暴化することをますます懸念している。ワイスは、イスラム過激主義はおそらく持ちこたえるだろうし、これらが引き続きもたらす脅威をみくびってはならないと警告しつつも、極右がさらに強い勢力に発展するおそれもある──とりわけヨーロッパにおいて──と考える。アサルトライフルがすぐに手に入るため、アメリカで一匹狼型襲撃の犠牲者数が増える傾向にあるが、ヨーロッパの状況はさらに悪いと予想する。というのも極右組織が、選挙で政権に就いた政党と手を組むことも少なくないからだ。「指揮官に忠実なギャングや武装集団が、いつの時点で国家を代表する存在になるのだろうか?」と彼は問う。たとえばエストニアのファシスト政党「保守人民党」(EKRE)は、いまでは内務省の指揮をとっているが、その青少年組織はヒトラーユーゲントにきわめて似通っていると説明する。「こうした『ポピュリスト』政党が選挙で勝ち続ければ、われわれが夜のニュースで目にして嘆き悲しむ類いの人種差別的な暴力が、おそらくヨーロッパ各地で、なんの咎めもなく日常茶飯におこなわれるようになるかもしれない」

グローバルな極右の復活

心理学教授で『テロリズムの心理学』の著者、ジョン・ホーガンは、2025年までの次の大いなる脅威は、極右過激主義の世界的な復活としてあらわれかねないと警告する。「これは、わたしたちの考えるリベラルな民主主義が機能するうえで深刻な影響を及ぼすおそれがあり、さまざまな新種のテロを生み出すことになるだろう」。調査からわかったのは、極右の過激主義が主流になれば、ジハーディストならびに極右に触発されたテロリズムのどちらも増長しかねないことだ。それはムスリムと非ムスリムとの戦いがいまも続いているとする、イスラム過激派によるナラティブに信憑性を与えるおそれもあるし、また暴力的な人種差別や外国人嫌悪の組織を勢いづけることにもなりかねない。

多様化する恐怖の光景

『ジハード・ジョーと過激主義』などの著書があり、オンライン上の過激主義をおもに調査する学術研究ネットワークＶＯＸ－Ｐｏｌの研究員を務めるＪ・Ｍ・バーガーは、次のように予測する。「アメリカだけでなく世界各地で、あらゆるタイプの過激主義が拡大を続けるさまをわたしたちは目にすることになるだろう。この光景はおそらく２０２５年には、はるかにもっと多様なものになる」。ソーシャルメディアによって、周縁のイデオロギーを支持する者たちが同好のユーザーとの世界的なネットワークをつくる機会を得るにつれ、はるかに分裂した過激主義の世界をわたしたちが目にする可能性は高い。ニッチな視聴者を抱える新たな過激主義サブカルチャーがすでにさまざまに登場し、世界的にその存在感を示している。

環境テロリズムとドローン

ロンドン大学キングスカレッジのセキュリティ研究の教授で、過激化研究国際センター（ＩＣＳＲ）の創設者ピーター・ニューマンは、過激主義の主たる脅威は、やはりジハーディストと極右の過激主義者のふたつになるだろうと断言する。「これらの集団はこの社会に存在する、いわばふたつの大きな亀裂であって、当面は引き続き暴力的集団を生み出すだろう」。とはいえ彼が付け加えるに、「環境運動の急進化」がさらに広がる可能性があり、「気候変動が進み、この問題に政治家や社会がしかるべき対処法を見つけられない場合はなおさらだ」。また、さまざまなイノベーションも過激主義の活動家が採用する戦術に革命をもたらしかねない。とくに「爆破装置を運ぶのにドローンが使用されれば、標的になるおそれのあるものを防御するのはひどく難しい課題となるだろう」

火種としての移民とミソジニー

イギリスの反レイシズム団体ホープ・ノット・ヘイトの上級研究員ジョー・マルホールは、地球温暖化が広範な影響を及ぼすにつれて、今後数年のうちに政治的過激主義に深刻な影響が生じるに違いないと考える。「グローバルサウスからの移民が増加したり、資源がますます希少になったりすれば、その答えとして視野狭窄でナショナリスティックで外国人嫌悪の解決策を持ち出す者が出てくるだろう。悲しいことだが、極右過激主義は海面と一緒に上昇してくることを懸念している」。彼の予想では、別のもっと差し迫った脅威がある。それは、政治化した暴力的なミソジニーが勢いを増すことだ。「フェミニズムと女性の権利に反対する動きは、もともとはオンラインで始まったものだが、右派の過激主義における成長するサブセクションとしてさらに広がっていくだろう」と彼は言う。「こうした運動から冷酷なテロ攻撃が数多く出てきているのを、わたしたちはすでに目にしているし、次の10年でこれが拡大することを危惧している」

ディープフェイクとサイバー戦争のテクニック

戦略対話研究所の研究者で、世界的な極右のオンライン上のプレイブックを専門に研究するジェイコブ・デイヴィーは、ここ数年でインターネットに関連したさまざまな活動が主流へと転じてきていると主張する。シットポスティング、トローリング、ミームはもはや4チャン愛好家の聖域ではなくなった。「これらはPR企業、広告主、さらにはアメリカ大統領にとってすら重要な戦術になっている。そして過激主義者はこの主流化の最前線にいるのだ」。デイヴィーによれば、こうしたテクニックがかつてないほど主流化するにつれて、過激主義者は、混乱や破壊、喧伝のためのより効果的なツールを探し求めるだろう。「こうした傾向はディープフェイクの拡散とともにすでに目についているが、過激主義のデジタル戦略の新たな流行がどんなものになるかを真に理解するには、周縁コミュニティを駆り立てる動機とは、モラルや規範を逸脱することだという点を理解する必要がある」。考えられるのは、サイバー戦争のさまざまなテクニック、そして事態を混乱させることを目的とした、さらに巧妙な「なりすまし」のテクノロジーが使用されることだと結論する。

第15章 2020年のためのソリューション

前述の予測が的中するか否かにかかわらず、どのみちどんな一面的な解決策も、重複するさまざまな課題や、かつてないほど複雑化した過激主義の様相に充分な対処はできないだろう。進化を続ける脅威に対応するには、プラットフォームの監視強化や、コンテンツの削除だけでは安心できない。マイノリティのコミュニティを標的とした政府による監視対策を恐れて、多くの疎外されたムスリムが追い込まれ、ジハーディストの手にくだっている。かたや言論の自由が侵害されたと感じて憤慨し、ますます多くの人間が極右のレトリックに飛びつきやすくなっている。

代わりにわたしたちに必要なのは、さまざまなセクターや政党を超えて連携し、包括的な長期的アプローチをとることだ。政治家、テック企業、ソーシャルワーカー、そして市民社会のすべてが、オンラインでの過激思想や事実の歪曲、脅迫との闘いに不可欠な役割を担っている。これらがともに協力し合うことで、暴力を煽るコンテンツに対処し、法的グレーゾーンにある急進化や操作的メッセージに対する社会のレジリエンスを高めることができる。次にあげるのは、最新のもっとも有望な10のイニシアティブだ。なかには、このうえなく独創的で、かつ議論を呼びそうなもの――ＡＩが主導するコンテンツの削除、風刺の効いたトローリング対策など――も含まれる。

テロにはテックを

過激主義者のエコシステムはもはや直線的なものでもなければ、少数のプラットフォームに限定されたものでもない。それどころか新興のオルトテック帝国は、その脅威をさまざまなプラットフォームを横断したものに変貌させている。デジタル空間がこうした進化を遂げていることから、オンラインの日増しに複雑化する戦場で勝ち抜くには、知識やデータベース、テクノロジーを共有することが不可欠になっている。国連主導のイニシアティブ「テック・アゲインスト・テロリズム（テロにはテックを）」は、大手と小規模のテック企業間で世界初の大掛かりな反過激主義協力体制を実現させている。最善の措置――ハッシュ共有データベースから強力なＡＩシステムまで――を結集させることにより、さまざまなプラットフォームをまたいだ身元確認やテロリストのコンテンツ削除を最大限効果的に実行することができる。何より重要なのは、予算や人的資源の限られた小規模のオンライン・プラットフォームに対し、そのサービスがテロリストに悪用されるのを先回りして防ぐツールを提供することだ。テック企業全体で相乗効果（シナジー）や集団的学習戦略を用いることが喫緊に必要とされている。ただし、世界の有力なテック専門家が力を合わせてそのテクノロジーツールやメカニズムを最適化させたとしても、まだ誤検出する危険性は無視できない[1]。

二極化（ポラリゼーション）には政策（ポリシー）を

ソーシャルメディアのユーザーが無意識のうちに政治的プロパガンダの標的にされていることも少なくない。いかにひんぱんに、あなたは自分のソーシャルメディアのフィードで理由もわからぬままにコンテンツを見せられているのだろうか？　自分のコンテンツがいつ拡散され、リコメンドされ、あるいはフィルタリングされるか、ユーザーがほんの少しでも理解できる機会を得るためには、より高度のアルゴリズム的透明性と説明責任が必要になるだろう。したがって、オンライン上の情報操作やマイクロマーケティング、ハイパーターゲット型プロパガンダについての意識を高める最初のステップとして、ブラックボックス・アルゴリズムの不明瞭さを減らすことが求められている。また過激主義者が現在、もっと小規模の、得てしてもっと過激なオルトテックのプラットフォームに居を移しているなか、ヘイトスピーチを取り締まる法律の範囲を、現行のドイツのネットワーク執行法の定める最低200万のユーザー数よりも下回るように設定する必要があるだろう。アルゴリズムの透明性とヘイトスピーチ法に加えて、ソーシャルメディアのディスカッション・フォーラムやコメント欄のホストに対しても、ヘイトに満ちた討論を和らげ、偽情報の誤りを指摘し、有害なコンテンツを削除するよう促すべきだ。より優れた投稿監視戦略（モデレーション）を採用すれば、法には触れなくともオンラインのディスカッション文化にとって有害な、もしくは二極化を煽りかねないコンテンツやメッセージを野放しにせずにすむだろう。

ヘイトには救いの手（ヘルプ）を

過激主義者による脅迫への免疫を活動家に与えるにはどうすればいいのか？　ときにヘイトスピーチや嫌がらせは法的なグレーゾーンにあることから、自らの行為に対する法的措置を恐れずにすんでいる悪意ある者からの匿名のキャンペーンに、インターネットユーザーは無防備なままになっている。ヘイトエイド（HateAid）は、フィアレスデモクラシーの創設者ゲラルト・ヘンゼルが立ち上げたイニシアティブで、その目的は、過激主義者が自分たちの敵を狙いどおりに黙らせるのを阻止することだ。ドキシングやサイバー・ハラスメントなどのトピックについての手引書を提供し、オンライン上のヘイト被害者をつなげて支援するためのプラットフォームを提供することで、ヘイトエイドはジャーナリストや活動家、そのほか過激主義者の脅迫キャンペーンの標的になるリスクを抱える視聴者が、レジリエンスを獲得する手助けをしている。(2)

会話(カンバセーション)による対抗(カウンター)

急進化するリスクのあるオンラインユーザーを特定し、過激主義組織の勧誘係の有害なナラティブから守るために、最新のテクノロジーをどうすればこちらに有利に使えるだろうか？　２０１７年に戦略対話研究所は、世界で初めて脱急進化のプロジェクトを試行し、ソーシャルメディアネットワークを分析して暴力的な過激主義組織のメンバーを特定し、ソーシャルメディアのメッセージングサービスを使って彼らに接触を試みた。このプロジェクトは、元過激主義者やテロ攻撃のサバイバー、心理学者などの経験を積んだ脱急進化介入プロバイダーと協力して実施された。オンライン上での過激主義組織とのやりとりから、急進化した個人が特定されると、介入プロバイダーがフェイスブックのメッセンジャーを介して会話を始めた。持続した会話10件のうち1件で、前向きな影響がはっきりと認められ、顕著な態度ないし行動の変化につながった。急進化した視聴者と直接オンラインでやりとりするこの試験的手法から、脱急進化プログラムにおいてソーシャルメディア分析とメッセージングの利用をさらに検討する価値があることが明らかになった(3)。

トロールには妖精（エルフ）を

偽情報やプロパガンダを共有することは違法ではないが、だからといって放っておいていいわけではない。クレムリンのプロパガンダマシンによるメディア操作が大きな問題になっているバルト諸国は、目下のところ偽情報に対抗する先陣を切っている。通称「バルチック・エルヴズ」は、ロシアのトロールによる偽情報キャンペーンを、空き時間を使って撲滅する――偏った報道や誤解を招く統計を暴露することから、捏造記事や半端な真実（ハーフ・トゥルース）をすっぱ抜くことまで――数千人のボランティア活動家で構成されている。現在リトアニアにはおよそ３０００人のエルフたちがいる。ラトヴィアにはおよそ１５０人、エストニアには二十数人いる。バルチック・エルヴズの手法を参考にして、ヨーロッパとアメリカ全体で事実調査員（ファクトファインダー）やソーシャルメディア上の活動家のより強力な連合を築き、オンラインメディア

の操作や偽情報を暴露し、これに対抗することができるだろう。(4)

トロールをトローリング

トロールをトローリングできないわけはない。2018年4月、ドイツの風刺作家ヤン・ベーマーマンが、「レコンキスタ・インターネット」という名のカウンター・トロール軍団を自ら結成した。ほんの数時間のうちに、レコンキスタ・インターネットのサーバーはレコンキスタ・ゲルマニカの3倍ものメンバーを集めた――およそ2万人だ。最初はちょっとしたおふざけのつもりで始めたのだが、このイニシアティブはすぐに、この規模での最初のカウンター・トロール軍団になった。ひょんなことから生まれたこの市民権運動は、あらゆる政治的理念を超えて集まったデジタル市民の広範な教団が、効果的な反ヘイトスピーチ運動を組織することでいかに変化を引き起こせるかを証明してみせた。ただしピアトゥーピア*1のトローリングの可能性はまだ探索されておらず、注意して扱う必要がある。過激主義者の戦術を真似することは、同種の物騒なソーシャルダイナミクスに容易に陥りかねないし、白か黒かの思考を促すことで、二極化の傾向にさらに拍車をかけるおそれもある。

ハッカーをハッキング

ハッカーをいっそ彼らの武器で叩いてみたらどうだろう？　反過激主義の活動家のなかには、ＩＳＩＳのジハーディストをハッキングして動揺させる戦略を開発している者もいる。たとえばアノニマスは多くのＩＳＩＳアカウントをハッキングし、ポルノ画像を大量に送りつけた。(5)　彼らにとって最悪の敵――ヌードや乱行、同性愛――を突きつけることでジハーディストの士気を損なわせ、彼らのフォロワーや新兵候補者からの信頼を傷つけた。また単純に時間的な要素もある。テロリストを自らの評判を保つことに手いっぱいにさせておけば、プロパガンダを拡散したり、新たなメンバーを募集したり、攻撃を計画したりする時間がそれだけなくなるだろう。こうした迷惑行為を繰り返すことで、ついにはジハーディストの多くが自分たちのソーシャルメディアのアカウントを閉じることにつながった。(6)

研究者や活動家のなかには、過激主義のハッカーたちを出し抜き、裏をかくことをねらった、この独創的なプロジェクトの成功について説得力のある論拠を示す者もいるが、(7)　こうした取り組みの効果をはかることは、不可能とは言えないまでも難しい。たとえ効果があった

＊1　ネットワークに接続されたコンピュータの端末同士が直接通信する方式。

としても、この手のしっぺ返し的な実力行使は、法律や倫理面で多くの問題を提起する。善なる目的でのハッキングは合法的な戦術なのか？　こうしたトローリング作戦は、脱急進化のイニシアティブのような反過激主義団体や機関からのコンタクトに対し、自分がからかわれているのではないかと警戒して過激主義者がかかわりを持とうとしなくなるなどの、ネガティブな影響を与えはしないだろうか？

怒り（アンガー）には芸術（アート）を

クリエイティブ業界は、どうしたら従来の反過激主義対策を超える手助けができるだろうか？　アーティストは人間の精神に対して独自の影響力を持つ。視聴者を未踏の領域に連れて行き、まったく新たな視点を与え、タブーを破ることで、その態度や行動に変化を起こすことができる。恐怖や怒り、そのほか深層の感情に働きかけることで、人間の無意識にまでアクセスできる。アート・インスタレーションや文学、音楽、舞台芸術は、共感を刺激すること、そして白か黒かのナラティブを曖昧にして、外集団に向けられた怒りを減じることに、とてつもなく貢献するのだ。ひょっとしたらクリエイティブ業界は、新たな視聴者を虜（とりこ）にし、アイデンティティや人種、宗教にまつわるセンシティブな問いを探究する、もっとも大きな、侮れない可能性を秘めている。ほんの一例をあげれば、作家のニック・サーストンと歴史家のマシュー・フェルドマンによるインスタレーション「ヘイトライブラリー」は、ヨーロッパ全土の極右組織が使う言葉と戦術を明るみにさらすべく、ソーシャルメディアの有害なディスカッションを公開している。(8)

中道(ミドル)を動員せよ(モービライズ)

組織的なトロール軍団がヘイトキャンペーンを開始し、ソーシャルメディアのコメント欄を乗っ取るのを防ぐことは可能なのか？　#ichbinhier（わたしが来た）というドイツのイニシアティブは、中道の穏健派にメガホンを貸すことが、効果的な対抗戦略になりうることを証明した。#ichbinhier はフェイスブック上のコミュニティで、ソーシャルメディア上の有害なディスカッションカルチャーの拡散予防に取り組んでいる。大規模なヘイトキャンペーンを見つけるたびに、それに対抗するキャンペーンを開始し、#ichbinhierのメンバー全員がたがいの投稿に「いいね」をし合う。「いいね」を積み重ねることで、彼らのコメントがアルゴリズムによって優先され、過激主義者のコメントよりも上位にあがってくる。ユーザーがディスカッション・フォーラムを訪れたとき、最初に目にするのは、もうヘイトに満ちたコメントではなく、#ichbinhierのメンバーたちによる建設的でポジティブなコメントになるのだ。[9]

過激主義(エクストリーミズム)には教育(エデュケーション)を

デジタル・リテラシーのプログラムは、従来の教育環境と、学校や大学の外の両方で必要とされている。若者世代、デジタルネイティブ、そしてそれより年長の視聴者も、知識を得るべく新たなメディア空間をますます使うようになっている。だからこそ彼らに対し、批判的思考やメディア・リテラシー、デジタル・シティズンシップ[*2]を強化し、過激主義者による誘い(グルーミング)の手口や操作戦略に備えるためのリソースを提供する必要がある。デジタル教育の取り組みは、インターネットに接続している全員に、次のような問いについて考えるよう促すべきだ。たとえばソーシャルメディアは情報エコシステムをいかに変えているのか？　アルゴリズムはどのような働きをし、過激主義組織のオンラインにいかに悪用されているのか？　信頼できるメディアソースと、信頼のおけない、偏った、あるいは誤解を招く情報の提供者(プロバイダー)とをどうすれば区別できるのか？　インターネット市民が老いも若きも、欺瞞や操作を見抜けるようになれば、過激主義の戦略もその魅力を失うことになるだろう。

こうした実験的アプローチは、過激主義者から彼らの最大の比較優位、すなわちソーシャルテクノロジーにおけるイノベーションを奪還することで、彼らのオンライン戦略を無効化できる。わたしたちに必要なのは、さまざまな産業と政治機構とのあいだのギャップや利害の衝突を乗り越えた戦略だ。政府とテック企業とのあいだ、さらには中道の政党間に（またその内部で）ますます広がる亀裂は、過激主義に対抗する取り組みの弊害になっている。

異なる1ダースの過激主義組織に参加してみたあと、わたしはテクノロジー主導の介入や、デジタル空間の規制だけしか考えないどんな対応も効果がないと考えるようになった。たしかにプラットフォームは、わたしたちの態度や行動を刺激し、操作し、エスカレートさせるようにデザインされている。それでも、思いやりや共感はアルゴリズムであらかじめ決められるものではない。たとえどこかのプラットフォームのデジタルDNAがわたしたちの感情的および社会的知性の足を引っ張る危険な可能性を秘めているとしても、それがわたしたちの持つ、愛する、憎む、あるいは恐れるといった能力までをも奪うという考えは手放したほうがいい。

テクノロジーが結局は人間の欠点や長所を拡張し増幅するものでしかないとしたら、わたしたちはもっと人間重視のアプローチに立ち戻る必要があるだろう。「われわれ vs 彼ら」

＊2 情報技術の利用における適切で責任ある行動規範。

といった、あらゆる過激主義組織に共通する発想を打ち破りたいのなら、オンラインの世界でアイデンティティや信頼、友情にまつわる問いを提起しなければならない。おそらく人間を中心に考えた、視野の広い柔軟なアプローチをとることによってのみ、わたしたちはデジタル空間を取り戻し、過去へと再び（フォワード・トゥ・ザ・パスト）向かうのを回避することができるはずだ。

あとがき

本を書くうえでいちばん難しいのは、おそらく書くことそのものではない。大事なのはアクセスだ。（優れた）データ、（興味深い）インタビュー相手、あるいは（重要な）出会いや会合へのアクセス。どんな研究者もそのテーマや手法を問わず、この苦労を知っているに違いない。なかには悪夢にうなされる人までいるかもしれない。不完全な、あるいは（もっと最悪なのは！）矛盾するデータセット、ヨーゼフ・K[*1]の苦悩すらも瑣末なものに見えてくるお役所仕事、あるいは不愛想な秘書と輪をかけて不愛想なインタビュー相手との、このうえなく面倒で、往々にして収穫のない作業などなどに。

これは欺瞞と操作についての本である。本書は、標的となったさまざまな視聴者を急進化させ、感化し、脅迫する、サイバー空間の過激主義者による戦略を暴露するものだ。こうしたテクニックを見抜くために、はじめにわたしは、その空間に棲息するとりわけ排他的で秘密主義の組織のいくつかに接触せざるをえなかった。とはいえ本書が生まれたのは、過激思想のコンテンツへのアクセスがますます制限されてきたときだった。フェイスブックのようなテック企業が、データ分析に利用できる自分たちのＡＰＩ（アプリケーション・プログラミング・インターフェース）を閉鎖し、かたや過激主義組織は入会前に厳しい審査手順を導入していた。実際、本書はひとつにこの「アクセス」を失ったことについての話でもある。つまり外から観察する機会も、なかから観察する機会も奪われてしまうということだ。この問題は、過激主義者の会話が地下に潜るときに、治安当局や研究者、ジャーナリストが直面するものである。

　したがって、この過激主義の閉じられた世界に入っていくには、わたし自身も騙しの手口を用いるほかに手がないという場合も少なくなかった。ＩＳＩＳチャンネルに勧誘されるためにムスリムっぽい名前を使い、自分の白人ナショナリストの分身（アバター）アカウントをつくってプロフィール写真にマッチしたブロンドのウィッグをつけ、極右のトロール軍団に採用してもらおうとバイエルン訛りを真似てみた。そうしたことをしたわたしは偽善者になるのだろうか？　そうかもしれない。それでも過激主義のオンラインネットワークに立ち向かうには、彼らの動機を理解し、戦術を暴露し、次の手を予想する必要があるということを、わたしは信じている。

　過激主義者の計画や策略を探ることには、ある程度の代償も伴う。わたし自身の安全はもちろんのこと、家族や友人、同僚の安全にもかかわってくることだ。けれど、過激主義者が何をしようとしているかを知らなければ、わたしたち全員にとって、さらに悲惨なことが起きるおそれがある。ときには行動することの代価を問うことから一歩踏み出して、行動を起こさないことの代価を問うことも必要だ。その確信を頼りに、わたしはこの調査のために偽のアイデンティティを用いることにした。とはいえ、本書のための調査の過程でわたしが騙したり誤解を与えたりせざるをえなかったすべての人びとに、ここで心からお詫びしたい。

自分もありとあらゆるドキシング行為の被害に遭ってからというもの、プライバシーについてわたしはひどく心配するようになった。調査と執筆のあらゆる段階を通して、本書で引用したすべての人を守るために最善を尽くしたつもりだ。本書で言及した、一般に名前を公表していない個人全員に対しては、仮名を使うか、もしくはオンライン上の匿名のアカウント名を使用した。暴力のあからさまな呼びかけや、標的を絞った具体的な脅迫や犯罪行為の計画を目にしたときは、いつでもかならず管轄当局に通報した。

ごくわずかだが、読者に読みやすいようにコメントや会話を縮めたり、多少編集を加えたりした。同様に、一般の読者が手に取りやすい本になるよう、一部の略語や専門用語を削除したことをお断りしておく。

＊1　カフカ『審判』の主人公。理由もわからぬまま逮捕されて裁判にかけられ、もろもろの努力もむなしく処刑される。

用語集

加速主義：不安定な状態を増長させることで、その結果として革命的変化をもたらすために、テクノロジーと社会の進歩を加速させるべきだと主張する理論。

オルトライト：アメリカの極右や白人ナショナリストの組織の緩やかな集合体。この運動はオンラインで動員をおこない、コミュニケーションにインターネット文化を利用することで知られている。

ブラックハット：ブラックハットとは、個人的な金銭的利益のため、もしくはイデオロギー的な理由から違法なハッキング活動に携わるハッカーのこと。

デイリー・ストーマー：ネオナチによる人気の「ヘイト」サイトで、オルトライトのプロパガンダを拡散するための拠点。創設者のアンドリュー・アングリンが行動への呼びかけをおこなったのちに、活動家が情報作戦を立ち上げるプラットフォームになった。

ダークソーシャル：　電子メールやショートメッセージ（SMS）、暗号化されたチャットなど、追跡が困難な方法で共有されるマテリアルを指すためにマーケティングで使われる用語。

ドキシング：ドックス（dox）するとは、たとえば住所や電話番号、写真、その他のプライベートな文書などの個人情報を調べて公開すること。ドキシングは、過激主義者や政治色の強いインターネット・トロールによる嫌がらせや脅迫の戦術に使われる。

ユーラビア：西側諸国が徐々にイスラム世界の支配下に置かれていると主張する、バト・イエオール（本名ジゼル・リットマン）が２０００年代の初めにつくった陰謀論。

極右（Extreme right）：以下の5つの特徴のうち3つ以上を呈する組織および個人。ナショナリズム、レイシズム、外国人嫌悪、反民主主義、「強国」支持。

極右（Far right）： extreme right の政治的表出。

ギャブ：Gab.ai はツイッターと似た機能を持つソーシャルメディアのプラットフォーム。言論の自由を奨励することが目的で、利用条件が緩い。近年、世界中の極右に大いに利用されている。

アイデンティタリアニズム（アイデンティティ主義）：ヨーロッパの民族文化的アイデンティティの保存を重視し、フランスの知的右翼のムーヴメント「新右翼（ヌーヴェル・ドロワット）」に触発された、ヨーロッパ全体に広がる民族ナショナリスト運動。

ライブアクションロールプレイ（LARP）： 参加者が現実世界においてフィクションの世界のキャラクターを演じる即興のロールプレイングゲーム。

ミーム：1976年にリチャード・ドーキンスがつくった言葉。ミームとは、文化的発想の伝達単位を指す。今日、この言葉はユーザーが生み出したコンテンツ――ソーシャルメディアのチャンネル全体に急速に拡散するユーモラスな画像や動画であることが多い――を指して使われる。

ニューライト：1960年代後半のフランスで「新右翼（ヌーヴェル・ドロワット）」としてあらわれた思想の一派。さまざまな極右組織、とりわけジェネレーション・アイデンティティ運動がこれに触発されている。

レディット：人気のコンテンツ共有およびディスカッションサイト。「サブレディット」と呼ばれるテーマごとのサブ掲示板に分かれている。

レッドピル：個人が極右イデオロギーのいう「真実」に覚醒するよう促し、急進化を可能にする情報のこと。この言葉は、映画『マトリックス』からとったもので、もとの意味を歪曲して極右が広く使用する。

リミグレーション：移民コミュニティの強制送還を呼びかけるもので、民族的または文化的に同質の社会を創造することを目的とする。要は民族浄化の非暴力的な形態。

ホワイトハットハット：ブラックハットとは違って、ホワイトハットは倫理上の理由から、たとえば情報システムのセキュリティをテストするためにハッキングをおこなうハッカーのこと。

白人のジェノサイド（集団虐殺）： 白人至上主義者のデヴィッド・レーンが広めた陰謀論。レーンは移民や統合、中絶、白人に対する暴力を通じて白人種が交代させられつつあると主張した。

ZOG： ネオナチがよく使用する頭字語。「シオニスト占領政府（Zionist Occupation Government）」という意味で、アメリカとヨーロッパの政府はユダヤ人に支配されていると主張する反ユダヤの陰謀論を指す。

謝辞

最初に、わたしがインタビューしたすべての人に感謝します——専門家や研究者はもちろんのこと、過激主義の活動家やイデオローグの方たちにも。秘密調査のあいだに見たり聞いたりしたことに背筋の震える思いもしましたが、それでも皆さんの信頼や理解、そして心を開いて交流してくださったことをありがたく思っています。

ブルームズベリーのすばらしい担当編集者、アンジェリク・トラン・ファン・サンにはとくに感謝しています。彼女のフィードバックはかけがえのないもので、彼女はこの本をはるかに読みやすく、魅力あるものにしてくれました。それからわたしのとびきり有能な著作権代理人、ワイリー・エイジェンシーのルーク・イングラムにも感謝します。ルークはこのプロジェクトに、ときにはわたしよりもはるかに信頼を寄せてくれました。彼のサポートとフィードバックがなければ、この本はいまのようなかたちにはならなかったでしょう。

それからジェイコブ・デイヴィー、フレデリック・ラドベリー、そしてジョー・マルホールの閃きと友情に感謝します。この世界のぞっとする展開について長いこと話し合ったことがきっかけで、この本の重要な部分が生まれました。わたしの友人たち、レーナ・シュミットクンツ、アレッサ・ラックス、エヴァ・フェガール、ジェイド・ザオは、わたしが過激主義の闇の世界で溺れそうになったとき、いつでも救いにきてくれました。みんな、ありがとう。

またISDの素晴らしいチームにも感謝します、とりわけジェイコブ・デイヴィー、ラシャド・アリ、ジェイコブ・グール、クロエ・コリヴァー、ジョナサン・バードウェル、ヘンリー・タック、イリス・ボワイエ、セシール・ゲラン、クーパー・ゲイトウッド、そしてクリストファー・スチュワートは、いつもわたしを励まし奮い立たせてくれました。そのほかにもISDの元インターン、ニコラ・ブルースには、マノスフィア内の女性たちについて卓抜な調査をしてくれたことに感謝します。そして最後に、最高にクールなわたしのボスで、もとより偉大なロールモデルでいてくれるサーシャ・ハヴリチェックに心から感謝します。

それからシルト・ウント・シュヴェルト・フェスティバルでわたしの最高の庇護者として雨のなか待機してくれたアンドレアス、そしてジェネレーション・アイデンティティでの潜伏調査のあいだ、うまくやるこつを教えてくれて、わたしを守ってくれたジョーにお礼を言わなければなりません。それからラファエル・グルック、クリス・サンプソン、GenKnoxx、そしてアマルナス・アマラシンガムとピーター・アップスにも、情報を共有し、インターネットの闇の世界を見て回る手助けをしていただき、言葉にできないほどお世話になりました。

最後にわたしの家族全員に、これまでしてくれた何もかもに感謝したいと思います。ときには現実よりももっと恐ろしく、もっと孤独で、もっと狂ったように見える世界で、わたしのことを守り、励まし、心折れぬよう支えてくれました。この本のために調査をしているあいだ、難題を突きつけられるときが幾度もありました。殺害予告が続いたり、膨大なトロールキャンペーンの被害に遭ったりと。こんなにたくさんの、冷静沈着で、陽気で明るく、温かな心を持った友人や同僚、家族に恵まれていなかったなら、このテーマの研究を、わたしは続けることなどできなかったでしょう。

解説

木澤佐登志

「感情労働」の概念で知られる社会学者アーリー・ラッセル・ホックシールドに、『壁の向こうの住人たち』という、２０１１年から２０１５年にかけて、ルイジアナ州南西部のレイクチャールズ市を中心とする一帯をフィールドワークした著書がある。南部ルイジアナ、全米のなかでも貧困率が高く、産油地帯であるために化学工場が排出する有害物質による環境汚染も深刻。だがこの地に住まう白人の人々は、環境規制に頑なに反対し、企業の自由裁量を容認する共和党を支持する。この、一見して不可解に思える住民たちの心情を理解すべく、著者のホックシールドは現地で彼らと対話を重ねていく。やがて、彼ら右派的な人々（彼らは後の大統領選挙においてドナルド・トランプの支持基盤層のひとつとなった）が共有する「感情のルール」のようなものが浮かび上がってくる。その人にとって真実と感じられる物語を、ホックシールドは「ディープストーリー」と名付けた。たとえば、それはアメリカン・ドリームに対する素朴な信仰——辛抱強く働き続ければ、いつかは報われる——であったりする。だが、その信仰は裏切られる。産業のグローバル化とオートメーション化によって雇用は削減され、給料も一向に増えない。それなのに、諸々の社会的少数者（マイノリティ）は一方的に優遇され、我々白人男性はそのおこぼれにすら与れない、云々……。

もちろん、リベラルにはリベラルの「ディープ・ストーリー」があるわけだが、注意すべきは、それぞれのディープ・ストーリーは決して交わらない、という点だ。そこには、乗り越えがたい高い壁がそびえ立ち、両者を分断している。それはホックシールドがいみじくも述べているように、さながら人々が「異なる地域に住んでいるだけなく、異なる真実を生きている」かのような情況にほかならない。

本書、『ゴーイング・ダーク　12の過激主義組織潜入ルポ』もまた、現地でのフィールドワークと、そこで邂逅した、私たちとは「異なる真実を生きている」人々の言動を記録した書物として読むことができる。ただし、著者が赴くのは、アメリカ南部の田舎ではなく、その多くがオンライン空間を拠点に蠢動（しゅんどう）する、数々の過激主義組織である。

本書の著者であるユリア・エブナーは、ロンドンを拠点とする研究機関「戦略対話研究所」（インスティテュート・フォー・ストラテジック・ダイアローグ）（ＩＳＤ）で働き、イギリス、ヨーロッパ、そしてアメリカの過激主義者の動向を日々監視している。著者の参加するチームでは、過激主義の右翼的プロパガンダや数多の偽情報の分析を通して過激主義者の戦術を解き明かし、その調査をもとに、政府や企業などに過激主義者の動きにどう対応すべきかアドバイスを行っている。

本書では、彼ら——異なる真実を生きている人々——の心情や「ディープ・ストーリー」の分析というよりも、彼らが展開する「戦略」や彼らを突き動かす「原動力（エンジン）」の分析と把握に記述の軸足が置かれている。すなわち、「過激主義組織の末端は、どうやって支持者を集め、隙（すき）のある人間をそのネットワークに誘い込むのか？　彼らの夢想する未来とはどんなもので、それを手に入れるためにどんな計画を立てているのか？　メンバーを組織内にとどめておくには、どんな力学が働いていて、それはどんなふうに進化しているのか？」（10頁）

エブナーは、上記の答えを探るべく、ネオナチ、ジェネレーション・アイデンティティ、トラッドワイフ、Qアノン、等々の組織やコミュニティから、ISIS（イラク・シリア・イスラム国）が主催するハッキング講座や白人至上主義者のための出会い系サイトまで、それぞれ単身で潜入していく。徒手空拳で白兎（ホワイトラビット）ならぬ暗黒を追いかけて辿り着いた先は、面妖な人間どもが跋扈する奇怪な世界（ワンダーランド）。そこでの体験が丁寧に記録された本書は、同時代の暗部（ダークサイド）を抉り取った無二のノンフィクションに仕上がっている。

上述のホックシールド『壁の向こうの住人たち』と本書が異なるもうひとつの点は、これらの組織の性質上、著者が自身の身元を隠してフィールドワークに臨んでいる点にある。エブナーは二年のあいだ隠密に行動し、五人の異なるアイデンティティを用いて各集団に溶け込んだ。結果、本書はある面ではさながらスパイ映画のような緊張感を湛えることとなった。とりわけ、潜入先の別荘にて、ジェネレーション・アイデンティティのメンバーに著者の本名が印字されたクレジットカードを拾われてしまう箇所は、おそらく本書のなかでもっともスリリングなシーンだろう。

近年における諸々の過激主義コミュニティの隆盛を考える上で、テクノロジーという下部構造の働きを無視することはできない。すなわち、インターネット。フランスの哲学者ピエール・レヴィは、1997年の時点で、来たるべきサイバースペースを思考するよすがとして、「集合的知性」という概念を提示していた。レヴィによれば、インターネット上では人々は共有された目標や目的のために個々人の専門知を活用している。私たちはすべてを知り尽くすことはできないし、そんなことは不可能だ。ただ、私たち一人ひとりは何かを知っている。「集合的知性」とは、バーチャル・コミュニティが各メンバーの所有している知識を組み合わせて活用する能力を指す。レヴィは「集合的知性」を、ネット時代における新たな民主主義の形態として称揚していた。インターネットの力によって、人々はひとつになる。やがて全世界は単一の知識文化として機能するだろう。知識の交換と審議のコミュニケーションにもとづく新しいユートピア的デジタル民主主義の到来。

レヴィの「集合的知性」という概念には、来たるべきインターネットの可能性に対する（やや過剰な、だが当時としてはありがちな）楽観的期待感が込められていた。だが、２０２０年代を迎えた現在、彼が幻視したサイバースペース・ユートピアはいまに至るまで実現していないし、その気配すらない。そのことを私たちは痛いほど知っている。集合的知性はそれと相反する集団極性化によって阻まれ、蛸壺化したコミュニティは、サイバーカスケード現象、すなわち憲法学者キャス・サンスティーンが指摘してみせた、似た思想や嗜好を持つ者同士を結びつけやすくするインターネットの特性によってますます先鋭化／過激化してゆき、それと同時にグーグルのアルゴリズムは、自分の見たい情報しか見えなくさせるフィルターバブル現象を再帰的に強化していく。結果、どこまでもパーソナライズされたネット空間——ためしに自身のＳＮＳのタイムラインを眺めてみよ——は、自分と思想信条を同じくするコミュニティの声が延々と増幅しながら跳ね返り続ける自閉した反響室（エコーチェンバー）と化す。そこに、ＧＡＦＡをはじめとするＩＴ企業が形成した関心経済（アテンション・エコノミー）が加わる。交換可能なリソースに変換された人々の注意と関心は、ネットを覆い尽くすターゲティング広告の氾濫によって加速度的に断片化し、散漫となってゆく。各プラットフォーマーとバイラルメディアは、限られたパイであるアテンションを我先に奪い合い、蒐集され蓄えられた個人データはビッグデータの海に還元され売買と解析の対象となるのを待つ……。

現在、ネット空間はひび割れた亀裂のように、いたるところに透明な深い溝が横たわっている。ホックシールドがアメリカ南部に見た「乗り越えがたい高い壁」は、サイバースペースにおいてより錯綜した形で立ち現れている。そして、エブナーが潜入調査した過激主義者のコミュニティは、そうした断裂の存在を、自分たちに利するように活用（悪用？）している節すらある。ここに、彼らが用いる「戦略」の一端がある。

たとえばオルトライトが用いる、ソーシャルメディアにターゲットを絞ったプロパガンダ戦略。本書第2章では、オーストリアのアイデンティタリアンがウィーン中心部でテロ攻撃を行うフラッシュモブや、マリア・テリジア像をブルカで覆うスタントについて言及されている。これらのアクションは、ソーシャルメディアのインフルエンサーに拡散されることで、まずはネットの耳目を集める。そうすると、今度は旧来の主流メディアも彼らの活動を報道せざるを得なくなる。それまでは周縁（フリンジ）な存在に甘んじていた過激な思想信条／主義主張であるが、主流メディアが取り上げることでいやが上にも衆目を集めるようになり、やがては世界のなかにしかるべき位置を占めるノーマルな存在にまでのし上がる。

オンラインキャンペーンが、荒らし（トロール）や新たなメディアについてのアメリカの専門家ウィットニー・フィリップスが「転換点(ティッピングポイント)」と呼ぶもの——あるストーリーがそれを論じるコミュニティの関心を超えて広がる際の閾値——に達すると、「主流メディア」はそれを報道するよりほか選択の余地がなくなるのだ。目的は、争いの種になるようなコンテンツを拡散し、中立的な立場をとる誰もがどちらかの側につかざるをえないようにすること——つまり「戦略的二極化」だ。(67–8頁)

争いの種をソーシャルメディアに撒き散らすことで、その空間はますます集団極性化を加速させていく。言論の空間は、敵/味方、私たち/彼らに分断され、エコーチェンバーの内側で個人の思想信条は急進化の一途をたどる。彼ら——たとえばジェネレーション・アイデンティティのメンバーが、世間の人々を効率的に「レッドピリング」することが可能なのは、まさにこうした環境が存在しているからだ。「レッドピリング」とは映画『マトリックス』から採られたタームで、主人公ネオがモーフィアスに手渡される赤い錠剤を指す。青い錠剤を飲めば、いままでどおりの日常が続く。だが赤い錠剤——レッドピルを飲めば、世界の真実に直面し、もはやそれまでの現実(と思われていたもの)に引き返すことはできなくなる。このメタファーを使って、新人勧誘係は、この世界がグローバル・エスタブリッシュメントがつくった嘘と偽善に満ちた幻想の世界であることを新人に説き伏せる。

著者は、現在のインターネットは大半がレッドピル工場になっていると指摘する。移民による犯罪についての（偽の）情報、彼らの世界観に信憑性を与える人口統計学的変化についての（歪曲された）統計結果、等々。これらレッドピル（あるいはフェイクニュース）はソーシャルメディアの閉鎖的なクラスタのなかで瞬時に拡散され、真実としてただちに共有されるだろう。もちろん、情報の真偽や間違いを問う声はそこからは現れない。というのも、彼らのタイムラインからは、そうした情報を疑ってかかる思想信条の人間は予め排除され、見えなくなっているからだ。

著者は、「イデオロギーの違いを超えて極右の人間をまとめているのは、新たなテクノロジーが政治的影響力を拡散し、強化する鍵を握るという彼らの確信だ」（38頁）と述べている。彼らの「メタ政治」に対する関心、つまり政治を変えたいなら人々の共通認識をまず変える必要がある、という認識は、20世紀初頭に活動したマルクス主義思想家アントニオ・グラムシの「ヘゲモニー」理論にまで遡ることができる。そこでは、上部構造たるイデオロギーの次元は、下部構造たる経済関係からある程度自律して作動しているという考え方があり、であるがゆえにイデオロギー戦略的な運動の可能性がそこに開けていた。だが、20世紀後半になると、今度はフランスの新右翼（ニューライト）を代表する政治哲学者アラン・ド・ブノワが「右翼グラムシ主義」を標榜し、当時の情報メディアなども活用することでプロパガンダ戦略に新機軸を打ち出した。現在、バーチャルな戦場はプロパガンダを吐き出す無数のＢｏｔ、フェイクニュース、そして増殖し続ける有毒（トキシック）なミームが猖獗（しょうけつ）を極める混沌とした空間と化している。左派であったグラムシが提唱したヘゲモニー的戦術は、いまや完全に正反対の陣営に手に渡ったのだ。

> オンラインでのエコーチェンバーの興隆は、過激主義組織が新人を洗脳し、組織への依存を促し、その価値観との一体化を強化させるやり方に強い影響を与えている。アイデンティティや不安にまつわる、かなり個人的な問題にどう向き合えばいいかをアドバイスしてくれるプラットフォームが、有害なイデオロギーへの入り口になることも珍しくない。
> （126頁）

かつて「個人的なことは政治的なことである」というスローガンがあったが、欧米の白人層に暗雲のように立ち込めるアイデンティティにまつわる実存的不安は、ネット空間に瀰漫するプロパガンダによって、そのまま政治的不満へと容易に転化される。たとえば、白人至上主義者やジェネレーション・アイデンティティが新人勧誘のために好んで持ち出す話題のひとつは、決まって白人の出生率の低下と、それに反比例する移民の増加だ。未来の欠乏。

没落への予感。折れた自尊心。
「大いなる交代」。彼らが繰り返し唱えるクリシェ。白人は非―白人に徐々に乗っ取られていく。白人のジェノサイドが迫っている。

彼らに言わせれば「白人のジェノサイド」とは、生粋のヨーロッパ人の出生率を下げている中絶賛成およびLGBT支持の法律と、少数民族が「戦略的大量繁殖」に励むことを許す移民歓迎政策が組み合わさった結果だという。（46頁）

2019年にニュージーランドのモスクが銃撃され、100人以上の死傷者を出した凄惨な事件はまだ記憶に新しい。犯人のブレントン・タラントは、殺戮の様子をオンライン上でライブストリーミングしていた。タラントは、犯行の直前に英語圏の匿名掲示板8チャンにおいてライブストリーミングの宣伝と、自身の移民排斥思想をまとめたマニフェスト『大いなる交代』へのリンクを貼っていた。加えて、自身のメッセージをミームを介して広めてほしい旨を掲示板の住人たちに呼びかけていた。ライブストリーミングの動画はのちに削除されたものの、コピーされた動画ファイルとタラントのマニフェストはまたたくまにネット上に拡散された。

近年、各ソーシャルメディアやプラットフォームは、あからさまなヘイトスピーチを追放する姿勢を見せている。これに対して、彼らは集団的脱出（エクソダス）で応えた。「言論の自由（フリースピーチ）」を掲げるギャブをはじめとする、マインズやヘイトリオン等々、ツイッターやフェイスブックに代わる、より小規模なプラットフォームへの大量移住。コミュニケーションにはディスコードやテレグラムを使い、貨幣が介在するやり取りには暗号通貨を用いる。グーグルの検索が及ばない、Ｔｏｒという特殊なソフトウェアでしかアクセスできないダークウェブと呼ばれる領域が存在するが、なかにはそのネットの闇の奥に自身の王国を築き上げる者たちもいた。

人々はリベラルなポリティカル・コレクトネスから背を向け、ソーシャルメディアという（ソーシャルという名の付いているとおり）少なからず公的（パブリック）な空間からドロップアウトし、自分たちと思想信条を同じくする私秘的（プライベート）な空間を立ち上げていく。

Ｑアノンのコミュニティでは、Ｑの熱心なフォロワーに対して能動的な参加を求めることで結束力をより高める。Ｑが書き込んだ謎めいたＱの「ぱんくず」を皆で協力しながら解釈していく過程は、ゲーム的な手法のもっともグロテスクなアダプテーションでもある。同時にそれは、レヴィの唱えた「集合的知性」のみじめな残滓であり、つまりは失敗した「集合的知性」であった。だが、コミュニティのメンバーは、そこを安息した空間とみなす。ミームを作る者、Qの陰謀論メッセージを拡散する者、Qの発言をまとめたサイトを作る者、等々、ここでは誰もが何らかの役割を担っている。社会に居場所のない者でも、ここでは必要とされる。こうして彼らはコミュニティにさらに依存し、外の世界が見えなくなってゆく。

かくして、極限化したサイバーカスケード現象は、その最終局面を示しつつある。そのひとつが、2021年1月に起きた、Qアノン信奉者らによる連邦議会議事堂襲撃事件であることは論を俟たないだろう。それは対話の否定であり、民主主義の否定であり、公的な空間の否定であった。彼らは、圧倒的なスペクタクルの下で、それらを文字通り踏みにじり粉砕しつくそうと試みたのだった。

昨今、日本においても、ツイッター上で野党批判を繰り返し、不正確な情報や誹謗中傷などが問題視されていたアカウント「Dappi」の運営に法人が関与していることが取り沙汰された。保守的な政治プロパガンダの発信に法人組織が関わっており、しかもそれがソーシャルメディアを通じて展開されていた。こうした情況を見る限り、本書の内容が日本とまったく無関係であるとも思えない。

ヘイトとフェイクと部族主義とが渦巻く現在、私たちはどのようにオンライン空間と向き合うべきなのだろうか。著者は、少なくとも安直なネット規制論からは慎重に距離を取っている。一面的な解決策も拙速な技術的介入も事態をより悪化させるだけだ。それよりも、著者は「さまざまなセクターや政党を超えて連携し、包括的な長期的アプローチ」(376頁)を推奨する。詳しくは、最終章で著者が提示している興味深い発案の数々を実際に読んでいただくしかないが、著者によれば、テクノロジーは人間の欠点や性質を増幅して映し出す特殊な鏡のようなものでしかないなら、変わるべきは結局のところ私たち人間なのだという。人間を中心に考えるアプローチを採ったときだけ、テクノロジーのイノベーティブな力を過激主義者の手から奪い返すことができる。

(きざわ・さとし／文筆家)

[著者]
ユリア・エブナー Julia Ebner
1991年ウィーン生まれ。戦略対話研究所(ISD)上席主任研究官。オンラインの過激主義、偽情報、ヘイトスピーチなどを研究対象とする。研究結果をもとに、国際連合、北大西洋条約機構、世界銀行ほか数々の政府機関や諜報機関に対してアドバイスを行っている。「ガーディアン」「インディペンデント」などに寄稿。著書『The Rage: The Vicious Circle of Islamist and Far-Right Extremism』(I.B.Tauris & Co Ltd、2018年、未邦訳)で、「シュピーゲル」のベストセラー、2018年ブルーノ・クライスキー賞を受賞。

[訳者]
西川美樹 Nishikawa Miki
翻訳家。東京女子大学文理学部英米文学科卒。訳書にロバーツ『兵士とセックス』(共訳、明石書店、2015年)、バスコム『ヒトラーの原爆開発を阻止せよ!』(亜紀書房、2017年)、ウィットマン『ヒトラーのモデルはアメリカだった』(みすず書房、2018年)、サカモト『黒い雨に撃たれて』(共訳、慶應義塾大学出版会、2020年)、ミラノヴィッチ『資本主義だけ残った』(みすず書房、2021年)など。

ゴーイング・ダーク

12の過激主義組織潜入ルポ

2021年12月30日 初版第1刷発行

著者 ユリア・エブナー
翻訳 西川美樹
解説 木澤佐登志
発行者 小柳学
発行所 株式会社左右社
〒151-0051東京都渋谷区千駄ヶ谷3-55-12 ヴィラパルテノン
TEL 03-5786-6030 FAX 03-5786-6032
info@sayusha.com http://www.sayusha.com

装幀 水戸部 功＋北村陽香
印刷所 創栄図書印刷株式会社

Printed in Japan. ISBN978-4-86528-054-8

索引　Index

あ

か

さ

た

な

は

ま

や

ら

原註

URLは原書刊行時点（2019/2/20）のもの。一部はURLが変更、ページが削除されているため、アクセスできないものが含まれていることをご了承ください。

第1章　白人以外お断り

1 この分析については以下を参照。Elisabetta Cassini Wolff, 'Evola's interpretation of fascism and moral responsibility', *Patterns of Prejudice* 50(4–5), 2016, pp. 478–94.

2 Stanley G. Payne, *A History of Fascism: 1914–1945* (Madison: University of Wisconsin Press, 1995).

3 Richard Drake, *The Revolutionary Mystique and Terrorism in Contemporary Italy* (Bloomington: Indiana University Press, 1989).

4 Jason Horowitz, 'Steve Bannon Cited Italian Thinker Who Inspired Facsists', *New York Times*, 10 Febuary 2017. https://www.nytimes.com/2017/02/10/world/europe/bannon-vatican-julius-evola-fascism.html.

5 同上。

6 Antonio Regalado, '2017 was the year consumer DNA testing blew up', *MIT Review*, February 2018. https://www.technologyreview.com/s/610233/2017-was-the-year-consumer-dna-testing-blew-up/.

7 Aaron Panofsky and Joan M. Donovan, 'When Genetics Challenges a Racist's Identity: Genetic Ancestry Testing among White Nationalists', American Sociological Association, 2017.

8 American Sociological Association, 'White Supremacists use a decision tree to affirm or discount the results of DNA tests', August 2017. https://phys.org/news/2017-08-white-supremacists-decision-tree-affirm.html.

9 参考までに以下を参照。Panofsky and Donovan, 'When Genetics Challenges a Racist's Identity: Genetic Ancestry Testing among White Nationalists'.

10 Christophe Busch et al., *Das Höcker Album: Auschwitz durch die Linse des SS* (Darmstadt: Verlag Philipp von Zabern, 2016) および Alec Wilkinson, 'Picturing Auschwitz', *New Yorker*, 17 March 2008.

11 Roger Griffin, 'The role of heroic doubling in ideologically motivated state and terrorist violence', *Internal Review of Psychiatry* 29 (4), 2017, pp. 355–361.

12 George Hawley, *Making Sense of the Alt-Right* (New York: Columbia University Press, 2017) およびAngela Nagle, *Kill All Normies: Online Culture Wars from 4chan and Tumblr to Trump and the Alt-Right* (London: Zero Books, 2017).

13 NARの憲法全文は以下で閲覧可能。http://northwestfront.org/about/nar-constitution/.

14 ノースウェストフロントのウェブサイトは以下で閲覧可能。http://northwestfront.org.

15 Sven Svenhed, 'North West Front: The North West Volunteer Army', 2012年9月にユーチューブにアップロード。アメリカでは以下で閲覧可能。 https://www.youtube.com/

watch?v=W14DdNUDL7g.

16 ディラン・ルーフのマニフェスト全文は以下にある。https://assets.documentcloud.org/documents/3237779/Dylann-Roof-manifesto.pdf.

17 Matthew Francey, 'This guy wants to start his own Aryan country', Vice, February 2013. https://www.vice.com/en_us/article/4wqe33/this-guy-wants-to-start-his-own-aryan-country.

18 Jacob Davey and Julia Ebner, 'The Fringe Insurgency: Connectivity, Convergence and Mainstreaming of the Extreme Right', Institute for Strategic Dialogue (ISD), October 2017. https://www.isdglobal.org/wp-content/uploads/2017/10/The-Fringe-Insurgency-221017.pdf.

19 Kevin C. Thompson, 'WATCHING THE STORMFRONT: White Nationalists and the Building of Community in Cyberspace', *Social Analysis: The International Journal of Social and Cultural Practice* 45 (1), 2001, pp. 32–52. www.jstor.org/stable/23169989.

20 Christopher Clarey, 'World Cup '98; Hooligans Leave Officer in a Coma', *New York Times,* Archives 1998. https://www.nytimes.com/1998/06/22/sports/world-cup-98-hooligans-leave-officer-in-a-coma.html.

21 詳細は以下にある。http://northwestfront.org/northwest-novels/author-on-the-nw-novels/.

第2章 初心者のためのレッドピル

1 オリジナルのドイツ語のツイートは、'Wenn man länger lebt, als man nützlich ist, und dabei vor lauter Feminismus das Stricken verlernt hat.'

2 Eva Thöne, 'Dialog unmöglich', Spiegel Online, 15 October 2017. http://www.spiegel.de/kultur/literatur/frankfurter-buchmesse-die-auseinandersetzung-mit-den-rechten-a-1172953.html.

3 Julian Bruns, Kathrin Glösel and Natascha Strobl, *Die Identitären: Handbuch zur Jugendbewegung der Neuen Rechten in Europa* (Münster : Unrast Verlag, 2017).

4 Natasha Strobl, *Die Identitären: Handbuch zur Jugendbewegung der Neuen Rechten* (Münster : Unrast Verlag , 2014).

5 Bruns, Glösel and Strobl, *Die Identitären: Handbuch zur Jugendbewegung der Neuen Rechten in Europa* および 'A New Threat: Generation Identity United Kingdom and Ireland' (Hope not Hate, 2018). https://www.hopenothate.org.uk/2018/04/13/a-new-threat/.

6 2015年に国家政策研究所でおこなったギヨム・ファユのスピーチは以下で閲覧可能。https://www.youtube.com/watch?v=Ss-QNSiN2oY.

7 Max Roser, 'Fertility Rate', Our World in Data, December 2017. https://ourworldindata.org/fertility-rate.

8 そのすべての特徴については以下を参照。https://patriot-peer.com/de/home/.

9 Jacob Davey and Julia Ebner, 'The Fringe Insurgency: Connectivity, Convergence and Mainstreaming of the Extreme Right', ISD, October 2017. https://www.isdglobal.org/wp-content/uploads/2017/10/The-Fringe-Insurgency-221017.pdf.

10 Matthew Karnitschnig, 'Austria heads for right-leaning coalition', Politico, 15 October

2017. https://www.politico.eu/article/austria-heads-for-right-leaning-coalition-early-projections/.

11 Ronald Beiner, *Dangerous Minds: Nietzsche, Heidegger, and the Return of the Far Right* (Philadelphia: University of Pennsylvania Press, 2018) およびCasey Michel, 'Meet the favorite philosophers of young white supremacists', ThinkProgress, 22 June 2018. https://thinkprogress.org/this-philosophers-of-young-white-supremacists-33605ba538c0/.

12 Sue Prideaux, *I am Dynamite!: A Life of Friedrich Nietzsche* (London: Faber & Faber, 2018).

13 https://www.youtube.com/watch?v=Lb5zUG9UzFE.

14 Martin Sellner, *Identitär: Geschichte eines Aufbruchs* (Schnellroda: Verlag Antaios, 2017), p. 117.

15 Mark Townsend, 'Senior member of European far-right group quits over neo-Nazi link', *Observer*, 11 August 2018. https://www.awin1.com/awclick.php?mid=5795&id=201309&p=https://www.theguardian.com/world/2018/aug/11/generation-identity-leader-quits-neo-nazi-links .

16 Joe Mulhall, 'Failed Defend Europe Mission Comes to an End', Hope not Hate, 17 August 2017. https://www.hopenothate.org.uk/2017/08/17/failed-defend-europe-mission-comes-end/.

17 Markus Willinger, *Generation Identity: A Declaration of War Against the '68ers* (Arktos Media, 2013).

18 'Premier League clubs warned over "far-right" Football Lads Alliance', *The Times*, 30 March 2018. https://www.thetimes.co.uk/article/premier-league-clubs-warned-over-far-right-football-lads-alliance-0mgq2lppv.

19 Hannibal Bateman, 'Generation Alt-Right', *Radix Journal*, 14 April 2016. https://www.radixjournal.com/2016/04/2016-4-14-generation-alt-right/.

20 同上。

21 James Poniewozik, 'Andrew Breitbart, 1969–2012', *Time*, 1 March 2012. http://entertainment.time.com/2012/03/01/andrew-breitbart-1969-2012/.

22 Whitney Phillips, 'The Oxygen of Amplification: Better Practices for Reporting on Extremists, Antagonists, and Manipulators Online', Data & Society Research Foundation, 2018. 以下より引用。https://datasociety.net/output/oxygen-of-amplification/.

23 Lizzie Dearden, 'Generation Identity: Far-right group sending UK recruits to military-style training camps in Europe', *Independent*, 9 November 2017. https://www.independent.co.uk/news/uk/home-news/generation-identity-far-right-group-training-camps-europe-uk-recruits-military-white-nationalist-a8046641.html.

24 Andrew Gilligan, 'The "hipster fascists" who anti-racism campaigners say are breathing new life into the far right', *Sunday Times*, 20 May 2018. https://www.thetimes.co.uk/article/the-hipster-fascists-breathing-new-life-into-the-british-far-right-6hvtmq63k.

第3章 トラッドワイフ

1 MGTOW Wiki, 'Sex Market Value'. http://mgtow.wikia.com/wiki/Sex_Market_Value.

2 R. F. Baumeister and K. D. Vohs, 'Sexual economics: sex as a female resource for so-

cial exchange in heterosexual interactions', *Personality and Social Psychology Review* 8(4), 2004. https://www.ncbi.nlm.nih.gov/pubmed/15582858.

3 MGTOW Wiki, 'Sex Market Value'.

4 'The Republican Lawmaker Who Secretly Created Reddit's Women-Hating Red Pill', *Daily Beast*, 25 April 2017. https://www.thedailybeast.com/the-republican-lawmaker-who-secretly-created-reddits-women-hating-red-pill.

5 Anti-Defamation League, 'When Women are the Enemy: the Intersection of Misogyny and White Supremacy', July 2018. https://www.adl.org/resources/reports/when-women-are-the-enemy-the-intersection-of-misogyny-and-white-supremacy.

6 'Male Supremacy', SPLC, 2018. https://www.splcenter.org/fighting-hate/extremist-files/ideology/male-supremacy.

7 Peter Baker, 'The Woman Who Accidentally Started the Incel Movement', *Elle*, 1 March 2016. https://www.elle.com/culture/news/a34512/woman-who-started-incel-movement/.

8 Ben Zimmer, 'How Incel Got Hijacked', Politico, 8 May 2015. https://www.politico.com/magazine/story/2018/05/08/intel-involuntary-celibate-movement-218324.

9 Alex Hern, 'Who are the "incels" and how do they relate to Toronto van attack?', *Guardian*, 25 April 2018. https://www.theguardian.com/technology/2018/apr/25/what-is-incel-movement-toronto-van-attack-suspect.

10 Hadley Freeman, 'Elliot Rodger was a misogynist – but is that all he was?', *Guardian*, 27 May 2014. https://www.theguardian.com/commentisfree/2014/may/27/elliot-rodger-was-misogynist-killing-spree.

11 G. Tyson et al., 'A First Look at User Activity on Tinder', Conference: 8th IEEE/ACM International Conference on Advances in Social Networks Analysis and Mining (ASONAM), 2016. http://qmro.qmul.ac.uk/xmlui/handle/123456789/15100.

12 Elizabeth E. Bruch and M. E. J. Newman, 'Aspirational pursuit of mates in online dating markets', *Science Advances* 4(8), 8 August 2018. http://advances.sciencemag.org/content/4/8/eaap9815.

13 たとえば以下を参照。https://equalitycanada.com/wp-content/uploads/2012/09/Mens-Issues-Awareness-Newsletter1.pdf.

14 'Suicides in the United Kingdom: 2012 Registrations', Office for National Statistics, 18 February 2014. https://webarchive.nationalarchives.gov.uk/20160107060820/http://www.ons.gov.uk/ons/dcp171778_351100.pdf および 'Suicide statistics', Center for Disease Control and Prevention, 2015. https://www.cdc.gov/violenceprevention/pdf/Suicide-DataSheet-a.pdf.

15 マスキュリン・デヴェロプメントについてのジョン・アンソニーの発言。https://www.masculinedevelopment.com/lauren-southern-red-pill-women/.

16 Annie Kelly, 'The House Wives of White Supremacy', New York Times, 1 June 2018. https://www.nytimes.com/2018/06/01/opinion/sunday/tradwives-women-alt-right.html. アニー・ケリーによる他の研究については、たとえば以下を参照。Annie Kelly, 'The alt-right: reactionary rehabilitation for white masculinity', *Soundings*, Number 66, Summer

2017, pp. 68-78 (11).

17 'Extremists' "Unite the Right" Rally: A Possible Historic Alt-Right Showcase?', SPLC, 7 August 2017. https://www.splcenter.org/hatewatch/2017/08/07/extremists-unite-right-rally-possible-historic-alt-right-showcase.

18 このライブ配信は以下で閲覧可能。https://www.youtube.com/watch?v=esdZcvjITeA.

19 たとえば以下を参照。A Domestic Discipline Society: https://adomesticdisciplinesociety.blogspot.com/2013/04/taken-in-hand-head-of-household-tih-hoh-role-domestic-discipline.html.

20 参考までに以下を参照。Bruch and Newman, 'Aspirational pursuit of mates in online dating markets'.

21 'Tinder: Swiping Self Esteem?', 2016. https://www.apa.org/news/press/releases/2016/08/tinder-self-esteem.aspx.

22 Francesca Friday, 'More Americans are single than ever before', *Observer*, 1 August 2018. https://observer.com/2018/01/more-americans-are-single-than-ever-before-and-theyre-healthier-too/.

23 Bill Chappell, 'U.S. Births Dip to 30-Year Low; Fertility Rate Sinks Further Below Replacement Level', NPR, 17 May 2018. https://www.npr.org/sections/thetwo-way/2018/05/17/611898421/u-s-births-falls-to-30-year-low-sending-fertility-rate-to-a-record-low.

24 'Old at heart? Quiet life of the average 20 something in 2017', Nationwide Building Society, 23 February 2017. https://www.nationwide.co.uk/about/media-centre-and-specialist-areas/media-centre/press-releases/archive/2017/2/23-british-20-something.

25 'Results of UK sex survey published', NHS, November 2013. https://www.nhs.uk/news/lifestyle-and-exercise/results-of-uk-sex-survey-published/.

26 国民保健サービス（NHS）による認知行動療法の概要については、以下を参照。https://www.nhs.uk/conditions/cognitive-behavioural-therapy-cbt/.

第4章 シスター限定

1 David Lipson, 'Surabaya bombings: neighbours say family responsible seemed like "ordinary" people', ABC, 14 May 2017. http://www.abc.net.au/news/2018-05-14/indonesia-church-attacks-joko-widodo-orders-investigation/9757512.

2 同上。

3 Cameron Sumpter, 'Extremism in Indonesia is a family affair', East Asia Forum, May 2017. http://www.eastasiaforum.org/2018/05/18/extremism-inindonesia-is-a-family-affair/および Kirsten Schulze,'The Surabaya Bombings and the Evolution of the Jihadi Threat in Indonesia', *CTC Sentinel* 11(6), June/July 2018. https://ctc.usma.edu/surabaya-bombings-evolution-jihadi-threat-indonesia/.

4 過激主義組織への社会化についての詳細は、たとえば以下を参照。Diego Muro, 'What Does Radicalisation Look Like? Four Visualisations of Socialisation into Violent Extremism', University of St Andrews and Barcelona Centre of International Studies, 2016.

5 以下を参照。Kumar Ramakrishna, *Islamist Terrorism and Militancy in Indonesia: The Power of the*

Manichean Mindset (Singapore: Springer, 2015) および Kumar Ramakrishna,'Radical Pathways: Understanding Radicalisation in Indonesia', *Contemporary Southeast Asia* 32(1), April 2010, pp. 102–4.

6 Beh Lih Yi and Luke Harding, 'ISIS claims responsibility for Jakarta gun and bomb attacks', *Guardian*, 14 January 2016. https://www.theguardian.com/world/2016/jan/14/jakarta-bombings-multiple-casualties-after-indonesian-capital-hit-by-suicide-attacks. さらに Gayatri Suroyo and Stefanno Reinard,'Indonesia makes arrests as Islamic State claims Jakarta attacks', Reuters, 26 May 2017. https://www.reuters.com/article/us-indonesia-blast-arrests/indonesia-makes-arrests-as-islamic-state-claims-jakarta-attacks-idUSKBN18M0F3.

7 Euan McKirdy, 'Fleeing ISIS in the Philippines: "I will never go back to Marawi"', CNN, 27 June 2017. https://edition.cnn.com/2017/06/25/asia/isis-siege-marawi/index.html.

8 Francis Chan, 'Batam militants behind foiled Marina Bay plot jailed for terrorism conspiracy', *Straits Times*, 7 June 2017. https://www.straitstimes.com/asia/se-asia/members-of-batam-terror-cell-behind-foiled-mbs-rocket-attack-plot-found-guilty-of. さらにWahyudi Soeriaatmadja, 'Foiled rocket attack's Batam rocket site was 18km away from MBS', Asia One, 27 September 2016. http://www.asiaone.com/singapore/foiled-rocket-attacks-batam-launch-site-was-18km-mbs.

9 Statista, 'Internet Usage in Indonesia', 2016. https://www.statista.com/topics/2431/internet-usage-in-indonesia/. さらに JakPat, 'Indonesia Social Media Habit Report Q1 2017', May 2017. http://www.emarketer.com/Chart/Social-Networks-Used-by-Smartphone-Users-Indonesia-April-2017-of-respondents/208536.

10 J. M. Berger, 'The Evolution of Terrorist Propaganda: The Paris Attack and Social Media', Brookings, 27 January 2015. https://www.brookings.edu/testimonies/the-evolution-of-terrorist-propaganda-the-paris-attack-and-social-media/.

11 National Consortium for the Study of Terrorism and Responses to Terrorism, 'The Use of Social Media by United States Extremists', Research Brief, 2018. この調査はPIRUS（出版者・機関リポジトリ利用統計）データベースに基づく。http://www.start.umd.edu/data-tools/profiles-individual-radicalization-united-states-pirus.

12 Public Intelligence, 'DHS Terrorist Use of Social Networking Facebook Case Study'. http://publicintelligence.net/ufouoles-dhs-terrorist-use-of-social-networking-facebook-case-study/.

13 この投稿は片言の英語で書かれていたが、読者にわかりやすいように、文法とスペルを修正してある。

14 Malcolm Nance and Chris Sampson, *Hacking ISIS: How to Destroy the Cyber Jihad* (New York : Skyhorse Publishing, 2017), pp. 60–78.

15 Jennifer T. Roberts, *Herodotus: A Very Short Introduction* (Oxford: Oxford University Press, 2011), p. 92 .

16 Jack Kelly, 'Terror groups hide behind web encryption', *USA Today*, 5 May 2001. https://usatoday30.usatoday.com/life/cyber/tech/2001-02-05-binladen.htm.

17 https://securityaffairs.co/wordpress/42581/intelligence/isis-mobile-app.html; https://

www.ibtimes.co.uk/isis-app-islamic-state-launches-android-app-news-recruitment-1514055.

18 参考までに以下を参照。Schulze, 'The Surabaya Bombings and the Evolution of the Jihadi Threat in Indonesia'.

19 Charlie Winter, '1. Big news: the latest issue of #IS's newspaper features an unambiguous call to arms directed at female supporters', Twitter, 5 October 2017.

20 US Department of Justice, 'Wisconsin Woman Charged With Attempting to Provide Material Support to ISIS', 13 June 2018. https://www.justice.gov/opa/pr/wisconsin-woman-charged-attempting-provide-material-support-isis.

21 'US woman charged with IS support had "virtual library" on bomb-making', BBC, 14 June. https://www.bbc.com/news/world-us-canada-44485682.

第5章　情報戦争

1 Julia Ebner, 'The far right thrives on global networks. They must be fought online and off', *Guardian*, 1 May 2017. https://www.theguardian.com/commentisfree/2017/may/01/far-right-networks-nationalists-hate-social-media-companies.

2 Raheem Kassam, 'Tommy Robinson vs. Quilliam Show How the Establishment's Grip on Political Narratives is Slipping', Breitbart, 5 May 2017. https://www.breitbart.com/europe/2017/05/07/kassam-tommy-robinson-vs-quilliam-shows-how-the-establishments-grip-on-political-narratives-is-slipping/.

3 同上。

4 2011年の国勢調査の結果は以下で閲覧可能。https://www.ons.gov.uk/census/2011census.

5 Jamie Grierson, 'Four far-right plots thwarted last year, says counter-terrorism chief Mark Rowley', *Guardian*, 26 February 2018. https://www.theguardian.com/uk-news/2018/feb/26/four-far-right-plots-thwarted-last-year-says-counter-terrorism-chief-mark-rowley.

6 Lizzie Dearden, 'Finsbury Park trial as it happened: Messages sent by Tommy Robinson to terror suspect Darren Osborne revealed in court', *Independent*, 23 January 2018. https://www.independent.co.uk/news/uk/crime/finsbury-park-attack-trial-live-darren-osborne-court-muslims-mosque-van-latest-news-updates-a8173496.html.

7 Lizzie Dearden, 'Tommy Robinson supporters perform Nazi salutes at violent London protest, amid warnings of return to racist street movement', *Independent*, 11 June 2018. https://www.independent.co.uk/news/uk/crime/tommy-robinson-free-protest-nazi-salutes-london-violence-police-arrests-attacks-prison-a8393566.html.

8 Lizzie Dearden, 'Man who taught girlfriend's pet pug dog to perform Nazi salutes fined £800', *Independent*, 23 April 2018. https://www.independent.co.uk/news/uk/crime/count-dankula-nazi-pug-salutes-mark-meechan-fine-sentenced-a8317751.html.

9 Jake Ryan, 'Tommy Robinson to cash in on his notoriety by launching UK media company', *Sun*, 7 January 2019. https://www.thesun.co.uk/news/8113022/tommy-robinson-to-cash-in-on-his-notoriety-by-launching-uk-media-company/.

10 'Tommy Robinson holds Salford protest against BBC Panorama', BBC, 23 February 2019. https://www.bbc.com/news/uk-england-manchester-47335414.

11 'Trump supporter attacks BBC cameraman at El Paso rally', BBC, 12 February 2019. https://www.bbc.com/news/world-us-canada-47208909.

12 たとえば以下を参照。Sophie McBain, 'What Steve Bannon Really Believes In', *New Statesman*, 12 September 2018. https://www.newstatesman.com/world/north-america/2018/09/what-steve-bannon-really-believes.

13 Betsy Woodruff, 'The Secret Heiress Funding the Right-Wing Media', Daily Beast, 13 September 2016. https://www.thedailybeast.com/the-secret-heiress-funding-the-right-wing-media.

14 Paul P. Murphy, Kaya Yurieff and Gianluca Mezzofiore,'Exclusive: YouTube ran ads from hundreds of brands on extremist channels', CNN, 20 April 2018. https://money.cnn.com/2018/04/19/technology/youtube-ads-extreme-content-investigation/index.html.

15 'This is where internet memes come from', *MIT Technology Review*, 11 June 2018. https://www.technologyreview.com/s/611332/this-is-where-internet-memes-come-from/.

16 Henryk M. Broder, 'Der Denunziant von Scholz & Friends', Achse des Guten, 7 December 2016. https://www.achgut.com/artikel/der_denunziant_von_scholz_und_friends.

17 Anya Kamenetz, 'Professors are Targets in Online Culture Wars; Some Fight Back', National Public Radio, 4 April 2018. https://www.npr.org/sections/ed/2018/04/04/590928008/professor-harassment.

18 Joshua Cuevas, 'A New Reality? The Far Right's Use of Cyberharassment Against Academics', American Association of University Professors. 以下より引用。https://www.aaup.org/article/new-reality-far-rights-use-cyberharassment-against-academics#.W0GsdS-B0fN.

19 Lizzie Dearden, 'Tommy Robinson case: why EDL founder could be jailed again for contempt of court', *Independent*, 26 September. https://www.independent.co.uk/news/uk/crime/tommy-robinson-prison-jailed-why-contempt-court-grooming-gangs-muslim-protest-a8472566.html.

20 https://www.economist.com/the-economist-explains/2014/03/10/what-doxxing-is-and-why-it-matters.

21 Crash Override, 'Preventing Doxing: A primer on removing your personal information from the most commonly exploited places', 2018. http://www.crashoverridenetwork.com/preventingdoxing.html.

22 Mat Honan, 'What is Doxing?', Wired, 3 June 2014. https://www.wired.com/2014/03/doxing/.

23 Zoe Quinn, 'What happened after Gamergate hacked me', *Time*, 11 September 2017. http://time.com/4927076/zoe-quinn-gamergate-doxxing-crash-override-excerpt/.

24 Bruce Schneier, '2015: The year "doxing" will hit home', BetaBoston, 31 December 2014. http://www.betaboston.com/news/2014/12/31/2015-the-year-doxing-will-hit-

home/.

25 Crash Override, 'Preventing Doxing: A primer on removing your personal information from the most commonly exploited places'.

26 以下を参照。https://www.peoplelookup.com/privacy-policy.

27 Becky Gardiner et al., 'The dark side of Guardian comments', *Guardian*, 12 April 2017. https://www.theguardian.com/technology/2016/apr/12/the-dark-side-of-guardian-comments.

28 'IFJ Survey, 'Two-thirds of women journalists suffered gender-based online attacks', IFJ, 7 December 2018. https://www.ifj.org/media-centre/news/detail/category/press-releases/article/ifj-survey-two-thirds-of-women-journalists-suffered-gender-based-online-attacks.

29 Caroline Jack, 'Lexicon of Lies: Terms for Problematic Information', Data and Society Research Institute, 2017.

30 Peter Pomerantsev, *Nothing Is True and Everything Is Possible* (Public Affairs, 2014)〔邦訳:ピーター・ポマランツェフ『プーチンのユートピア —— 21世紀ロシアとプロパガンダ』池田年穂訳、慶應義塾大学出版会、2018年〕および John Pollock, 'Russian Disinformation Technology', *MIT Technology Review*, 13 April 2017. https://www.technologyreview.com/s/604084/russian-disinformation-technology/.

31 David Robarge, 'Moles, Defectors, and Deceptions: James Angleton and CIA Counterintelligence', *Journal of Intelligence History* 3(2), Winter 2003, p. 31.

32 NATO戦略的コミュニケーションセンター副所長、ドナラ・バロヤン（Donara Barojan）へのインタビュー。

33 Jon White, 'Dismiss, Distort, Distract, and Dismay: Continuity and Change in Russian Disinformation', *IES Policy Brief*, Issue 2016/13, May 2016. https://www.ies.be/files/Policy%20Brief_Jon%20White.pdf.

34 Chloe Colliver et al., 'Smearing Sweden: International Influence Campaigns in the 2018 Swedish Election', ISD, October 2018. http://www.lse.ac.uk/iga/assets/documents/arena/2018/Sweden-Report-October-2018.pdf.

35 Paris Martineau, 'How Alt-Right Twitter Tricks the Media into Panicking', Outline, 13 June 2018. https://theoutline.com/post/4918/how-alt-right-twitter-tricks-the-media-into-panicking?zd=6&zi=csitrt27.

36 Samantha Bradshaw and Philip N. Howard, 'Challenging Truth and Trust: A Global Inventory of Organized Social Media Manipulation', Working Paper 2018.1, Oxford, UK, Project on Computational Propaganda. comprop.oii.ox.ac.uk.

37 Jennifer Kavanagh and Michael D. Rich, 'Truth Decay: An Initial Exploration of the Diminishing Role of Facts and Analysis in American Public Life', RAND Corporation. https://www.rand.org/pubs/research_reports/RR2314.html.

38 Public Policy Polling, April 2013. プレスリリースと要約は以下で閲覧可能。https://www.publicpolicypolling.com/wp-content/uploads/2017/09/PPP_Release_National_ConspiracyTheories_040213.pdf.

39 Kavanagh and Rich, 'Truth Decay: An Initial Exploration of the Diminishing Role of

Facts and Analysis in American Public Life'.

40 Fabian Klask, 'Die Stille nach der lauten Nacht', *Die Zeit*, 29 December 2017. https://www.zeit.de/2018/01/silvesternacht-koeln-sexuelle-belaestigung-schweigen-medien.

41 Reinhold Anton, *Die Lügenpresse* (Leipzig: Zehrfeld, 1914).

42 Bethan Bell, 'Child sexual exploitation: how the system failed', BBC, 16 March 2018. https://www.bbc.com/news/uk-england-43400336.

43 David Neiwert, *Alt-America: The Rise of the Radical Right in the Age of Trump* (New York: Verso, 2017).

44 Angela Moon, 'Two-thirds of American adults get news from social media: survey', BBC, 8 September 2017. https://www.reuters.com/article/us-usa-internet-socialmedia/two-thirds-of-american-adults-get-news-from-social-media-survey-idUSKCN1BJ2A8.

45 この言葉をつくったのはデータ・社会調査研究所の研究者ジョアン・ドノヴァン（Joan Donovan）だ。たとえば以下を参照。Craig Timberg and Drew Harwell, 'We studied thousands of anonymous posts about the Parkland attack – and found a conspiracy in the making', *Washington Post*, 27 February 2018. https://www.washingtonpost.com/business/economy/we-studied-thousands-of-anonymous-posts-about-the-parkland-attack---and-found-a-conspiracy-in-the-making/2018/02/27/04a856be-1b20-11e8-b2d9-08e74-8f892c0_story.html.

46 Ullrich Fichtner, 'Der SPIEGEL reveals internal fraud', *Spiegel*, 20 December 2018. http://www.spiegel.de/international/zeitgeist/claas-relotius-reporter-forgery-scandal-a-1244755.html.

47 'Claas Relotius und der Spiegel haben uns alle belogen', 19 December 2018. https://www.youtube.com/watch?v=bpZEoAYDv2c.

48 'Rechtsextremisten greifen Medienhäuser und Parteien an', *TAZ*, 14 January 2019. https://www.tagesspiegel.de/berlin/polizei-justiz/bundesweite-aktion-der-identitaeren-rechtsextremisten-greifen-medienhaeuser-und-parteien-an/23862586.html.

49 Chloe Colliver et al., 'The Battle for Bavaria: An Analysis of Online Information and Influence Campaigns in the 2018 Bavarian State Election', ISD, February 2019.

50 Colliver et al., 'Smearing Sweden: Internåational Influence Campaigns in the 2018 Sweden Election'.

51 Yascha Mounk, *The People vs. Democracy: Why Our Freedom is in Danger and How We Save It* (Cambridge, Mass.: Harvard University Press, 2018)〔邦訳:ヤシャ・モンク『民主主義を救え!』吉田徹訳、岩波書店、2019年〕.

52 T. Woodson, 'EDL's Tommy Robinson at a Luton BNP Meeting?', Three Counties Unity blog, 1 November 2010. http://threecountiesunity.blogspot.com/2010/11/edls-tommyrobinson-at-luton-bnp.html.

53 ツイッターの統計は以下で閲覧可能。https://www.internetlivestats.com/twitter-statistics/.

第6章 ミーム戦争

1 Raphael Ottoni et al., 'Analyzing Right-wing YouTube Channels: Hate, Violence and

Discrimination', *Proceedings of the 10th ACM Conference on Web Science* (New York: ACM , 2018). https://arxiv.org/pdf/1804.04096.pdf.

2 Ben Gilbert, 'YouTube now has over 1.8 billion users every month, within spitting distance of Facebook's 2 billion', *Business Insider*, 4 May 2018. http://uk.businessinsider.com/youtube-user-statistics-2018-5.

3 Jonas Kaiser, The Harvard Berkman Klein Center for Internet & Society. http://cyber.harvard.edu/events/2018/luncheon/01/Kaiser, https://www.youtube.com/watch?v=bhiA6pg4ohs.

4 Zeynep Tufekci, 'YouTube, the Great Radicalizer', *New York Times*, 10 March 2018. https://www.nytimes.com/2018/03/10/opinion/sunday/youtube-politics-radical.html.

5 同上。

6 Angela Nagle, *Kill All Normies: Online Culture Wars from 4chan and Tumblr to Trump and the Alt-Right* (London: Zero Books, 2017).

7 Darren L. Linvill and Patrick L. Warren, 'Troll Factories: The Internet Research Agency and State-Sponsored Agenda Building', July 2018. http://pwarren.people.clemson.edu/Linvill_Warren_TrollFactory.pdf.

8 Gabriele Thoß and Franz-Helmut Richter, *Ayatollah Khomeini: Zur Biographie und Hagiographie eines islamischen Revolutionsführers* (Münster: Wurf Verlag, 1991), pp. 156–7.

9 参考までに以下を参照。Ervand Abrahamian, *Khomeinism: Essays on the Islamic Republic* (Berkeley: University of California Press, 1993), p. 2.

10 'The Oxymoron of "Illiberal Democracy"', Brookings, 2004, online: http://www.brookings.edu/research/opinions/2004/08/14islamicworld-abdulhamid. 最終閲覧2015年1月30日。

11 Caroline Jack, 'Lexicon of Lies: Terms for Problematic Information', Data & Society Research Institute, 2017. https://datasociety.net/pubs/oh/DataAndSociety_LexiconofLies.pdf.

12 Jacob Davey and Julia Ebner, 'The Fringe Insurgency: Connectivity, Convergence and Mainstreaming of the Extreme Right', ISD, October 2017. https://www.isdglobal.org/wp-content/uploads/2017/10/The-Fringe-Insurgency-221017.pdf.

13 Sheila Johnston, 'The Wave: the experiment that turned a school into a police state', *Telegraph*, 5 September 2018. https://www.telegraph.co.uk/culture/film/3559727/The-Wave-the-experiment-that-turned-a-school-into-a-police-state.html.

14 Michael Sailer et al., 'How gamification motivates: An experimental study of the effects of specific game design elements on psychological need satisfaction', *Computers in Human Behavior*, 69, April 2017, pp. 371–80. https://www.sciencedirect.com/science/article/pii/S074756321630855X.

15 Jarret Brachman and Alix Levine, 'The World of Holy Warcraft: How Al Qaida is using online game theory to recruit the masses', *Foreign Policy*, 13 April 2011. https://foreignpolicy.com/2011/04/13/the-world-of-holy-warcraft/.

16 Linda Schlegel, 'Playing jihad: The gamification of radicalization', *Defense Post*, 5 July 2018. https://thedefensepost.com/2018/07/05/gamification-of-radicalization-opinion/.

17 以下を参照。https://www.moddb.com/mods/stormer-doom/videos.

18 以下を参照。https://yuki.la/pol/114837006.

19 Julia Ebner and Jacob Davey, 'Mainstreaming Mussolini: How the Extreme Right Attempted to "Make Italy Great Again" in the 2018 Italian Election', ISD, 2018. https://www.isdglobal.org/wp-content/uploads/2018/03/Mainstreaming-Mussolini-Report-28.03.18.pdf.

20 Ahmed Al-Rawi, 'Video games, terrorism, and ISIS's Jihad 3.0', *Terrorism and Political Violence* 30(4), 2018, pp. 740–60. https://www.tandfonline.com/doi/pdf/10.1080/09546553.2016.1207633.

21 Davey and Ebner, 'The Fringe Insurgency: Connectivity, Convergence and Mainstreaming of the Extreme Right'.

22 'Konstruktive Kritik', 2018年3月17日にNerkur Xenusによりアップロード。https://www.youtube.com/watch?reload=9&v=nP5xZQaYgas&feature=youtu.be

23 このマニュアルは以下で閲覧可能。https://www.hogesatzbau.de/wp-content/uploads/2018/01/HANDBUCH-FÜR-MEDIENGUERILLAS.pdf.

24 もとの「レッドピリング」マニュアルは以下で閲覧可能。http://d-gen.de/2017/10/art-of-redpilling/. すべてのコンテンツはHogesatzbauによって保存され、以下で閲覧可能。https://www.hogesatzbau.de/wp-content/uploads/2018/01/HANDBUCH-FÜR-MEDIENGUERILLAS.pdf.

25 Nagle, *Kill All Normies: Online Culture Wars from 4chan and Tumblr to Trump and the Alt-Right.*

26 Jeff Giesea, 'It's time to embrace memetic warfare', *Defense Strategic Communications Journal*, NATO Stratcom COE, 2017. https://www.stratcomcoe.org/jeff-giesea-its-time-embrace-memetic-warfare.

27 Benite Heiskanen, 'Meme-ing Electorial Participation', *European Journal of American Studies* 12(2), Summer 2017. https://journals.openedition.org/ejas/12158.

28 Jack Phillips, '"Great Meme War" Could Hit the Media', *Epoch Times*, 11 November 2016. https://www.theepochtimes.com/4chan-reddits-the_donald-may-take-great-meme-war-to-the-media_2184823.html.

29 Joseph Bernstein, 'This Man Helped to Build the Trump Meme Army – Now He Wants to Reform It', *BuzzFeed*, 18 January 2017. https://www.buzzfeednews.com/article/josephbernstein/this-man-helped-build-the-trump-meme-army-and-now-he-wants-t.

30 Savvas Zannettou et al., 'On the Origins of Memes by Means of Fringe Web Communities', IMC '18, Proceedings of the Internet Measurement Conference 2018, pp. 188–202. https://dl.acm.org/citation.cfm?id=3278550.

31 Matthew Costello and James Hawdon, 'Who Are the Online Extremists Among Us? Sociodemographic Characteristics, Social Networking, and Online Experiences of Those Who Produce Online Hate Materials', *Violence and Gender* 5(1), 2018, pp. 55–60.

32 Nelli Ferenczi, 'Are sex differences in antisocial and prosocial Facebook use explained by narcissism and relational self-construal?', *Computers in Human Behavior* 77 , December 2017, pp. 25–31. https://www.sciencedirect.com/science/article/pii/S0747563217305010.

33 'Online Harassment', Pew Research Center, 2014. http://www.pewinternet.org/2014/10/22/online-harassment/.

34 'Toxic Twitter: A Toxic Place for Women', Amnesty International and Element AI, 2018. https://www.amnesty.org/en/latest/research/2018/03/online-violence-against-women-chapter-1/.

35 本章原註24を参照。

36 Harriet Agerholm, 'Lily Allen gives up Twitter account after she is taunted over stillbirth of her son', *Independent*, 26 February 2017. https://www.independent.co.uk/news/people/lily-allen-stillbirth-twitter-trolls-abuse-online-bullying-a7600416.html.

37 ISDの調査をとりあげたITVのドキュメンタリーは以下で閲覧可能。https://www.itv.com/news/2019-03-04/itv-investigation-reveals-extent-of-online-abuse-and-death-threats-aimed-at-mps-in-exposure-brexit-online-uncovered/.

38 'Online Harassment', Pew Research Center.

39 Philip Kreißel, Julia Ebner, Alex Urban and Jakob Guhl, 'Hass auf Knopfdruck: Rechtsextreme Trollfabriken und das Ökosystem koordinierter Hasskampagnen im Netz', ISD/#ichbinhier, July 2018.

40 オルトライトリークスの創始者へのインタビューより。

41 Alt-Right Open Intelligence Initiative, 'Mapping the Alt-Right: The US Alternative Right across the Atlantic', July 2017. https://wiki.digitalmethods.net/Dmi/AltRightOpenIntelligenceInitiative.

42 Ebner and Davey, 'Mainstreaming Mussolini: How the Extreme Right Attempted to "Make Italy Great Again" in the 2018 Italian Election'.

43 Kreißel, Ebner, Urban and Guhl, 'Hass auf Knopfdruck: Rechtsextreme Trollfabriken und das Ökosystem koordinierter Hasskampagnen im Netz'.

44 'When is the "OK" gesture not OK?', BBC, 16 May 2019. https://www.bbc.co.uk/news/world-europe-48293817.

45 Julia Alexander, 'The NPC meme went viral when the media gave it oxygen', Verge, 23 October 2018. https://www.theverge.com/2018/10/23/17991274/npc-meme-4chan-press-coverage-viral.

46 Whitney Phillips, 'Oxygen of Amplification: Better Practices for Reporting on Extremists, Antagonists, and Manipulators Online', Data & Society Research Institute, 2018. https://datasociety.net/wp-content/uploads/2018/05/0-EXEC-SUMMARY_Oxygen_of_Amplification_DS.pdf.

47 同上。

第7章　オルトテック

1 このアプリはリチャード・スペンサーのサイト、AltRight.comで宣伝されていた。https://altright.com/2017/02/16/patriot-peer-connecting-the-silent-majority/.

2 4チャンの掲示板/polのこのスレッドは以下で閲覧可能。https://archive.4plebs.org/pol/thread/112316443/.

3 Martin Sellner, 'Patriot Peer – Connnecting the Silent Majority', AltRight, 2017.

https://altright.com/2017/02/16/patriot-peer-connecting-the-silent-majority/.

4 Gab, 'Announcing the Free Spech Tech Alliance', Medium, 11 August 2017. https://medium.com/@getongab/announcing-the-alt-tech-alliance-18bebe89c60a.

5 同上。

6 同上。

7 'Zuckerberg: Facebook "certainly doesn't feel like a monopoly to me"', *Washington Post*, 10 April 2018. https://www.youtube.com/watch?v=zcFAvuWUL1I .

8 Tony Romm, 'Congress wants to drag Google and Twitter into Facebook's privacy crisis', *Washington Post*, 26 March 2018. https://www.washingtonpost.com/news/the-switch/wp/2018/03/26/facebooks-stock-falls-as-the-federal-trade-commission-confirms-its-investigating-the-company/?utm_term=.cd081f9c55b0.

9 Billy Bambrough, 'Bitcoin donations to neo-Nazis are climbing ahead of this weekend's Unite the Right rally', Forbes, 6 August 2018. https://www.forbes.com/sites/billybambrough/2018/08/06/bitcoin-donations-to-neo-nazis-are-climbing-ahead-of-this-weekends-unite-the-right-rally/#3e1fb0c769ac.

10 Nikita Malik, 'Terror in the Dark: How Terrorists Use Encryption, the Dark Net and Cryptocurrencies', Henry Jackson Society, April 2018. https://henryjacksonsociety.org/publications/terror-in-the-dark-how-terrorists-use-encryption-the-darknet-and-cryptocurrencies/. さらにDavid Carlisle, 'Cryptocurrencies and Terrorist Financing: A Risk, But Hold the Panic', RUSI, March 2017. https://rusi.org/commentary/cryptocurrencies-and-terrorist-financing-risk-hold-panic.

11 同上。

第8章 Qを追いかけて

1 本章において、わたしが10数人ほどのQアノン支持者と交わした会話は、読みやすさを考慮し、数人の人物の発言にまとめたことをお断りしておく。

2 これらの典型的な陰謀論について詳細は以下を参照。C. Stempel, T. Hargrove and G.H. Stempel III, 'Media use, social structure, and belief in 9/11 conspiracy theories', *Journalism & Mass Communication Quarterly* 84(2), 2007, pp. 353–72. M. J. Wood, K. M. Douglas and R. M. Sutton, 'Dead and alive: beliefs in contradictory conspiracy theories', Social Psychological and Personality Science 3, 2012, pp. 767–73. J. W. McHoskey, 'Case closed? On the John F. Kennedy assassination: biased assimilation of evidence and attitude polarization', Basic and Applied Social Psychology 17, 1995, pp. 395–409 .

3 J. T. Jost, A. Ledgerwood and C. D. Hardin, 'Shared reality, system justification, and the relational basis of ideological beliefs', *Social & Personality Psychology Compass* 2, 2008, pp. 171–86およびKaren M. Douglas et al., 'The Psychology of Conspiracy Theories', *Current Directions in Psychological Science* 26(6), 2017, pp. 538–42.

4 Jan-Willem van Prooijen and Karen M. Douglas, 'Conspiracy theories as part of history: The role of societal crisis situations', *Memory Studies* 10(3), 2017, pp. 323–33. https://www.ncbi.nlm.nih.gov/pmc/articles/PMC5646574/.

5 Michael J. G. Gray-Fow, 'Why the Christians? Nero and the Great Fire', *Latomus* 57 (3),

1998, pp. 595–616. http://www.jstor.org/stable/41538370.

6 'Brexit and Trump voters more likely to believe in conspiracy theories, survey study shows', YouGov-Cambridge Centre, 23 November 2018. https://www.cam.ac.uk/research/news/brexit-and-trump-voters-more-likely-to-believe-in-conspiracy-theories-survey-study-shows.

7 'Brain fills gaps to produce a likely picture', *Science Daily*, 27 June 2014. https://www.sciencedaily.com/releases/2014/06/140627094551.htm.

8 たとえば以下を参照。D. R. Ballinger, 'Conspiratoria – the Internet and the Logic of Conspiracy Theory', University of Waikato, 2011. https://hdl.handle.net/10289/5786.

9 投稿された原文は以下にある。https://i0.kym-cdn.com/photos/images/newsfeed/001/322/344/860.jpg.

10 Jerry S. Piven (ed.), *Terror and Apocalypse: Psychological Undercurrents of History Volume II* (Bloomington, Indiana: Universe, 2002).

11 Norman Cohn, *The Pursuit of the Millennium: Revolutionary Millenarians and Mystical Anarchists of the Middle Ages* (London: Pimlico, 1993)〔邦訳:ノーマン・コーン『千年王国の追求』江河徹訳、紀伊國屋書店、2008年新装版〕.

12 'apocalypse' の語源については以下を参照。Merriam Webster Dictionary, https://www.merriam-webster.com/dictionary/apocalypse.

13 Michael Barkun, 'Failed Prophecies Won't Stop Trump's True Believers', Foreign Policy, 8 November 2018. https://foreignpolicy.com/2018/11/08/failed-prophecies-wont-stop-trumps-true-believers/.

14 Leon Festinger, *Henry Riecken and Stanley Schacter, When Prophecy Fails* (New York: Harper & Row, 1956)〔邦訳:L・フェスティンガー、H・W・リーケン、S・シャクター『予言がはずれるとき——この世の破滅を予知した現代のある集団を解明する』水野博介訳、勁草書房、1995年〕および Lorne L. Dawson, 'The Failure of Prophecy and the Future of IS', ICCT Policy Brief, September 2017. https://icct.nl/wp-content/uploads/2017/09/ICCT-Dawson-The-Failure-of-Prophecy-and-The-Future-of-ISIS-Sept-2017.pdf.

15 Hayley Peterson, 'Amazon and Costco are selling emergency kits that can feed a family for a year – and it reveals a disturbing new normal in America', Business Insider, 9 March 2018. https://www.businessinsider.com/costco-amazon-emergency-kits-2018-3. さらにKylie Mohr, 'Apocalypse Chow: We Tried Televangelist Jim Bakker's "Survival Food"', NPR, 3 December 2015. https://www.npr.org/sections/thesalt/2015/12/03/456677535/apocalypse-chow-we-tried-televangelist-jim-bakkers-survival-food.

16 たとえば以下を参照。https://www.emergencyfoodstorage.co.uk/products/brexit-box.

17 'Terrorism suspect makes reference to extremist conspiracies', SPLC, 20 July 2018. https://www.splcenter.org/hatewatch/2018/07/20/terrorism-suspect-makes-reference-extremist-conspiracies.

18 Mark Fisher, John W. Cox and Peter Herman, 'From rumor to hashtag to gunfire in D.C.', *Washington Post*, 6 December 2016. https://www.washingtonpost.com/local/pizzagate-from-rumor-to-hashtag-to-gunfire-in-dc/2016/12/06/4c7def50-bbd4-11e6-94ac-3d324840106c_story.html?utm_term=.30b166abe2bf.

19 Blake Montgomery, 'A Man Allegedly Killed His Brother with a 4-Foot Sword Because He Thought He Was A Lizard Person', BuzzFeed, 10 January 2019. https://www.buzzfeednews.com/article/blakemontgomery/man-brother-murder-charge-sword.

20 'The Book of Q: The biggest drop ever', 20 November 2017. https://drive.google.com/file/d/1G6guY_q-PzZfdJM4ItzmQIF9gfPrOQxk/view.

21 たとえば以下を参照。https://www.buzzfeednews.com/article/ryanhatesthis/its-looking-extremely-likely-that-qanon-is-probably-a および https://twitter.com/wikileaks/status/1001139404805738498.

22 Ryan Broderick, 'People Think This Whole QAnon Conspiracy Theory is A Prank on Trump Supporters', Buzzfeed, 8 August 2018. https://web.archive.org/web/20180806121403/.

23 アノニマスによる以下のツイートを参照。https://twitter.com/YourAnonNews/status/1025454095228985349.

24 Stewart Home, *Mind Invaders: A Reader in Psychic Warfare, Cultural Sabotage and Semiotic Terrorism* (London: Serpent's Tail, 1997).

25 Will Sommer, 'Why a Red "X" is the New Symbol of Conservative Twitter', Daily Beast, 8 October 2018. https://www.thedailybeast.com/why-a-red-x-is-the-new-symbol-of-conservative-twitter および https://emojipedia.org/cross-mark/.

26 Michael J. Wood, Karen Douglas and Robbie M. Sutton, 'Dead and alive: Belief in contradictory conspiracy theories', *Social Psychological and Personality Science* 3, 2012, pp. 767–73.

27 S. Moscovici, 'The conspiracy mentalit', in C. F. Graumann and S. Moscovici (eds), *Changing Conceptions of Conspiracy* (New York : Springer, 1987), pp. 151–69.

28 David Dunning, 'Chapter Five: The Dunning–Kruger Effect: On Being Ignorant of One's Own Ignorance', *Advances in Experimental Social Psychology* 44, 2011, pp. 247–96. https://www.sciencedirect.com/science/article/pii/B9780123855220000056.

29 以下を参照。https://twitter.com/danieleganser/status/824953776280854528?lang=en.

30 以下を参照。https://8ch.net//qresearch//res/4279775.html#4280231.

31 以下を参照。https://www.qanon.pub.

32 Kyle Feldscher, 'QAnon-believing "conspiracy analyst" meets Trump in the White House', CNN, 25 August 2018. https://edition.cnn.com/2018/08/25/politics/donald-trump-qanon-white-house/index.html.

33 Will Sommer, 'What is QAnon? The Craziest Theory of the Trump Era Explained', Daily Beast, 7 June 2018. https://www.thedailybeast.com/what-is-qanon-the-craziest-theory-of-the-trump-era-explained.

34 Fruzsina Eordogh, 'What is QAnon, the Conspiracy Theory Attracting Alex Jones, Roseanne Barr and ... a Guy from"Vanderpump Rules" ', *Elle*, 7 August 2018. https://www.elle.com/culture/career-politics/a22665744/qanon-conspiracy-theory-explainer/.

35 Emma Grey Ellis, 'Win or Lose, the Alex Jones Lawsuit Will Help Redefine Free Speech', Wired, 16 August 2018. https://www.wired.com/story/alex-jones-lawsuit-will-help-redefine-free-speech?mbid=nl_080618_daily_list1_p4&CNDID=50329017.

36 ISDの調査をとりあげたITVのドキュメンタリーは以下で閲覧可能。https://www.itv.com/

news/2019-03-04/itv-investigation-reveals-extent-of-online-abuse-and-death-threats-aimed-at-mps-in-exposure-brexit-online-uncovered/.

37 Joel Rogers de Waal, 'Brexit and Trump voters more likely to believe in conspiracy theories, survey study shows', International YouGov–Cambridge Centre, 14 December 2018. https://yougov.co.uk/topics/international/articles-reports/2018/12/14/brexit-and-trump-voters-are-more-likely-to-believe-c0.

38 Michael Butter, *Nichts ist, wie es scheint* (Berlin: Suhrkamp, 2018).

39 Richard Hofstadter, 'The Paranoid Style in American Politics', *Harper's Magazine*, November 1964. https://harpers.org/archive/1964/11/the-paranoid-style-in-american-politics/.

40 Butter, *Nichts ist, wie es scheint.*

41 Andrew F. Wilson, '#whitegenocide, the Alt-right and Conspiracy Theory: How Secrecy and Suspicion Contributed to the Mainstreaming of Hate', *Secrecy and Society* 1(2), 2018. https://core.ac.uk/download/pdf/153389078.pdf.

第9章 ユナイト・ザ・ライト

1 Andrew Anglin, 'PSA: When the Alt-Right Hits the Street, You Wanna Be Ready', Daily Stormer, 9 August 2017. https://dailystormer.name/psa-when-the-internet-becomes-real-life-and-the-alt-right-hits-the-street-you-wanna-be-ready/.

2 同上。

3 Cynthia Miller Idris, *The Extreme Gone Mainstream: Commercialization and Far Right Youth Culture in Germany* (Princeton, NJ: Princeton University Press , 2018).

4 Bernhard Forchtner and Christoffer Kolvraa, 'Extreme right images of radical authenticity: Multimodal aesthetics of history, nature, and gender roles in social media', *European Journal of Cultural and Political Sociology* 4(3), 2017. https://www.tandfonline.com/doi/abs/10.1080/23254823.2017.1322910?src=recsys&journalCode=recp20.

5 Miller Idris, *The Extreme Gone Mainstream: Commercialization and Far Right Youth Culture in Germany.*

6 Artur Beifuss and Francesco Trivini Bellini, *Branding Terror: The Logotypes and Iconography of Insurgent Groups and Terrorist Organizations* (London; New York: Merrell Publishers, 2013).

7 Patrick Hanlon, *Primalbranding: Create Zealots for Your Brand, Your Company, and Your Future* (New York: Free Press, 2011).

8 Jacob Davey and Julia Ebner, 'The Fringe Insurgency: Connectivity, Convergence and Mainstreaming of the Extreme Right', ISD, October 2017. https://www.isdglobal.org/wp-content/uploads/2017/10/The-Fringe-Insurgency-221017.pdf.

9 Hunter Wallace, 'Why we should #UniteTheRight', *Occidental Dissent*, 4 August 2017. http://www.occidentaldissent.com/2017/08/04/why-we-should-unitetheright/.

10 Lee Rogers, 'Join Daily Stormer Staff at the "Unite the Right" Rally in Charlottesville, Virginia', Daily Stormer, 30 July 2017.

11 参考までに以下を参照。Davey and Ebner, 'The Fringe Insurgency: Connectivity, Convergence and Mainstreaming of the Extreme Right'.

12 同上。

13 Mark Bray, *Antifa: The Anti-Fascist Handbook* (New York : Melville House, 2017).

14 参考までに以下を参照。Davey and Ebner, 'The Fringe Insurgency: Connectivity, Convergence and Mainstreaming of the Extreme Right'.

15 Harvey Whitehouse et al., 'The evolution of extreme cooperation via shared dysphoric experiences', *Scientific Reports* 7: 44292. DOI: 10.1038/srep44292.

16 Harvey Whitehouse, 'Dying for the group: Towards a general theory of extreme self-sacrifice', *Behavioral and Brain Sciences* 7, 2018, pp. 1–64. DOI: 10.1017/S0140525X18000249.

17 'Charlottesville Unite the Right Updates from TRS and Cantwell', Daily Stormer, 9 August 2017. https://www.dailystormer.com/charlottesville-unite-the-right-updates-from-trs-and-cantwell/.

18 Paul P. Murphy, 'White nationalists use tiki torches to light up Charlottesville march', CNN, 14 August 2017. http://money.cnn.com/2017/08/14/news/companies/tiki-torches-charlottesville/index.html .

19 Davey and Ebner, 'The Fringe Insurgency: Connectivity, Convergence and Mainstreaming of the Extreme Right'.

20 'Charlottesville: Who was Heather Heyer', BBC, 14 August 2017. https://www.bbc.co.uk/news/world-us-canada-40924922.

21 Christine Hauser, 'DeAndre Harris, Beaten by White Supremacists in Charlottesville, Is Found Not Guilty of Assault', *New York Times*, 14 August 2017. https://www.nytimes.com/2018/03/16/us/deandre-harris-charlottesville.html.

22 以下を参照。https://boards.4chan.org/pol/thread/137112233.

23 'Political Event Calendar', Right Wing United, 2019. https://rightwingunited.wordpress.com/political-event-calendar/.

24 'Guide to Attending Rallies', Right Wing United, 2019. https://rightwingunited.wordpress.com/guide-to-attending-rallies/.

25 Joseph Cox, 'Leaked Documents Show Facebook's Post-Charlottesville Reckoning with American Nazis', Motherboard, 25 May 2018. https://motherboard.vice.com/en_us/article/mbkbbq/facebook-charlottesville-leaked-documents-american-nazis.

26 Kelly Weil, 'The Far-Right is Trying to Co-Opt the Yellow Vests', Daily Beast, 8 January 2019. https://www.thedailybeast.com/the-far-right-is-trying-to-co-opt-the-yellow-vests.

27 Alexander Hurst, 'The Ugly, Illiberal, Anti-Semitic Heart of the Yellow Vest Movement', *New Republic*, 7 January 2019. https://newrepublic.com/article/152853/ugly-illiberal-anti-semitic-heart-yellow-vest-movement.

28 2018年12月5日にBFMTV〔フランスのテレビ局〕のために調査会社Elabeが実施した世論調査の結果は以下で閲覧可能。https://elabe.fr/wp-content/uploads/2018/12/rapport_20181205_elabe_bfmtv_les-francais-les-gilets-jaunes-et-les-mesures-annoncees-par-edouard-philippe.pdf.

29 Lizzie Dearden, 'Yellow vest protests: who is the "far-right element" harassing MPs

outside parliament?', *Independent*, 8 January 2019. https://www.independent.co.uk/news/uk/politics/yellow-vest-protests-parliament-protest-anna-soubry-brexit-nazi-james-goddard-who-met-police-owen-a8716621.html.

30 Philip Kuhn, 'Die unheimliche Mobilisierung der Neonazis in Chemnitz', *Die Welt*, 28 August 2018. https://www.welt.de/politik/deutschland/article181342196/Rechtsextreme-Ausschreitungen-Die-unheimliche-Mobilisierung-der-Neonazis-in-Chemnitz.html.

31 David Crossland, 'Germany: Migrant beaten with iron chain as far-right violence spreads', *The Times*, 30 August 2018. https://www.thetimes.co.uk/article/germany-migrant-beaten-with-iron-chain-as-farright-violence-spreads-fkj6870tt.

32 Klaus Ott, Annette Ramelsberger, Nicolas Richter and Antonie Rietzschel, 'Revolution von rechts', *Süddeutsche Zeitung*, 1 October 2018. https://www.sueddeutsche.de/politik/revolution-chemnitz-1.4152545.

33 Simone Rafael and Miro Dittrich, 'Online Mobilisierung für Chemnitz: Bewegtbild-Hetze sorgt für Reichweite', Belltower, 1 September 2018. https://www.belltower.news/online-mobilisierung-fuer-chemnitz-bewegtbild-hetze-sorgt-fuer-reichweite-49176/.

34 同上。

第10章 シルト・ウント・シュヴェルト

1 Samira Alshater, 'Die Rückkehr von "Blood & Honour" und dem bewaffneten Arm Combat 18', Belltower, 10 April 2018. http://www.belltower.news/artikel/die-rueckkehr-von-blood-honour-und-dem-bewaffneten-arm-combat-18-13545.

2 Patrick Gensing, 'Rassistische Mordserie, staatliches Versagen', *ARD Tagesschau*, 27 August 2013. https://www.tagesschau.de/inland/rechtsextrememordserie104.html.

3 以下を参照。https://www.facebook.com/Terrorsph%C3%A4ra-150707598416109/および https://www.youtube.com/watch?v=iAGIOepeq8k.

4 'Nazi Hipster Patrick Schröder', Belltower, 16 April 2014. http://www.belltower.news/artikel/nazi-hipster-patrick-schr%C3%B6der-macht-ansgar-aryan-fsn-tv-und-live-h8-9391.

5 Roman Lehberger, 'Nazi-Mode: Die Hintermänner der rechten Mode-Labels', Spiegel TV, 8 July 2018. https://www.youtube.com/watch?v=GhJn2KJLaOk.

6 Karsten Schmehl and Marcus Engert, 'An diesem AfD-Stand war ein Mann mit "HKN KRZ" Shirt und die AfD So: Haben wir nicht gemerkt', BuzzFeed, 27 August 2017. https://www.buzzfeed.com/de/karstenschmehl/der-interessierte-buerger-mit-hakenkreuz-tshirt.

7 Andreas Dieste and Roman Lehberger, 'Stil-Berater Patrick Schröder: Der nette Nazi', Spiegel TV. https://www.spiegel.tv/videos/160827-der-nette-neonazi.

8 Lehberger, 'Nazi-Mode: Die Hintermänner der rechten Mode-Labels'.

9 シュルーダーのツイッターのプロフィールは以下にある。https://twitter.com/patricks_fsn?lang=en.

10 'Nazi Hipster Patrick Schröder', Belltower, 16 April 2014. https://www.belltower.news/nazi-hipster-patrick-schroeder-37300/.

11 Dieste and Lehberger, 'Stil-Berater Patrick Schröder: Der nette Nazi'.

12 彼らのウェブサイトは以下にある。http://www.kampf-der-nibelungen.com/.

13 Simon Parkin, 'The rise of Russia's neo-Nazi football hooligans', *Guardian*, 24 April 2018. https://www.theguardian.com/news/2018/apr/24/russia-neo-nazi-football-hooligans-world-cup.

14 Robert Claus, Hooligans: *Eine Welt zwischen Fußball, Gewalt und Politik* (Berlin: Die Werkstatt, 2017) および Christoph Ruf, 'Wie rechte Hooligans den Kampfsport erobern', *Spiegel*, 9 October 2017. http://www.spiegel.de/sport/sonst/kampf-der-nibelungen-wie-hooligans-den-kampfsport-erobern-a-1170558.html.

15 たとえば以下を参照。https://www.youtube.com/watch?v=Z46IpqjQs8M.

16 Tim Hume, 'A Russian Neo-Nazi Football Hooligan is Trying to Build an MMA Empire Across Europe', Vice, 26 July 2018. https://news.vice.com/en_us/article/435mjw/a-russian-neo-nazi-football-hooligan-is-trying-to-build-an-mma-empire-across-europe.

第11章 ブラックハット

1 Ms Smith, 'Hackers exploit Jenkins servers, make $3 million by mining Monero', CSO Online, 20 February 2018. https://www.csoonline.com/article/3256314/security/hackers-exploit-jenkins-servers-make-3-million-by-mining-monero.html.

2 Malcolm Nance and Chris Sampson, *Hacking ISIS: How to Destroy the Cyber Jihad* (New York: Skyhorse Publishing, 2017), pp. 23–6.

3 同上。

4 Jessica Mazzola, 'Pro-ISIS group hacks N.J. school website, posts recruitment video', NJ, 7 November 2017. http://www.nj.com/essex/index.ssf/2017/11/hack_posts_isis_recruitment_video_on_nj_school_web.html.

5 'Prince Albert Police Service website hacked, pro-ISIS message left', CBC News, 8 November 2017. http://www.cbc.ca/news/canada/saskatchewan/prince-albert-police-website-hacked-isis-1.4392568.

6 Dawn Chmielewski, 'Cyber Security Expert Mikko Hyppönen Worries About Extremists with Computers', Recode, 20 October 2015. https://www.recode.net/2015/10/20/11619776/cybersecurity-expert-mikko-hyppnen-worries-about-extremists-with.

7 Nance and Sampson, *Hacking ISIS: How to Destroy the Cyber Jihad*, p. 31.

8 Yonah Jeremy Bob, 'Exclusive: Islamic Cyber Terrorists Trying to Target Infrastructure', *Jerusalem Post*, 9 July 2018. https://www.jpost.com/Arab-Israeli-Conflict/Exclusive-Islamic-cyber-terrorists-trying-to-target-infrastructure-562052.

9 J. R. Raphael, 'Hacker Claims Credit for Amazon Gay-Themed Book "Glitch"', *PC World*, 13 April 2009. https://www.pcworld.com/article/163024/hacker_claims_credit_for_amazons_gay_themed_book_glitch.html.

10 Karen McVeigh, 'US hacker Andrew Auernheimer given three years jail term for AT&T breach', *Guardian*, 18 March 2013. https://www. theguardian.com/technology/2013/mar/18/us-hacker-andrew-auernheimer-at-t.

11 Kim Zetter, 'AT&T Hacker "Weev" Sentenced to 3.5 Years in Prison', Wired, 3 Au-

gust 2013. https://www.wired.com/2013/03/att-hacker-gets-3-years/.

12 レディットの投稿は以下で閲覧可能。http://www.reddit.com/r/IAmA/comments/1ahkgc/i_am_weev_i_may_be_going_to_prison_under_the/c8xgqq9.

13 Weev, 'What I Learned from My Time in Prison', Daily Stormer, October 2014.

14 Weevのブログより。https://weev.livejournal.com.

15 同上。

16 同上。

17 Weevのヘイトリオンのページは以下にある。https://hatreon.net/weev/.

18 この投稿は4チャンのスレッドのアーカイブにある。https://archive.4plebs.org/pol/thread/157481867/.

19 Rachel Gutmann, 'Who is Weev, and Why Did He Derail a Journalist's Career? ', *Atlantic*, 14 February 2018. https://www.theatlantic.com/technology/archive/2018/02/who-is-weev/553295/.この裁判資料は以下にある。https://www.splcenter.org/sites/default/files/whitefish_complaint_final.pdf.

20 Dylan Matthews, 'Who is Saul Alinsky, and why does the right hate him so much?', Vox, 6 October 2014. https://www.vox.com/2014/10/6/6829675/saul-alinsky-explain-obama-hillary-clinton-rodham-organizing.

21 Jon Erickson, *Hacking: The Art of Exploitation* (San Francisco, CA: No Starch Press, 2008)〔邦訳:ジョン・エリクソン『HACKING: 美しき策謀　脆弱性攻撃の理論と実際』村上雅章訳、オライリー・ジャパン、第2版、2011年〕.

22 Bridget Johnson, 'Cyber Caliphate Vows to Kill Anonymous Hackers Who Have Been Taking Down ISIS', PJ Media, 15 August 2018. https://pjmedia.com/homeland-security/cyber-caliphate-vows-to-kill-anonymous-hackers-who-have-been-taking-down-isis/.

23 Techopediaの定義を参照。https://www.techopedia.com/defi nition/26361/hacking.

24 'Guardians of the New World', 6 February. https://www.youtube.com/watch?v=jUFEeuWqFPE.

25 Oliver Holmes, 'Israel: Hamas created fake dating app to hack soldiers' phones', *Guardian*, 3 July 2018. https://www.theguardian.com/world/2018/jul/03/israel-hamas-created-fake-dating-apps-to-hack-soldiers-phones.

26 'Russia "was behind German parliament hack"', BBC, 13 May 2016. https://www.bbc.com/news/technology-36284447.

27 Raphael Satter, 'Inside Story: How Russians Hacked the Democrats' Emails', Associated Press, 4 November 2017. https://www.apnews.com/dea73efc01594839957c3c9a6c962b8a.

28 Megha Mohan, 'Macron Leaks: anatomy of a hack', BBC Trending, 9 May 2017. https://www.bbc.co.uk/news/blogs-trending-39845105.

29 'NHS "could have prevented" Wannacry ransomware attack', BBC, 27 October 2017. https://www.bbc.co.uk/news/technology-41753022.

30 Chris Ratcliffe, 'Hacker who stopped WannaCry charged with writing banking malware', Wired, 3 August 2017. https://www.wired.com/story/wannacry-malware-tech-arrest.

31 Greg Otto, 'Marcus Hutchins pleads guilty to two counts related to Kronos banking malware', Cyber-scoop, 19 April 2019. https://www.cyberscoop.com/marcus-hutchins-malwaretech-guilty-plea-kronos/.

32 Valeria C. Moreno et al., 'Analysis of physical and cyber security-related events in the chemical and process industry', *Process Safety and Environmental Protection* 116, May 2018, pp. 621–31. https://www.sciencedirect.com/science/article/pii/S095758201830079X.

33 Alix Langone, '11-Year-Old Hacked into a U.S. Voting System Replica in 10 Minutes This Weekend', *Time*, 14 August 2018. http://time.com/5366171/11-year-old-hacked-into-us-voting-system-10-minutes/.

34 Stefan Nicola, 'Hackers Dump Data on Merkel, Politicians in Giant German Leak', Bloomberg, 4 January 2019. https://www.bloomberg.com/news/articles/2019-01-04/hackers-release-personal-data-of-hundreds-of-german-politicians.

35 'German politicians targeted in mass data attack', BBC, 4 January, 2019. https://www.bbc.co.uk/news/world-europe-46757009.

36 Patrick Beuth et al., 'Merkel and the Fancy Bear', *Die Zeit*, 12 May 2015. https://www.zeit.de/digital/2017-05/cyberattack-bundestag-angela-merkel-fancy-bear-hacker-russia.

第12章　ゲーミフィケーションされたテロリズム

1 Jason Wilson, 'Christchurch shooter's links to Austrian far-right "more extensive than thought"', *Guardian*, 16 May 2019. https://www.theguardian.com/world/2019/may/16/christchurch-shooters-links-to-austrian-far-right-more-extensive-than-thought.

2 J. M. Berger, *Extremism* (Cambridge, Mass.: MIT Press, 2018).

3 Home Office, 'Individuals referred to and supported through the Prevent programme, April 2017 to March 2018', 13 December 2018. https://assets.publishing.service.gov.uk/government/uploads/system/uploads/attachment_data/file/763254/individuals-referred-supported-prevent-programme-apr2017-mar2018-hosb3118.pdf.

4 Bundesministerium des Innern, für Bau und Heimat, 'Verfassungsschutzbericht 2018', June 2019. https://www.verfassungsschutz.de/de/oeffentlichkeitsarbeit/publikationen/verfassungsschutzberichte/vsbericht-2018.

5 Anti-Defamation League, 'Murder and Extremism in the United States in 2018', 2019. https://www.adl.org/murder-and-extremism-2018.

6 Ty McCormick, 'Gamification: A Short History', Foreign Policy, 24 June 2013. https://foreignpolicy.com/2013/06/24/gamification-a-short-history/.

7 フェイスブックのプレスリリースは以下で閲覧可能。https://twitter.com/fbnewsroom/status/1107117981358682112.

8 この書き込みは以下で閲覧可能。https://encyclopediadramatica.rs/Brenton_Tarrant.

9 Weiyi Cai and Simone Landon, 'Attacks by White Extremists Are Growing. So Are Their Connections', *New York Times*, 3 April 2019. https://www.nytimes.com/interactive/2019/04/03/world/white-extremist-terrorism-christchurch.html.

10 Robert Evans, 'Ignore the Poway Synagogue Shooter's Manifesto: Pay Attention to 8chan's /pol/ Board', Bellingcat, 28 April 2019. https://www.bellingcat.com/news/

americas/2019/04/28/ignore-the-poway-synagogue-shooters-manifesto-pay-attention-to-8chans-pol-board/.

11 Andrew Marantz, 'The Poway Synagogue Shooting Follows an Unsettling New Script', *New Yorker*, 29 April 2019. https://www.newyorker.com/news/news-desk/the-poway-synagogue-shooting-follows-an-unsettling-new-script.

12 8チャンの投稿のアーカイブは以下にある。https://web.archive.org/web/20190803162950/https:/8ch.net/pol/res/13561044.html.

13 Steve Almasy, Dave Alsup and Madeline Holcombe, 'Dozens of people have been arrested over threats to commit mass attacks since the El Paso and Dayton shootings', CNN, 20 August 2019. https://edition.cnn.com/2019/08/21/us/mass-shooting-threats-tuesday/index.html?no-st=1566483067.

14 'Gab and 8chan: Home to Terrorist Plots Hiding in Plain Sight', ADL, n.d. https://www.adl.org/resources/reports/gab-and-8chan-home-to-terrorist-plots-hiding-in-plain-sight#_ftn1.

15 M. Bilewicz et al., 'Harmful Ideas: The Structure and Consequences of Anti-Semitic Beliefs in Poland', *Political Psychology* 34(6), 2013, pp. 821–39.

16 Joel Finkelstein et al., 'A Quantitative Approach to Understanding Anti-Semitism', Cornell University, 5 September 2018. https://arxiv.org/abs/1809.01644.

17 Evans, 'Ignore the Poway Synagogue Shooter's Manifesto: Pay Attention to 8chan's /pol/ Board'.

18 J. M. Berger, 'The Alt-Right Twitter Census: Defining and Describing the Audience for Alt-Right Twitter Content on Twitter', VOX-Pol Network of Excellence, 2018. https://www.voxpol.eu/download/vox-pol_publication/AltRightTwitterCensus.pdf.

19 Jacob Davey and Julia Ebner, '"The Great Replacement": The Violent Consequences of Mainstreamed Extremism', ISD, June 2019. https://www.isdglobal.org/wp-content/uploads/2019/07/The-Great-Replacement-The-Violent-Consequences-of-Mainstreamed-Extremism-by-ISD.pdf.

20 同上。

21 'Europe's Far-Right Parties Hunt Down the Youth Vote', Associated Press, 16 May 2019. https://www.apnews.com/7f177b0cf15b4e87a53fe4382d6884ca.

22 同上。

23 'Wann hört das endlich auf, Herr Strache?', *Kronen Zeitung*, 28 April 2019. https://www.krone.at/1911848.

24 フラマン語〔ベルギー北部で使用されるオランダ語方言の総称〕の投稿を著者が翻訳。https://www.facebook.com/KiesDries/posts/2102641296693640?comment_id=2102646506693119&comment_tracking=%7B%22tn%22%3A%22R%22%7D および https://twitter.com/DVanLangenhove/status/1118153920508039170.

25 Laurens Cerulus, 'Inside the far right's Flemish victory', Politico, 27 May 2019. https://www.politico.eu/article/inside-the-far-rights-flemish-victory/. ファン・ランゲンホーヴェはすべての主張を否認し、自分についての調査は事実を故意に歪めていると語った。

26 'Européennes: pourquoi Renaud Camus retire sa liste', *Le Parisien*, 22 May 2019. http://

www.leparisien.fr/elections/europeennes/europeennes-renaud-camus-annonce-le-retrait-de-sa-liste-la-ligne-claire-22-05-2019-8077329.php.

27 Alex Ward, 'The New Zealand shooter called immigrants"invaders". Hours later, so did Trump', Vox, 15 March 2019. https://www.vox.com/2019/3/15/18267745/new-zealand-mosque-attack-invade-trump.

28 Davey and Ebner, '"The Great Replacement": The Violent Consequences of Mainstreamed Extremism'.

29 AfD Berlin, 8 April 2019. https://www.facebook.com/afdberlin/photos/a.153594904822650/1149164865265644/?type=3&theater.

第13章　最初はすべてうまくいっていた

1 Abu Musab Al-Suri, 'The Call for a Global Islamic Resistance', 2004 (English translation). https://archive.org/stream/TheCallForAGlobalIslamicResistance-EnglishTranslationOfSomeKeyPartsAbuMusabAsSuri/TheCallForAGlobalIslamicResistanceSomeKeyParts_djvu.txt.

2 Alex Hern, 'New AI fake text generator may be too dangerous to release, say creators', *Guardian*, 14 February 2019. https://www.theguardian.com/technology/2019/feb/14/elon-musk-backed-ai-writes-convincing-news-fiction.

3 Paige Leskin, 'The AI tech behind scare real celebrity"deepfakes" is being used to create completely fictitious faces, cats, and Airbnb listings', Business Insider, 21February 2019. https://www.businessinsider.de/deepfake-tech-create-fictitious-faces-cats-airbnb-listings-2019-2?r=US&IR=T.

4 Lizzie Plaugic, 'Watch a man manipulate George Bush's face in real time', Verge, 21 March 2016. https://www.theverge.com/2016/3/21/11275462/facial-transfer-donald-trump-george-bush-video.

5 Hern, 'New AI fake text generator may be too dangerous to release, say creators'.

6 Friedrich Nietzsche, *Beyond Good and Evil: Prelude to a Philosophy of the Future* (Mineola: New York: Dover Publications, unabridged edn, 1997)〔邦訳:ニーチェ『善悪の彼岸』中山元訳、光文社古典新訳文庫、2009年、p189より引用〕.

7 Amy Chua, *Political Tribes: Group Instinct and the Fate of Nations* (London: Bloomsbury, 2018).

8 同上。p. 164.

9 David Goodhart, *The Road to Somewhere: The Populist Revolt and the Future of Politics* (London: Hurst, 2017).

10 Hamza Shaban, 'Google for the first time outspent every other company to influence Washington in 2017', *Washington Post*, 23 January 2018. https://www.washingtonpost.com/news/the-switch/wp/2018/01/23/google-outspent-every-other-company-on-federal-lobbying-in-2017/?noredirect=on&utm_term=.9ef88d34f4d2.

11 'Bundestag nimmt umstrittenes Facebook-Gesetzan', *Handelsblatt*, 30 June 2017. http://www.handelsblatt.com/politik/deutschland/hass-im-netz-bundestag-nimmt-umstrittenes-facebook-gesetz-an/20002292.html.

12 Article 19, 'Germany: Act to Improve Enforcement of the Law on Social Networks

undermines free expression', 1 September 2017. https://www.article19.org/resources/germany-act-to-improve-enforcement-of-the-law-on-social-networks-undermines-free-expression/.

13 「テロ対策に関するグローバル・インターネット・フォーラム（Global Internet Forum to Counter Terrorism:GIFCT）」についての詳細は以下で閲覧可能。https://gifct.org/about/.

14 Michael Scheppe, 'NetzDG – das umstrittene Gesetz', *Handelsblatt*, 1 April 2018. https://www.handelsblatt.com/politik/deutschland/fragen-und-antworten-netzdg-das-umstrittene-gesetz/20812704.html.

15 'Regulating social media: we need a new model that protects free expression', Article 19, 25 April 2018. https://www.article19.org/resources/regulating-social-media-need-new-model-protects-free-expression/.

16 James B. Comey, 'Going Dark: Are Technology, Privacy, and Public Safety on a Collusion Course?', Federal Bureau of Investigation, 16 October 2014. https://www.fbi.gov/news/speeches/going-dark-are-technology-privacy-and-public-safety-on-a-collision-course.

第15章 2020年のためのソリューション

1 「テロにはテックを」のイニシアティブについて詳しく知りたい読者は以下を参照されたい。https://www.techagainstterrorism.org.

2 ヘイトエイドについて詳しく知りたい読者は以下を参照されたい。https://fearlessdemocracy.org/hate-aid/.

3 Jacob Davey, Jonathan Birdwell and Rebecca Skellett, 'Counter Conversations: A Model for Direct Engagement with Individuals Showing Signs of Radicalisation Online', ISD, 2018. https://www.isdglobal.org/wp-content/uploads/2018/03/Counter-Conversations_FINAL.pdf.

4 ドナラ・バロヤン（Donara Barojan）へのインタビューおよび https://www.thedailybeast.com/the-baltic-elves-taking-on-pro-russian-trolls.

5 Adam Boult, 'Hackers flood ISIS social media accounts with gay porn', *Telegraph*, 25 April 2017. https://www.telegraph.co.uk/news/2017/04/25/hackers-flood-isis-social-media-accounts-gay-porn/.

6 Simon Parkin, 'Operation Troll "ISIS": Inside Anonymous' War to Take Down Daesh', Wired, 6 October 2016. https://www.wired.co.uk/article/anonymous-war-to-undermine-daesh.

7 Joshua Stewart, 'Isis has been trolled with mountains of porn – and it's been far more eff ective than imams telling young Muslims off', *Independent*, 8 June 2016. https://www.independent.co.uk/voices/isis-has-been-trolled-with-mountains-of-porn-and-its-been-far-more-effective-than-imams-telling-a7070881.html.

8 ヘイトライブラリーについて詳しく知りたい読者は以下を参照されたい。https://www.nickthurston.info/Hate-Library.

9 #ichbinhier について詳しく知りたい読者は以下を参照されたい。https://ichbinhier.eu.